일본의 야욕
아베 신조를
말하다

일본의 야욕
아베 신조를
말하다

이춘규 지음

제2 메이지유신 꿈꾸는 아베 신조 책략 심층 분석

서교출판사

13년 전 저자와 나는 도쿄특파원과 도쿄주재 일본 대사
관 직원으로 처음 만나 지금까지 인연을 이어왔다. 결코 짧지 않은 공직
생활 중 참으로 많은 기자들을 만났지만 그 중에서도 저자는 내가 세 손
가락 안에 꼽을 수 있는 '진짜 기자'다. 그는 기사를 쓸 때 단 한번도 '사
실'에서 벗어나 본 적이 없었다. 내가 망설임 없이 추천사를 적기 위해 펜
을 들 수 있었던 이유 중 하나이다.

　그러나 책 내용의 충실함과 유용성은 저자의 자질과는 별개로 평가받
는 것이기에, 나는 철저히 독자의 입장에서 엄정한 눈으로 이 책을 보았
다. 한국과 일본이 이웃나라라는 지형은 천 년 전에도 그러하였고 앞으로
도 절대로 변할 가능성이 없는 상수이다. 그리고 양국 간의 모든 문제가

바로 여기서 비롯된다. 좋든 싫든 누구 한쪽이 결코 이사 갈 수 없는 처지인 것이다. 이러한 상황에서 저자가 책을 통해 전하고자 하는 것이 바로 '공존'의 모색이다. 때로는 협력하고 선의의 경쟁을 하면서 서로가 성장과 발전을 이룩하는 것이다. 그러기 위해서 우리는 일본을 보다 더 잘 알 필요가 있다. 이러한 저자의 의도는 본문 중 '우리를 위해'아베를 알아야 할 필요가 있다고 강조하는 대목에서 잘 드러난다. 이 책은 아베총리의 탄생부터 시작해, 그가 일본 정치를 이끄는 핵심인물이 되기까지 전 생애 과정을 관통한다. 이만하면 거의 평전수준인 셈이다. 독자들이 소중한 시사점을 얻기를 바라는 저자의 충정이 그대로 전해진다.

저자가 특히 강조하고 있는 것은 바로 '해낼 수 있다'는 아베총리의 비전이다. 이것이 '잃어버린 일본의 20년'에 돌파구를 찾게 하고, 극복하게 한 원동력이기 때문이다. 우리가 일본과 대등한 위치에서 겨룰 수 있으려면, 아베의 정신력과 추진력을 배우고 그를 능가해야 할 필요가 있지 않을까?

'꼭 읽어 볼만한 책'을 쓰는 사람은 무릇 학자이며, 학자들에게는 평범한 이들과 다른 속성이 있다고 한다. 지적호기심 넘치고, 자부심이 강하며, 외로움을 견딜 줄 아는 '고양이의 마음'을 지녔다는 것이다. 그런 사람들만이 이토록 방대한 자료를 모으고 자신만이 쓸 수 있는 글을 쓰며, 외로운 밤낮을 원고지와의 분투로 견뎌낼 수 있는 것이 아닌가 한다. 저자는 자신이 직접 발로 뛰어 얻은 소중한 통찰을 독자들과 나누고자, 아베가 올랐던 다카오 산을 수 십 번 등반하기도 했다. 13년의 인연이 겸

증한 깊은 신뢰에 더하여 우직하게 자료를 모아 '사실'에 기초한 행간의 가르침이 있기에, 나는 이 책을 나의 작은 명예를 걸고 독자들에게 추천하고 싶다.

서 석 숭

한일경제협회 상근부회장

지금 일본 정국은 아베 신조 총리가 독주하는 '아베 1강' 시대다. 제1 야당인 민진당은 집권세력으로서 너무 약하다는 평을 받는다. 자민당에서는 아베와 2012년 총재 선거에서 결선까지 경쟁했던 이시바 시게루 의원, 기시다 후미오 외무상, 이나다 도모미 방위상 등이 포스트 아베 주자로 꼽히지만 아베를 넘어설 힘을 보여주지는 못한다.

　　민진당은 제1 야당임에도 불구하고 지지율이 10% 이하다. 공산당, 사민당 등 다른 야당들도 극히 미미한 지지율이다. 현재로서는 대체 세력이나 개인이 없다. 아베가 어떻게 해서 이처럼 맹위를 떨칠까. 이 의문에 대한 답을 찾으려는 것이 이 책의 출발점이 됐다. 개인 아베를 통해 일본의 정치와 경제를 살펴보는 것이 이 책의 지향점이다.

　　아베가 어떤 성장배경을 갖고, 어떻게 성격을 형성했으며, 정계 입문은 어떻게 했는지를 살펴본다. 처음 총리에 오른 뒤 "지옥을 본 사람"으로 표현될 정도로 투병하면서 생의 바닥을 맛보는 과정과 재기 행보도 살폈다. 한국이나 중국인, 주변 나라 많은 국민들이 아베의 극우적 언동을 싫어하지만, 지금 일본인들은 그에 열광하고 있다.

건강 때문에 첫 번째 총리직을 버렸던 아베가 어떻게 재기할 수 있었는지 살펴보는 것도 중요한 부분이다. 체력의 중요성을 절감해 기본 체력을 다진 뒤 해발 599m 도쿄 외곽 다카오산에 올라 건강을 확인하는 과정을 살펴본다. 정치는 인맥, 금맥, 체력 등 다양한 요인이 작용해 수행할 수 있는 직업이다. 그렇다면 총리 아베를 지탱하는 인맥은 어떻게 되며, 압도적인 당선의 비결은 무엇인지를 살핀다. 그가 금수저라고는 하지만 남들이 갖지 못한 강점은 없는지 객관적으로 추적했다.

아베는 일본 총리를 지낸 외할아버지 기시 노부스케와 외무상을 지낸 아버지 신타로의 후광을 업고 정치적으로 거침없이 성장한다. 그렇다고 그게 전부는 아니다. 본인의 집요한 노력이 없었다면 불가능했을 것이다. 인간으로서의 매력, 정치가로서의 남다른 역량도 있었을 것이다. 비정한 정치판에서 그가 국민들의 지지를 모은 비결을 살핀다.

과거에 조슈 번이었던 아베의 고향 야마구치 현이 일본 정치경제사에서 차지하는 비중, 지역적 배경을 살펴보는 것도 중요할 것이다. 야마구치 현은 역대 일본 총리 가운데 무려 9명의 총리를 배출했다. 인구 150만 명의, 서쪽 변방의 작은 현에서 47개 광역단체 가운데 압도적으로 가장 많은 총리를 배출한 배경을 살펴보아야 할 것이다.

정치가, 리더는 영원한 것이 아니다. 정치의 역사가 그것을 잘 말해준다. 아베도 영원할 수는 없다. 일본 자민당 당규 등을 봐도 그는 길어야 2021년 9월까지만 총리직을 할 수 있다. 당규 개정을 못하면 2018년 9월이면 총리직에서 물러나야 한다. 일본은 내각책임제이기 때문에 돌발적 악재가 발생하면 그 이전에라도 물러날 수 있다.

정치는 살아있는 생물 같은 것인 만큼 아베를 뒤이을 인물은 누구인지도 살펴보았다. 아베가 장기 집권하는 것이 한국과 한국경제에 미치는 영향도 짚어봤다. 대북 강경파이면서도 북한과는 물밑에서 대화하는 외교 노력이 어떤 배경에서 나오는지도 중요한 문제다. 2017년 아베는 개헌에 대한 강한 의지를 보이며 공격적인 행보를 예고했다.

최근 각종 여론조사에서 아베 총리는 일본 국민의 50~60%로부터 지지를 받고 있다. 취임 5년차 총리로서는 이례적으로 높은 지지율이다. 왜 이렇게 일본 국민들이 아베에게 열광할까. "아베가 취임해 확실한 비전을 제시했고, 일본경제가 살아날 기미를 보이면서 일본인들에게 '우리도 할 수 있다'는 자신감을 불어넣어 줬기 때문"이라고 한다.

실제 아베가 취임하기 전 5년여 간 일본은 총리가 거의 매년 바뀌는 격동의 세월을 보냈다. 총리들은 맥이 없었다. 일본 내부는 물론 세계에서도 "일본은 성숙사회에 접어들어 성장할 수 없다"거나 "일본은 이미 황혼을 맞이했다"라는 비관론이 널리 퍼졌다. 일본인들은 미래에 대한 불안에 휩싸였었지만, 지금 자신감을 되찾은 분위기다.

이 책은 궁극적으로 아베의 힘이 어디에서 나왔는지를 탐구하고자 했다. 할아버지와 외할아버지, 그리고 아버지까지 모두 정치가인 집안에서

일본의 야욕 아베신조를 말하다

둘째 아들로 태어나 드라마틱하게 성장하며 총리직에 두 번씩이나 오른 그의 리더십의 원천은 무엇인지 살펴본다. 총리직을 눈앞에 두고 숨진 아버지의 실패에서 많은 것을 배운 사람이 아베다.

아베 총리가 첫 번째 총리직에서 실패하자 대부분의 사람들이 "정치가 아베 신조는 끝났다"고 말하고 있을 때, 망설임 없이 곧바로 재기의 칼을 갈았다. 인맥을 활용하고 넓히며 재기의 발판을 다져갔다. 외할아버지 기시 노부스케 전 총리가 이루지 못한 '자주국가 일본' 건설, 보통국가 일본을 건설하겠다는 의욕이 넘치고 있었다.

그런데 아베의 앞날은 알 수 없다. 궤양성대장염이라는 난치병력 때문에 건강문제에 대해 끊임없는 의심을 받는다. 그래서 아베가 초조해 한다는 지적도 나온다. 국내정치나 외교에서 조금 무리한다는 것이다. 도널드 트럼프 미국 대통령 취임 뒤 격변하는 국제정세는 새로운 변수다. 지금까지 잘해왔다는 평을 듣는 아베의 운이 계속될까.

이 책에서 아베의 역량과 향후 전망까지 제시해 보려고 노력했다. 그러나 필자의 부족한 점도 분명 많다. 10년 전 도쿄특파원을 마친 뒤부터 '아베 신조'라는 정치인에 대해 집필해 보고 싶다는 욕구에 따라 자료를 모으고 있을 때 서교출판사에서 집필을 제안해 온 것은 개인적으로 큰 행운이라고 생각한다. 서교출판사 모든 분께 감사드린다.

2017년 봄날에
이 춘 규

| 차례

_추천사 · 5
_들어가기 전에 · 8

제1장 **아베 신조 가(家)의 역사적 배경**

01 일본사에서 특별한 야마구치 현(縣) · 18
02 조슈의 기나긴 한(恨) · 22
03 아베의 정신적 지주, 요시다 쇼인(吉田松陰) · 26
04 일본 재계와 조슈 인맥 · 31
05 일본에도 지역감정이 있다 · 35
06 운명의 세이난 전쟁 · 41
07 한국과 특별한 인연 야마구치 · 44

제2장 **아베의 출생**

01 아베의 출생 · 48
02 일본의 세습정치 · 50
03 왜 흙수저 다나까 가쿠에이 전 총리 열풍인가 · 56
04 일본 최고의 가족 배경 아베 신조 · 61
05 일본 정계의 대모, 모친 아베 요코 · 65
06 이름에 대한 사연과 일본의 양자제도 · 72
07 아베의 작은 아버지, 니시무라 마사오 · 77
08 왜 외할아버지를 할아버지라고 하는가 · 83

제3장 아베의 학력 및 이력

01 도쿄대 법학부 출신만 4명, 수재 집안 아베의 스트레스 · 90

02 일본인들의 일류대 병(病) · 96

03 미국 유학 · 99

04 회사원 시절 · 104

05 비서 시절 · 109

06 아베의 종교와 일본의 종교 · 114

07 아베 가(家)와 통일교 · 119

제4장 아베 정신의 원류

01 영화 나라야마 부시코와 일본의 집단주의 · 124

02 모모타로(桃太郎)에서 강경파 아베의 원형을 본다 · 129

03 일본인의 분위기 탐지 · 133

04 시마구니 곤조(島國根性), 섬나라 근성 · 136

05 일본의 천황(天皇)제 · 141

06 고쿄(황거:皇居)는 단단한 요새 · 148

제5장 정계 입문 그리고 성장

01 우연히 젊은 매파의 기수가 되다 · 156

02 매파의 기수, 납북자 문제에 올라타다 · 160

03 아베의 강력한 지지기반 '우익단체' · 164

04 자민당 간사장 · 171

05 내각 관방장관 · 174

제6장 **아베의 1차 집권**

01 물과 기름 사이 후쿠다 제치고 첫 내각총리대신 취임 · 180

02 젊은 총리 취임과 구(舊)체제 대표들의 조롱 · 182

03 참의원 의원선거 패배와 돌연한 사임 · 187

04 아베 신조와 아키에 부인의 약속 · 191

05 좌절한 전후 세대의 첫 총리 · 195

06 다카오 산에 올라 건강에 자신감을 찾고 재기 시동 · 198

제7장 **아베의 2차 집권**

01 좌선(坐禪)과 2차 집권 · 204

02 두 번째의 총재 취임 · 207

03 투명하게 공개되는 총리 아베의 일정 · 210

04 기자 직접 접촉 대신 SNS 활용하는 아베 · 213

05 경제 · 종교 · 정치 인맥 · 218

06 측근 집단 · 222

07 도쿄 신주쿠 살롱 인맥 · 226

08 아베의 한국 인맥 · 229

제8장 **아베의 정책**

01 아베노믹스 · 234

02 아베노믹스, 추진기구는 · 240

03 아베노믹스 창안자, 하마다 고이치 교수 · 244

04 아베노믹스는 미국의 중국 견제 산물인가 · 250

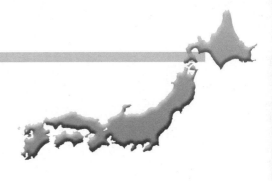

05 아베 필생의 과제 헌법 개정과 한국 · 254

06 한 · 중 · 일 분란의 씨앗 야스쿠니신사 · 262

제9장 2차 집권 후 아베의 대외 정책

01 끈질긴 아베 외교 · 268

02 미국, 중국, 북한과 아베 · 272

03 트럼프 시대의 미일 관계 · 276

04 껄끄러운 일본-중국과 동아시아 패권 · 283

05 북한은 아베 최대의 원군인가 · 292

06 아베 시대의 한일 관계 · 301

제10장 승승장구 아베시대 언제까지

01 동북아시아 지역의 격랑 · 310

02 승승장구 아베 약점도 많다 · 315

03 아베가 풀어야 할 숙제도 산처럼 쌓였다 · 321

04 아베 후계를 생각할 때는 아니지만 · 325

05 아키에 부인, 남편 약점 보완자에서 스캔들 메이커로 · 329

06 군국주의와 평화주의 피가 섞인 아베 · 334

_**글을 마치며** · 340

제1장
아베 신조 가(家)의
역사적 배경

아베의 지역구가 있는 야마구치 현은 일본 근대
사에서 매우 특이한 지역이다. 도쿄가 속한 혼슈
의 맨 서쪽 변방이지만 옛 이름이 조슈 번(藩:쇼
군이 임명한 다이묘가 다스리는 영지를 가리킴.
메이지유신 이후론 현(縣)으로 불림)인 이곳에서
는 19세기 후반 총리제가 일본에 도입된 뒤 9명
의 총리를 배출하였다. 단순 출생자를 포함해서
다. 일본 전체 47개 광역단체 가운데 총리를 한
명도 배출하지 못한 곳이 여럿인 점에 비추면 이
례적이다.

일본사에서 특별한
야마구치 현(縣)

　　　　　아베의 지역구가 있는 야마구치 현은 일본 근대사에서
매우 특이한 지역이다. 도쿄가 속한 혼슈의 맨 서쪽 변방이지만 옛 이름
이 조슈 번(藩:쇼군이 임명한 다이묘가 다스리는 영지를 가리킴. 메이지
유신 이후론 현(縣)으로 불림)인 이곳에서는 19세기 후반 총리제가 일본
에 도입된 뒤 9명의 총리를 배출하였다. 단순 출생자를 포함해서다. 일본
전체 47개 광역단체 가운데 총리를 한 명도 배출하지 못한 곳이 여럿인
점에 비추면 이례적이다.

　야마구치 현은 일본 근대화를 연 메이지유신의 중심세력이었다. 메이지
유신 당시 야마구치 현의 이름은 조슈(長州) 번(藩). 사쓰마 번과 함께 조
슈 번은 1868년 이른바 '사초동맹(도사 번 출신 사카모토 료마의 중재로
일본 건설을 위해 맺음)'을 맺고 260년간 지속된 봉건 에도막부(1603년
도쿠가와 이에야스가 세운 사무라이 정부)를 무너뜨리고 왕정복고를 통

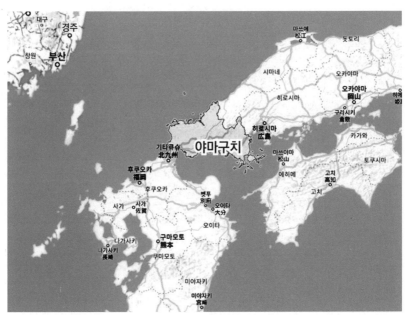
야마구치현은 지리적 입지와 해류의 관계로, 예로부터 한반도와 교류가 활발했다

한 메이지유신을 이끈 주역이었다. 그런데 사쓰마 번(현재 가고시마 현 부근)의 맹주 사이고 다카모리가 중앙정부에 반기를 들다 진압되면서 이후 일본사에서 중추적 역할을 못하게 된 것과는 대비적으로 조슈 번 사람들은 철저하게 체제 창출과 유지 세력이 되어 이후 100년이 넘는 일본 현대사의 주인공이 된다. 사카모토 료마의 도사 번(현재의 고치 현(縣))도 참여 세력과 인적 자원이 적어 조슈 번 출신만큼은 미치지 못했다.

메이지유신을 성공시킨 조슈의 젊은 무인들은 중앙정계로 진출하며 이른바 '조슈벌'을 구축한 이래 더욱 세력을 넓혀 근대 일본 최대의 파워엘리트 집단으로 급격히 부상했다. 그들은 이후에도 세대를 이어가며 막강

제1장_ 아베 신조 가(家)의 역사적 배경

한 파워 엘리트로서의 위력을 과시한다.

2015년 일본 공영 NHK방송의 한 다큐멘터리에서는 현지 사람 가운데 하나가 "조슈 오토코와 고코로자시가 다카이(조슈, 야마구치 남자는 뜻하는 바가 매우 높다는 뜻)"라고 야마구치 현 출신 남자들의 특징을 소개하는 장면이 있었다. 바로 아베를 포함한 야마구치 현 출신 남자들은 포부와 야망이 커 정재계의 요인이 된다는 뜻이기도 하다.

실제 조슈 출신 인맥은 막강하다. 한반도 침략의 원흉인 이토 히로부미와 야마가타 아리토모, 가쓰라 타로, 데라우치 마사다케, 다나카 기이치, 기시 노부스케, 사토 에이사쿠 등 아베를 포함하면 지금까지 역대 63명의 총리 가운데 9명이 야마구치 현 출신이다. 이 가운데 민주당 때 총리를 지낸 간 나오토도 야마구치 태생이다.

아베는 11세기 초 동북지방의 유력 호족이었던 아베 노무네도(安倍宗任)의 자손으로 알려져 있다. 노무네도는 당시 헤이안(平安)정부(막부 이전의 시대)에 도전했지만 패배하면서 야마구치와 가까운 규슈지방으로 쫓겨 갔고, 이후 현재의 야마구치 현 시모노세키에 터를 잡은 것으로 전해지고 있다. 이것은 하나의 설이다. 다른 설도 많이 있다.

아베의 출신지는 도쿄이지만 부친 아베 신타로(安倍晋太郎) 전 외상이 병사하자 야마구치 4구(시모노세키 등)를 물려받아 정치 터전으로 삼았다. 아베에게 '정치적 DNA'를 물려주었다는 외할아버지 기시 노부스케(岸信介) 역시 야마구치 현 출신이다.

기시는 야마구치 현청 직원인 사토 히데스키의 차남으로 태어났으며, 증조부 사토 신칸은 메이지유신의 사상적 기반을 제공한 조슈 출신의 요시다 쇼인(吉田松陰)이나 이토 히로부미 등과 폭넓게 교류했다. 기시 집안이 메이지유신과 무관치 않은 셈이다. 아베 신조와 부친 신타로의 이름 중 '신'(晋)은 조슈 출신 메이지유신의 영웅으로 꼽히는 다카스기 신사쿠(高杉晋作)의 '신'에서 따온 것이다. 아울러 아베가 존경하는 인물로 요시다 쇼인을 꼽는 것 등은 아베의 '사상'이 메이지유신의 정신을 잇고 있다는 것을 보여준다.

아베가 '강한 일본'을 주창하며 헌법 개정을 통한 일본의 재무장과 국가주의 교육의 강화 등을 목표로 삼은 것은 탈아입구(脫亞入歐)-아시아를 벗어나 서구를 지향하는-를 외치며 근대화를 추진했던 메이지유신의 국가 경영전략을 현대 일본에서 실천하겠다는 다짐으로 풀이된다. 당시 탈아입구를 주창한 조슈벌 세력이 정한론(征韓論) 등을 들어 대륙진출을 꾀했듯이 '아베의 일본'이 자칫 팽창주의로 치닫지 않을까 주변국들은 우려하고 있다.

조슈의 기나긴 한(恨)

조슈 사람들은 일본 내에서 자부심이 강하기로 유명하다. 다른 지방 사람들이 보면 이해가 안 갈 정도다. 드라마에서도, 다큐멘터리 프로그램에서도 조슈 사람들, 특히 남자들은 대단히 강한 성격으로 그려진다. 이런 의식이 역사 속에서 반복적으로 조슈 사람들에게 주입돼 그렇게 된 측면도 있을 것이다.

실제 조슈 사람, 지금의 야마구치 현 사람들은 외지인에게 "조슈(야마구치의 옛 이름으로 이 지역 사람들은 야마구치가 아니라 의도적으로 조슈라는 옛이름을 쓰는 경우가 많다) 남자, 사나이는 원래 강합니다"라고 가슴을 내밀며 말하곤 한다. '**도 싸나이' 식의 표현인 것이다. 아베 신조 총리도 조슈 사나이의 후예이다.

1868년 메이지유신 이후 일본의 역사를 150년 째 주도하고 있는 조슈 번의 역사를 살펴보자. 내년이 메이지유신 150주년이다. 조슈 번의 후신인 야마구치 현은 메이지유신 성공 150주년인 2018년을 앞두고 다양한 기념행사를 펼치며 조상들이 단행했던 영광을 재현하려고 에너지를 쏟아 붓고 있다. 조슈 사람들에게 특별한 2018년인 것이다.

조슈 번을 사실상 창시한 번주는 모리(毛利) 가(家)이다. 일본 전국시대인 1500년대 초기 모리 모토나리(毛利元就)라는 당내 서부 일본 지역 최고의 무장이 전국적인 다이묘로서 두각을 나타냈고 영토를 크게 확장했다. 다이묘는 도쿠가와 이에야스의 에도막부 시대에 특정 지역을 지배하던 지역 영주를 지칭한다.

모토나리는 주코쿠 지방(히로시마 일대)으로부터 기타규슈에 걸친 지역을 관장하는 수호다이묘 오우치(大內)가의 부장이었다. 수호다이묘는 중앙 막부가 임명한 다이묘이다. 1551년 오우치가의 중신 스에 하루다카(陶晴賢)가 주군 오우치 요시다카를 멸망시키는 하극상이 일어난 것이 모리에게 커다란 전기로 작용했다.

모토나리는 1555년 10월 이츠쿠시마 전투에서 하루다카를 멸망시키고 다이묘로 대두되었다. 모리가(家)는 당대 일본 천하 통일을 눈앞에 두었던 오다 노부나가를 적대시했지만, 오다의 사후에 도요토미 히데요시와는 화해해 히데요시 정권 아래서는 서일본 최대의 다이묘가 되었다. 1592년 4월 히데요시가 15만 대군으로 조선을 침략(임진왜란)할 때 모토나리의 손자 모리 데루모토는 제3군의 대장으로서 3만 명의 병력을 동원했다. 조슈 번은 조선원정군 가운데 최대 병력을 파견했다.

히데요시 시대에 잘 나가던 모리가(家)는 히데요시 사후에는 기세가 꺾였다. 일본사상 최대 규모였던 세키가하라 전투에서 데루모토는 전국시대 최후의 승자였던 도쿠가와 이에야스에 맞서 서군의 총대장이 되었기 때문에 패전 후 이에야스로부터 엄청난 불이익 처분을 받았다. 거의 멸문에 가까운 혹독한 처분이었다. 모리가의 영지는 6개국에서 2개국으로, 녹봉은 120만 석에서 36만 석으로 대폭 삭감되었다.

모리 데루모토가 임진왜란 직전인 1589년 축조한 히로시마 성에서도 도쿠가와 이에야스로부터 축출됐다. 도쿠가와는 강력한 모리가가 세력을 유지할 경우 세토나이카이를 통해 배로 병력을 이동, 멀리 떨어진 에도 성의 에도막부를 공격하게 된다면 위기를 맞을 수 있다고 판단해 모리가의 근거지를 빼앗아 버린 것이다.

모리가가 창건한 히로시마 성은 군국주의 일본의 핵심 근거지였다. 1894년 청일전쟁 개전 직후 히로시마에 전쟁 지휘본부인 '대본영(大本營)'을 설치했다. 메이지 천황(일본식 표현)은 1894년 9월 15일부터 전쟁이 끝나는 이듬해 4월 27일까지 히로시마 대본영에서 전쟁을 지휘했다. 모리가의 근거지 히로시마가 군국주의 일본의 침략기지가 된 것이다.

대본영은 히로시마 성 천수각 앞에 있었다. 천수각은 성의 중심건물이다. 히로시마 성 대본영에서는 청일전쟁 이후 동학혁명군을 진압하기 위해 투입된 일본군을 지휘했다. 무자비한 동학혁명군 학살을 명령한 장소가 바로 모리가가 창건한 히로시마 성에 설치된 대본영이었던 것이다. 히로시마 성의 대본영에서 조선국토 유린령이 하달된 것이다.

모리가는 그 히로시마 성을 빼앗기고 일본열도에서 제일 큰 섬인 혼슈의 맨 서쪽인 현재의 야마구치 현 하기시(萩市) 지역으로 쫓겨가 성을 축조한 뒤 이곳에서 와신상담 재기와 복수를 노린다. 도쿠가와 이에야스는 동해안에 면한 하기시 지역으로 모리가를 밀어 넣어 버리면 에도(현재의 도쿄)에서 거리가 멀어 모반을 할 수 없을 것으로 보았다.

하지만 이것은 도쿠가와 이에야스의 착각이었다. 모리가는 끈질기기로 소문난 일본인들 가운데서도 둘째가라면 서러울 정도의 지독한 끈기로 당시의 치욕을 기억하면서 "언젠가는 도쿠가와 이에야스의 에도막부를 무너뜨린다"는 의지를 대대손손 이어간 것이다. 그러면서 쉬지 않고 복수의 칼을 갈았다. 그러나 패배 뒤 상황은 절박했다.

모리가는 대대로 충성을 바친 가신단 구조조정을 할 수밖에 없었다. 남은 가신단의 녹봉은 80% 삭감했다. 100석이었던 가신은 이때부터 20석으로 살아가야 했기 때문에 조슈 번 내에서 도쿠가와 막부를 증오하는 분위기가 형성된 것은 너무나 자연스러웠다. 그것이 대대손손 이어질 정도로 무시무시한 양상을 보인 셈이 됐다.

그래서인지 다음과 같은 전설적인 이야기가 조슈 번의 분위기를 웅변해준다. 조슈의 번주와 그 가신들은 매년 1월 1일 설날(일본어 오쇼가츠·お正月) 의식 때 반드시 가신 대표와 번주 사이에 다음과 같은 문답을 주고받은 것으로 전해지고 있다. "올해는 도쿠가와를 치실 것입니까?"라고 가신이 물으면 번주는 "아니. 금년엔 보류해 두지"라고 답했다 한다.

언젠가는 도쿠가와를 친다는 강한 뉘앙스가 묻어 있는 주군과 가신 사이의 수작이다. 이러한 얘기가 전해져 올 정도로 조슈 번 모리가의 반 도쿠가와 막부에 대한 반감은 뿌리가 깊었다. 그러나 조슈 번의 모리가는 아직 그 힘이 약했기 때문에 후일을 기약할 수밖에 없었다. 그리고 260여 년 뒤 메이지유신으로 그 결실을 맺었다.

아베의 정신적 지주
요시다 쇼인

막부 말기 들어 변혁기에 접어들자 조슈의 반막부 감정이 부글부글 지하에서 끓다가 일순간에 폭발하여 메이지유신의 핵심 동력 역할을 했다. 그리고 이때 타도 막부의 정신적 지주 역할을 한 사람이 아베 신조가 가장 존경하는 사상가요 정치가인 요시다 쇼인(吉田松陰)이다.

요시다 쇼인(1830~1859)은 존왕파 사상가이자 교육자로 일본인에겐 메이지유신 설계도의 밑그림을 그려 준 선각자로 추앙받는 인물이다. 요시다 쇼인에 대한 아베 신조의 존경심도 대단하다. 고향사람인 요시다 쇼인의 묘를 매년 중요한 순간마다 참배하며 새로운 각오를 다지는 등 자신의 정치사상의 준거로 추앙하는 듯하다.

그는 "천하는 천황이 지배하고, 그 아래 만민은 평등하다"라며 존왕양이 운동의 사상적 기반을 마련했다. 특히 정한론(征韓論)과 대동아공영론을 주장해 일본이 대륙으로 진출하는 제국주의에 큰 영향을 끼쳤는데, 송하촌숙(松下村塾·쇼카손주쿠)을 세워 초대 조선 통감 이토 히로부미, 초대 조선 총독 데라우치 마사타케 등 조선침탈 주역들을 길러냈다.

한국인에게 요시다 쇼인은 일본 우익 세력의 원조로 여겨지는 인물이기도 하다.

요시다 쇼인은 1830년 조슈 번 하급 무사 집안의 둘째 아들로 태어났다. 그는 다섯 살 때 군사 학자이자 당주인 숙부의 양자로 입적되었다. 어린 시절 숙부에게 병법을 배웠고, 11세 때에는 번주에게 병법을 강의할 정도로 탁월한 재능을 보였다.

18세 때 숙부 아래에서 독립해 군사학자로 활동하기 시작했으며, 1850년 규슈에 가서 병법을 연구했고, 이듬해에는 에도에서 사쿠마 쇼잔에게 서양 학문과 군사학을 배웠다. 1853년 7월 에도만(도쿄만) 우라가 항에 미국 동인도 함대 소속 사령관 페리 제독이 이끄는 4척의 흑선(黑船·구로후네)이 나타났다. 페리 제독은 일본에 개항을 요구하는 국서를 전달한 후 떠났고, 다음 해 다시 요코하마에 상륙했다.

그때까지 나무로 건조한 선박이나 유럽의 상선만 보아 왔던 일본인에게 초대형 대포를 장착한 어마어마한 크기의 증기선은 엄청난 충격을 안겨 주었다. 페리의 내항 이후 일본은 서양 문물이 급격히 유입되면서 근대 국가의 틀을 갖춰 나갔다.

이 사건은 쇼인에게도 큰 영향을 끼쳤다. 쇼인은 이미 규슈 등을 여행하면서 유럽 신문물을 접하고, 지금의 이바라키 현인 미토 번에 방문하여 미토학(미토를 중심으로 발생한 일본 유학의 한 지류로 '천황'의 권위를 바탕으로 막부 중심의 정치 개혁을 시행해야 한다고 주장했다)을 접하면

제1장_ 아베 신조 가(家)의 역사적 배경

메이지유신 설계도의 밑그림을 그린 선각자 요시다 쇼인의 초상화. 우측은 시모다 감옥에 수감된 그의 흉상이다

서 식견을 넓혔다. 이때의 교류로 쇼인은 정체되어 있는 막번체제 아래에서는 선진화된 구미 열강을 따라잡지 못할 것임을 깨달았다.

쇼인은 페리의 함선을 보고 친구에게 '배도 대포도 적수가 안된다'는 편지를 쓰기도 했다. 결국 쇼인은 서구의 신문물과 정치 체제를 직접 체험하지 못하면 구미 열강에 대항할 수 없다고 생각했다. 그리고 막부에 서양 군사학과 무기를 도입할 것과 그를 위해 인재들을 해외에 파견해야 한다는 요지의 정책을 제안했다. 그러나 이듬해 페리가 요코하마에 다시 찾아올 때까지 막부는 물론 각 번들조차 위기의식을 느끼지 못했다. 타성에 젖어 아무것도 하지 않는 막부에 개탄한 쇼인은 '장급사언(將及私言)'을 올려 다시 한 번 자신의 생각을 간언했으나 성과는 없었다.

쇼인은 1854년 페리 함대의 압박으로 미일 화친조약이 체결되자 현 시

일본의 야욕 아베신조를 말하다

즈오카 현 시모다 항에 정박 중이던 미군 함선에 승선하여 밀항을 시도했다. 시도가 실패하자 그는 국법을 어긴 죄로 노야마 감옥에 수감되었다. 14개월간 감옥에서 생활하면서 쇼인은 '유수록(幽囚錄)'을 집필했다. 이 책에는 그가 밀항하려던 이유와 그 배경이 된 사상이 담겨 있다.

특히 무력을 갖추어 주변국을 공략해야 한다는 쇼인의 주장은 훗날 정한론과 대동아공영권 사상의 기반이 되었다. 그는 일본을 위기에서 구하려면 막번 체제에 기대서는 안 되며, 민중이 단결하고, 조속히 무력 준비를 갖추어 홋카이도를 개간하여 제후로 봉하고, 류큐(오키나와)를 다른 번과 동등하게 취급하며, 조선을 공격하여 인질과 공물을 바치게 한 후 만주와 대만, 루손 등까지 정복해야 한다고 주장했다.

러시아와 미국의 강화가 이루어진 상황에서 구미 열강과의 마찰을 피하고, 서구식 무기를 도입하여 그들과의 교역에서 입은 손실을 인근 만주나 조선 등을 침략해 되찾자는 것이었다. 이것은 그 후 일본이 그대로 실현했으니, 그가 얼마나 우리나라에 패악을 끼쳤는지 짐작된다.

쇼인은 감옥에서 나온 이후에도 고향 집에서 유폐 생활을 했다. 그러나 이런 상황 속에서도 학문을 닦고, 지인들과 편지를 주고받으며 정세에 관한 정보를 수집하고, 일본을 위기에서 구할 방법을 강구했다. 감옥에서도 죄수들을 모아 일본의 위기와 자신의 사상을 전파했던 그는 출옥 후 고향 집에 송하촌숙을 세워 젊은 개화 지도자들을 길러 냈다.

그는 신분과 계급에 관계없이 제자들을 받아들여 자신의 사상을 전파했다. 3년 정도의 짧은 기간이었다. 하지만 이곳에서 배출된 인물들은 메이지 신정부의 요직을 차지하고 일본 정계와 국제관계에 큰 영향을 끼쳤다. 서양의 것을 배워 일본을 위기에서 구해야 한다는 쇼인의 가르침대로 서양의 직조술, 대포 제조술, 조선술, 육군 군제 등 모든 것을 받아들여 근대 일본의 모습을 형성하는 데 핵심 역할을 했다.

1858년 막부는 천황의 칙허 없이 미일 수호통상조약을 체결했다. 이에 각지에서 반막부 운동이 일어났다. 막부는 이들 세력을 대대적으로 탄압하는 안세이 대옥을 일으켜 100여 명 이상의 인물들을 감옥에 가두고 사형시켰는데, 이때 쇼인도 체포되었다.

쇼인은 서양 오랑캐에게 일본이 굴복한 것은 국체가 바로 서지 않았기 때문으로, 천황의 친정이 이루어지던 고대에는 국체가 온전하여 한반도를 굴복시켰으나(임나일본부설과 진구 황후의 한반도 정벌론을 일컬음. 신화에 가깝다) 무인정권이 들어선 이후에는 명나라에 조공무역을 하는 등 국체가 파괴되었다고 주장했다. 이런 사상 때문에 쇼인의 송하촌숙은 존왕양이 운동의 거점이 되었고, 막부의 주목을 받게 된 것이었다.

결국 쇼인은 에도로 압송되어 처형되었다. 29세의 젊은 나이였다. 그는 짧은 생을 살았지만 그의 문하에서 이토 히로부미, 다카스기 신사쿠, 구사카 겐즈이 등 세 명의 총리와 여섯 명의 장관이 배출되는 등 메이지 유신의 지도자들이 탄생되었다. 그리고 그의 사상을 실현시키는 데 부족함이 없었다.

그 중에서 이토 히로부미는 1907년 정미7조약을 체결한 후 쇼인의 무덤에 이를 고했으며, 아베 신조 총리도 수차례 가장 존경하는 인물로 쇼인을 꼽을 정도로 근대 이후 일본의 정치계에 그가 끼친 영향력은 그 누구보다 크다. 그의 위패는 현재 야스쿠니 신사에 신위 제1호로 모셔져 있다.

일본의 야욕 아베신조를 말하다

일본 재계와
조슈 인맥

아베의 고향 조슈(현재 야마구치 현) 인맥은 정치나 문화 뿐 아니라 재계에서도 막강한 영향력을 행사하고 있다. 실업가 가운데도 일본 초일류 기업을 창업한 이들이나 유명한 경영인들이 수두룩하다. 경제가 정치와 결코 무관한 것은 아니다. 정경의 고리를 애써 분리하고자 하는 그 자체가 역설적으로 정치와 경제의 민낯을 잘 보여주는 증좌일 것이다. 그리고 그것이 현실이다. 다른 말로, 정치와 경제는 동전의 앞뒷면 관계로도 표현된다.

앞에서 잠깐 거론했다시피 조슈 인맥 가운데 재계 거물들이 많다. 히타치제작소나 히타치금속, 그리고 우베흥산이나 유니클로 등 야마구치 현에 뿌리를 둔 회사들도 적지 않다. 그러면 현재 일본에서는 물론 세계적인 기업으로 성장한 유니클로의 야나이 다다시 회장 겸 사장의 경우를 살펴보자.

유니클로 브랜드로 유명한 패스트리테일링(Fast Retailing) 그룹 야나이 다다시(柳井正) 회장 겸 사장은 최근 수년간 일본 최고의 갑부로 자주 선정된다. 2016년 봄 현재 146억 달러(17조7천억 원)의 자산으로 세계 57위다. 2년 연속 일본 최고 부자에 올랐다.

야나이 회장은 1949년 2월 7일생이다. 변방의 비주류에서 일본 최고의 혁신가로 변신했다는 평가를 받는다. 일본에서는 한물갔다는 의류업으로 거부의 반열에 올랐다. 양복점에서 출발해 스웨덴의 H&M, 스페인의 자라와 겨루는 세계적인 제조유통일괄형(SPA) 브랜드를 키워냈다.

야나이 회장이 일본 제1의 부자에 오른 길은 곧 유니클로의 성장과정이다. 자산에서 패스트리테일링 주식이 차지하는 비중이 크다. 그의 지분율은 21.67%(2015년 8월말 현재)다. 포브스의 세계 부호 순위에서는 2007년만 해도 세계 95위, 일본 6위였다. 1위에 오른 것은 추정자산이 61억 달러가 된 2009년이지만 늘 수위를 유지한 것은 아니다.

'맞수' 소프트뱅크 손정의 사장과 1, 2위를 다투었다. 야나이 회장은 2011년 76억 달러로 일본 부호 2위로 밀려났는데 당시 1위는 손 사장이었다. 2012년 1위를 탈환했지만 2014년에는 다시 손 사장에게 1위 자리를 내줬다. 2015년부터 야나이 회장이 다시 1위에 올랐다.

유니클로의 전신인 작은 양복점은 1949년 야마구치 현 소도시 우베시에 문을 연 '멘스숍 오고리(小郡)상사'다. 바로 아베 집안의 고향이다. 야나이 다다시의 아버지는 1984년까지 대표이사 사장을 맡았고, 1999년 2월에 80세로 타계했다. 물론 적지 않은 유산도 물려받았다.

그의 백부 야나이 마사오는 야마구치 현을 중심으로 한 천민 거주지 부

일본의 야욕 아베신조를 말하다

락(部落)해방운동가 출신이다. 일본에서 부락은 우마상이나 가죽제조업자, 숯 굽는 사람, 돼지 키우는 '재일한국인 등이 집단으로 거주하는 지역'을 의미했다. 지금도 상당한 정도의 부락차별이 남아 있다.

마사오는 이들의 인권을 옹호했다. 전일본동화회 초대회장, 전일본동화회 야마구치 현 연합회 회장 등을 역임했다. 멘스숍 오고리상사의 전신인 '오고리상사'를 창업한 실업가이기도 했다. 정치에도 뛰어들어 일본사회당 공천을 받아 1946년 야마구치시의회 의원이 되기도 했다.

마사오의 아버지(야나이 회장의 조부)는 젊은 시절 소와 말을 취급하는 우마상을 했다. 마사오는 초등학교 1학년을 중퇴하고 부친의 우마상을 돕는 것으로 사회생활을 시작했다. 교토 식당 종업원으로 갔다가 고향으로 돌아왔다. 잠시 야쿠자(조직폭력배 집단)세계에 발을 들였다가 형무소까지 다녀온 뒤 손을 떼고 실업가로 변신했다.

백부 마사오의 야마구치 현 소재 오고리상사가 후에 야나이 회장까지 이어지게 된다. 집안에서는 부락민들이 펼친 수평사 창립에 관여하고, 야마구치 현 수평사 연맹본부 임원을 맡기도 했다. 한국과 가까운 야마구치 현 출신이라서 야나이 회장이 한국계라는 설이 나돌기도 했다.

야나이 회장 집안은 이렇듯 고향은 야마구치 현으로 선택받은 곳이었지만, 그 야마구치에서 비주류인 변방에 머물면서 쉽지 않은 삶을 살았다. 우베시에서 태어난 그는 현립 우베고등학교를 나와 와세다대학 정치경제학부를 졸업하고 아버지의 권유로 자스코(현재의 이온 리테일)에 입사했다.

하지만 그의 월급쟁이 생활은 오래가지 않았다. 적성에 맞지 않았는지

9개월 만에 때려치운 것으로 알려졌다. 반년 정도 친구 집에 더부살이를 하다가 고향 야마구치 현으로 돌아가 오고리상사에 입사했다. 오고리상 사는 신사복 등 남성대상 의류가 중심이었다.

그는 12년간 오고리상사를 경영하는 동안에 도심 밖에 전문점포를 두 고 저렴한 가격을 내세운 '교외형 신사복점'이 커나가는 것에 주목했다. 그런데 야나이 회장은 캐주얼의류 판매점을 선택했다. 후발주자가 되는 것을 피하기 위해서였다. 잘나가는 신사복을 버리고 캐주얼을 택한 것은 혁신에 가까웠다.

1984년 아버지의 뒤를 이어 오고리상사 사장에 취임한 그는 같은 해 6월 일본 서부 히로시마 시에 유니크(unique)한 의류(clothes)라는 뜻 의 '유니크 클로징 웨어하우스(Unique Clothing Warehouse, 약칭 유 니클로)' 1호점을 열었다. 그 후 승승장구, 세계로 사업장을 늘려 나갔다.

야나이 회장은 평소 옷은 패션이 아니라 생활필수품이라는 지론을 피 력했다. 그는 "옷이 지위의 상징이던 시대를 벗어나 일상을 사는 편안한 생활도구인 시대가 됐다"고 말한 바 있다. 두 아들을 둔 야나이 회장은 6 년 전까지만 해도 자식에게 회사를 물려줄 생각은 추호도 없다고 공공연 하게 말했지만 최근 들어 묘하게 입장이 바뀌고 있다

일본에도
지역감정이 있다

현대 일본에서 총리는 특정 지역 출신에 편중됐다. 이 책의 주인공 아베 신조 총리를 포함해 모두 9명이나 서쪽 작은 현(縣) 야마구치 현 출신이다. 총리의 숫자 면에서 표가 날 정도로 서다(西多) 동소(東少)이다. 서쪽에서 총리가 많이 배출됐고, 동쪽에서 적게 배출됐다. 이러한 정치력의 차이는 경제, 문화, 사회적으로도 동서의 차이를 잉태시킨 요인으로 평가된다. 일본은 홋카이도, 혼슈, 시고쿠, 규슈 등 크게 4개의 섬으로 이루어져 있다. 멀리 남서쪽에는 1870년대 말까지만 해도 독립국 류큐왕국이었던 오키나와가 있다. 일본의 영토는 한국보다 약 4배가 넓다.

넓다 보니 근세 이후 크게 동쪽과 서쪽 지역 간의 지역감정이란 게 있었다. 원주민이 있는 홋카이도나 오키나와의 특수한 지역정서를 제외하면 바로 간토(관동)와 간사이(관서) 간의 지역감정이랄까, 지역색이 두드러진다. 지금도 확연하게 차이가 난다. 지역감정이나 지역색깔은 1945년 일본의 패전 이후 엷어지고, 특히 정치적으로 이용되는 일은 없다고 하지만 아직도 생활과 문화 속에 뿌리 깊게 남아있다.

일본의 근·현대사에서 동·서간 지역감정은 크게 세 번의 고비가 있었다. 그 첫 번째는 1600년 일본이 통일되기 전 동군과 서군이 총력전을 펼쳤던 세키가하라 전투이고, 두 번째는 1868년의 메이지유신이다. 그리고 1945년 일본패전이 마지막 고비이다. 세키가하라 전투는 1600년 9월 혼슈의 중간지점인 기후현 세키가하라에서 있었던 전투로, 도쿠가와 이에야스의 동군과 도요토미 히데요시의 세력을 대표하는 이시다 미쓰나리의 서군이 격돌한 전투이다. 2년여 전 방문했던 세키가하라는 논밭이 산재한 넓지 않은 분지 지역이었다.

이 전투에서 승리한 도쿠가와 이에야스의 동군은 1614년 도요토미 히데요시 추종 세력들을 마지막으로 제압하고, 일본을 완전히 통일했다. 그때 승리한 동군 진영은 메이지유신까지 일본 역사의 중심이 되고, 패한 서군 소속의 인사들은 하급무사로 전락, 대부분 서쪽지역 변방으로 밀려 비주류세력으로서 260년간 폐족의 세월을 보냈다.

아베의 고향 야마구치 현 쪽도 마찬가지다. 당시 조슈 번 모리(毛利) 번주는 사실상 서군의 총대장이었다. 세키가하라 전투에는 직접 참전하지 않았지만, 나중에 도쿠가와 이에야스는 최후의 오사카 성 전투에서 모리가 총대장이었던 사실을 알게 돼 모리에게도 가혹할 정도의 감봉 처분이 내려졌다. 모리가(家)의 몰락으로 조슈 번은 쇠락하고 절치부심의 세월을 보내야 했다.

일본의 야욕 아베신조를 말하다

이것이 후에 도쿠가와 막부가 무너지는 씨앗이 되었다. 역사의 필연이라고 할까. 봉록은 3분의 1로 경감됐고, 중앙 에도막부 군사들의 철저한 감시를 받게 되었다. 차차 탄압이 약화되었지만 모리는 그 당시의 처분을 잊지 못하고 와신상담, 경제력과 정보력을 철저히 양성하며 실력을 키웠다. 에도막부의 눈을 피해 중국이나 조선과의 밀무역 등으로 막대한 부를 축적하고 군사력까지 양성한 뒤, 자체 사설 교육학교(메이린칸)를 통해 인재들을 육성했다. 에도막부 말기까지 메이지유신 주체 세력을 육성해 260년 만의 복수로 에도막부를 일거에 무너뜨리고 말았다.

아베의 정치적 끈기에도 이런 지역적 특질이 엿보인다. 무서울 정도의 집념으로 결국 영원할 것 같던 에도막부를 무너뜨린 것이 아베 신조의 고향, 조슈 사람들이다. 모리가의 한(恨), 조슈의 한으로 도쿠가와 이에야스의 에도막부를 결국 무너뜨렸으니 아베의 고향 조슈인들의 집념이 260년의 상상을 초월한다 하겠다.

이처럼 야마구치 현의 사람들은 세키가하라 전투에서 패한 사람들의 후손으로 대부분 서일본에서 한을 품고 자라온 세력들이다. 또한 '에도막부 타도'를 외치며 메이지유신의 주체가 되었다. 막부(일본발음 바쿠후) 타도와 유신운동의 주체는 사이고 다카모리의 사쓰마 번, 기도 다카요시의 조슈 번, 사카모토 료마의 도사 번 세 지역 출신의 하급무사들이었다. 이들 모두 세키가하라 전투에서 패한 서군의 후예들로 분류된다.

이들은 근대국가 실현 열망도 컸지만 근저에는 신분차별, 지역차별에 대한 깊은 한도 서려 있었다. 메이지유신 주역들은 이후 수도를 도쿄로 천도하고 입헌군주제를 도입, 정치의 중심에 섰다. 이들 세 지역 출신들

제1장_ 아베 신조 가(家)의 역사적 배경

이 초대 일본 총리 이토 히로부미를 선두로 정계의 요직을 나눠 가졌다. 이때 조슈 번의 활약이 두드러졌다. 그 후광은 현재까지 이어져 정치는 물론 경제나 문화 등 각 영역에서 선두에 있다.

이처럼 동·서 세력간 인재의 불균형 현상은 패전(일본 역사와 정치세력의 큰 중심이 두 번에 걸쳐 요동친 이후 이뤄짐) 후 승전국 미국의 필요 등으로 크게 해소된다. 전후에는 간토 지역의 정치 경제적 성장이 두드러져 간토와 간사이 지역 간, 특히 경제적으로 큰 온도차가 생겼다. 1991년 이후 '잃어버린 20년'이라는 거품붕괴 후 오늘 간토 지역은 경제가 상당한 회복세를 보이며 흥청거리고 있다. 하지만 장기불황의 최대 피해지역이라는 간사이 지역은 고베 지역을 제외하면 아직도 썰렁하다.

동서를 가르는 지리적인 분리 기준점에 대해서는 설(說)이 많다. 후지산이 간토와 간사이의 기준이라는 설도 있고 에도막부가 설치했던 하코네의 세키(關)가 기준이란 설도 있다. 아울러 400년 전 세키가하라 전투가 벌어졌던 기후현의 세키가하라가 기준이라는 설도 있다. 하지만 간토와 간사이를 가르는 명백한 지리적 기준점은 없다는 것이 정설이다.

간토(關東)와 간사이(關西)라고 하면 '관문'이란 뜻을 갖는 세키(關)의 동쪽이나 서쪽이라는 의미다. 최초의 세키는 700년대 말 나라시대나 이후 교토로 천도한 뒤 중앙정부가 세운 관문이었다. 그 동쪽이 간토이다. 그런데 그 세키라는 것이 과거에는 교토와 아이치 현의 중간 지점인 시가 현 오우미하치만 시 지역에 자리하고 있었다. 그러다가 에도막부가 생기면서 하코네에 검문소격인 세키를 설치했고, 지금도 하코네에 가면 '아시노 호수' 변에 세키의 유적이 복원돼 관광자원으로 활용되고 있다.

역사적으로 간사이나 간토란 용어가 사용되기 시작한 것은 그리 오래지 않다. 간사이라는 말에는 간사이 지방 사람들의 우월의식이 스며있다. 즉 간사이는 오랜 기간 정치나 경제, 문화의 중심지역 역할을 해왔지만, 간토 지방은 '야만의 땅' 혹은 '촌놈들의 땅'이라는 다소 경멸적인 의미로 사용되었다. 그래서 간토라는 단어를 무시하는 투로 구사했고, 간사이 지역은 천황정권이 있는 문명한 지역이란 자존심을 담아 '긴키'라는 단어를 즐겨 사용했다고 한다. 기(畿)는 도읍이란 뜻이 있다. 긴키는 교토, 오사카부, 시가, 미에, 나라, 와카야마, 효고 현 등지다.

　이런 긴키를 간사이로 바꾸어 부르기 시작한 데는 간사이가 문화의 중심으로부터 변방으로 전락했다는 것을 자조적으로 표현한 의미라는 해석도 있다. 결국 간사이나 간토라는 지리적 경계는 명확한 것이 없고, 문화적 경계구분으로 봐야 할 것 같다.

　다만 '서일본'과 '동일본'의 지리적 경계는 확실하다. 즉 중부 아이치 현(縣)과 미에 현(縣) 사이에 있는 조그마한 '나베다 강'이 그것이다. 강폭은 좁지만 이를 경계로 양 쪽 강둑을 경계로 하는 지역들의 언어 억양이 사뭇 다르다. 서쪽은 오사카 말(語), 동쪽은 나고야 말(語)이다. 이 강을 동·서로 해서 한자를 읽는 방법이나 억양 등이 크게 달라져 서일본 말, 동일본 말이 된다.

　일본에서 지역차별과 관련해서는 도호쿠(東北) 지방의 차별이 오늘날까지 전해지고 있다. 상당히 최근까지도 "도호쿠 출신들과는 결혼하지 않는다"는 차별이 있었다고 한다. 지금의 후쿠시마 현 쪽인 아이즈 번 사무라이들이 끝까지 메이지유신군에 저항한 역사 때문에 메이지유신 세력들이 도호쿠 사람들을 차별했다는 내용이다. 아이즈 번은 소년결사대 백호대(白虎隊)까지 결성해 메이지유신 주도세력에 결사항전했다.

결국 아이즈 번은 메이지정부군에 함락됐다. 그러면서 이 도호쿠 지역 사람들은 인재 등용이나 결혼에서도 차별받았다는 증언을 여러 일본 지인들을 통해 들을 수 있었다. 2011년 3·11 대지진으로 인한 도쿄전력 후쿠시마 제1원자력발전소 폭발 사고의 기원도 도호쿠 지역 차별에 뿌리를 두고 있다는 해석이 나올 정도다.

후쿠시마 연안 해안은 일본에서도 유명한 대지진대이다. 그런데 메이지유신 주도세력의 후손들이 장악한 일본 정계가 위험시설인 원자력발전소를 대거 도호부 지방에 지어 결국은 전대미문의 원전폭발 사고가 일어났고, 지금도 그 후유증은 계속되고 있다. 그 후 복구작업도 "도호쿠 지방이 아니었으면 지지부진하지 않았을 것"이라는 평도 있다.

일본의 야욕 아베신조를 말하다

운명의
세이난 전쟁

　세이난 전쟁(西南戰爭)은 1877년에 현재의 구마모토 현·미야자키 현·오이타 현·가고시마 현에서 사이고 다카모리가 맹주로서 주도하여 일으킨 사쓰마 번 사무라이의 무력 반란이다. 메이지유신의 영웅 사이고 다카모리가 하야 후 설립한 사학교가 중심이 되었던 사건이기 때문에 사학교 전쟁이라고도 불린다. 메이지 초기에 일어난 일련의 사무라이 반란 중 최대 규모였으며, 일본 역사상 마지막 내전이다.

　메이지정부는 1871년 폐번치현(廢藩置県·번을 없애고 현으로 개편)으로 일본 전국을 직할 구도로 완성했지만 각 번의 부채 및 사족들에게 봉록을 지불할 의무를 이어받게 되어 이런 비용들이 세출의 30% 이상이 되어 버렸다. 이에 메이지정부는 적자 재정 건전화를 위해, 생산 활동을 하지 않고 봉록을 받고 있는 특권계급의 사족 폐지를 목적으로 사민평등을 강조하며 1873년 징병제, 1876년 녹봉처분을 시행하였다. 이로써 사

제1장_ 아베 신조 가(家)의 역사적 배경

족 해체 방향이 결정되었지만, 사족의 반란이 빈발하였고, 결국 세이난 전쟁까지 이르게 되었다.

메이지정부의 세이난 전쟁 군사비는 4천100만 엔에 달해, 당시의 세수(稅收) 4천800만 엔의 대부분을 다 써 버릴 정도로 막대했다. 농지개혁으로 인해 농민의 소작화가 진행되어(소작농률 전국평균 38%→47%), 대지주가 발생하였다. 또한 소작을 계속 할 수 없을 정도로 곤궁한 사람들은 도시부로 유입되었다.

이렇게 도시지역으로 유입된 소작민 후예들이 관영기업의 불하로 발생한 재벌 경영공장에서 저임금 노동을 하여, 도시의 빈곤층으로 전락하였다. 또한 재정난을 겪게 된 일본은 '원칙국유(原則國有)'로 했던 철도 건설이 곤란하게 되어 대신 사유자본에 의한 철도 건설이 진행되었다. 이런 경위로 지금도 도쿄 등 일본에는 사철이 많다.

세이난 전쟁이 끝나갈 시점에 사족계층의 특권은 명백히 부정되었고, 몰락이 결정지어졌다. 전쟁으로 인한 경제 혼란은 빈부격차 확대를 초래하여 많은 농민이 몰락, 소작농이 되었지만 한편으로 일부 대지주나 재벌은 자본을 축적하여 그 중에서 초기 자본가가 나타나는 계기가 되었다. 신분보다도 돈이 우월한 사회가 도래하는 계기가 되었다.

세이난 전쟁은 '일본 최후의 내전'이며 사족(土族)이라고 하는 군사전문직의 존재를 소멸시켰다. 한 계층의 소멸을 초래한 것이다. 사족 중심의 사이고군을, 징병 내지 직업군인이 주축인 정부군이 승리함으로써, 사족 출신 병사나 농민 출신 병사나 전투력은 다르지 않다는 것이 증명되었고, 징병제에 의한 국민개병체제가 정착되었다.

정부군은 승리의 원인이 근대적 장비, 화력, 통신수단, 지휘능력의 차이에 있음을 바로 파악하여 세이난 전쟁 후 군의 근대화 노선에는 징병을 기반으로 한 상비군을 두었다. 한편으로 사이고군의 사기가 높았던 것이 사이고 다카모리가 총대장이었기 때문이라고 생각한 메이지 정부는 천황(天皇)을 일본제국의 육군, 해군의 대원수로 앉혀 군의 사기 고양을 도모했다.

세이난 전쟁은 일본 정치사에도 중요한 의미를 갖는다. 당시 메이지정부의 주축을 이루었던 아베의 고향 야마구치 현 출신들은 이후 정계와 경제, 관직 사회 요직을 거의 독식하다시피 하며 파죽지세로 승승장구한다. 초대 이토 히로부미 등 이 지역 출신 총리들이 줄지어 배출된다.

반면 사쓰마의 중심 고장인 현 가고시마 현은 세이난 전쟁 패배로 고장의 수많은 인재들이 희생됐다. 그리고 그 후유증으로 일본 주류세력의 중심에서 조금씩 멀어졌다. 그런 결과는 가고시마 현 출신 총리가 3명인 것으로 귀결됐다. 역시 메이지유신 주역 중 하나인 고치 현도 사카모토 료마 이후 주류세력 중심부에서 밀려 2명의 총리를 배출하는데 그쳤다.

그러나 고치 현 출신 사카모토 료마는 현재도 일본인들이 꼽는 최고의 일본 영웅 가운데 한 명으로 추앙받고 있다. 그가 일본이라는 나라를 세우기 위해 헌신한 덕에 메이지유신이 성공할 수 있었다는 것이다. 그의 고향 고치의 가쓰라하마 해변에 가면 지금도 그를 기리는 료마기념관이 있고 동상도 세워져서 수많은 일본인들이 방문하는 명소가 됐다.

한국과 특별한
인연 야마구치

아베 총리는 한국계? 아베 가문이 한국계와 연결되어 있다는 주장도 있다. 근거는 한두 가지가 아니다. 다소 허황된 얘기부터 제법 그럴싸한 얘기까지 다양하게 존재하고 있다. 기본적으로 본가인 아베 가(家)는 수백 년 전 일본 동북 지방에서 정치적으로 밀려나며 야마구치 현으로 이주했다는 설이 유력하다. 물론, 여기에도 이설이 적지 않다.

그러나 문제는 외가 쪽이다. 기시 노부스케 전 총리가 외할아버지이니 기시 가문이 한국과 연결되어 있다는 주장이 가끔 나온다. 대표적인 것이 김충식(가천대 교수)의 『슬픈 열도』라는 저서다. 『슬픈 열도』는 "기시 전 총리의 친동생인 사토 에시사쿠는 조선 도공 심수관 14대에게 자신의 집안이 임진왜란 이후 일본에 건너온 한국계임을 고백했다"고 주장했다.

그러나 사토 전 총리의 발언으로 아베 가문과 한국을 확실하게 연결시키기에는 명확하지 않은 점이 있다. 기시 가문에서 입양되어간 사토 집안이 한국계인지, 아니면 기시 집안이 한국계인지는 명확하지 않기 때문이다. 『슬픈 열도』에는 이런 구절도 보인다. 아베의 아버지이자 외무대신을 역임한 신타로도 한국계가 많은 야마구치 현 출신이라고 적었는데, 이를 토대로 아베 가문이 한국과 연결되어 있다고 단정하기에는 무리가 따르는 것으로 볼 수 있다.

기본적으로 야마구치 현은 한국과는 가장 가까운 일본의 고장이다. 조선시대 일본으로 보낸 통신사가 지나갔던 첫 관문이기도 하다. 우리나라 삼국시대에는 삼국 간 전란을 피해 수많은 한반도인들이 가까운 야마구치 현 쪽으로 건너가 정착했다. 그래서 이곳에는 일본 다른 어느 지역보다 한국계 주민들이 많지만, 공개되는 것은 꺼린다.

이런 역사적인 배경 등을 근거로 해 야마구치 현 출신 아베가의 뿌리가 한반도라는 설은 끊임없이, 여러 가지 형태로 계속 제기되었다. 다음의 얘기는 그 가운데 대표적인 것이다. 주간 아사히(週刊朝日) 2006년 10월 6일 호에는 다음과 같은 내용의 기사가 게재되었다. 제목은 '가정부(가사 도우미)는 보았다, 아베·기시가 3대'이다.

40년간 아베 집안에서 가사 도우미로서 아베가를 보필했던 유모 우메 씨의 인터뷰 기사이다. 그에 따르면 아베 신타로에 대해 "관에 들어갔을 때 그 분의 골격, 그것은 역시 일본인의 것이 아니라고 생각했다. 어깨 넓이에서부터 아래까지 그랬다. 이것은 완전히 한국의 체형이다"라고.

우메는 말을 이었다. "신타로는 '나는 조선인이다'라고 말하기까지 했는데, 과연 그렇다. 조선인이라고 생각했다. 그리고 신타로는 생전에 아베가의 뿌리가 10세기경까지는 조선반도 북부에서 중국대륙에 걸쳐 존재했던 발해국에 있다는 사실을 말하기도 했다"고 회상했다.

기시와 사토의 고향이기도 한 야마구치 현 다부세 지방은 한반도와 물품의 판로도 옛날부터 열려 있어 한반도 연안과 오사카와의 사이에 왕래하는 운송업무·무역업무에 관련된 업자가 번영했다. 기시 노부스케나 사토 에이사쿠 전 총리 등이 관련된 기시가(家)나 사토가(家)의 사람들도 대륙계와 한반도계의 피와 조슈(야마구치 현)계의 피가 섞여 있다는 설들이 있었다.

하지만 어디까지나 설이다. 이를 뒷받침할 만한 학술적인 정확한 근거는 없다. 그렇다고 그저 흘려버리기도 이상했다. 인간 아베 신조를 조금이라도 더 깊이 이해하는 데 도움이 될 것 같아 소개했다. 아베의 고향 야마구치 현은 여러모로 한국과는 아주 특별한 인연을 갖고 있다. 초대 조선통감 이토 히로부미의 고향이라 더욱 그렇다.

제2장
아베의 출생

아베 신조는 1954년 9월 21일 당시 마이니치신문 기자이던 아베 신타로와 그 아내 요코의 차남으로 도쿄도에서 태어났다. 아베의 남동생도 있지만, "세 번째도 아들이면 (친정인) 기시가에 양자로 보내주겠다"는 어머니와 아버지의 약속에 따라 곧바로 외할아버지 기시 총리의 큰아들에게 양자로 보내져 아베는 호적상에는 동생이 없다.

아베의 출생

    아베 신조는 1954년 9월 21일 당시 마이니치신문 기자이던 아베 신타로와 그 아내 요코의 차남으로 도쿄도에서 태어났다. 아베의 남동생도 있지만, "세 번째도 아들이면 (친정인) 기시가에 양자로 보내주겠다"는 어머니와 아버지의 약속에 따라 곧바로 외할아버지 기시 총리의 큰아들에게 양자로 보내져 아베는 호적상에는 동생이 없다.

    즉, 3형제 중 둘째인 것이다. 둘째라서 형이나 동생보다 관심을 적게 받는다는 콤플렉스 때문에 가족들, 특히 정치활동에 바쁜 부모의 관심을 끌기 위해 강하게 고집을 부리곤 했다고 한다. 본적지는 아버지, 할아버지의 고향인 야마구치 현 오쓰 군 유다니초(현 나가토시)이다. 야마구치 현에서도 서쪽이다.

    아버지 쪽 혈통, 즉 할아버지는 중의원 의원을 지낸 아베 간이다. 아버지 신타로는 외무상을 지낸 정치인이다. 외가 쪽 외할아버지 기시 노부스케는 물론 그의 동생 사토 에이사쿠도 일본 총리를 지냈다. 명문 정치가 일족이었다. 아베는 "어릴 때부터 나에게는 가깝게 정치가 있었다"라고 회상했다고 한다. 그는 집안의 정치적 자산을 가장 충실히 이어받았다.

정치에 대한 관심이 적었던 형에 비해 그는 어려서부터 "나는 아버지를 이어 정치를 하겠다"고 자주 말하곤 해 기시 전 총리나 아버지 신타로의 정치적 응원을 받을 수 있었다. 아버지가 급서하자 그는 아버지의 정치적 기반과 지역구, 후원회 등 이른바 3반(지반, 간판, 가방)을 그대로 받아들였다. 그리고 이를 더욱 확장했으니 반드시 금수저 덕만은 아닌 듯하다.

물론 그가 전후 최연소, 최초의 전후세대 총리 등 각종 기록을 세우며 52세이던 2006년 처음으로 총리에 오를 수 있었던 배경에는 "기시 총리나 아베 신타로 외상 등 아베가의 신세를 지지 않은 일본 자민당이나 야당 정치인이 드물다고 할 정도로 막강한 배경이 작용했다"는 평을 들을 만큼 그의 커다란 정치적 자산이었던 집안이 있었다.

그 가운데서도 그의 할아버지가 적극 지원했었던 모리 요시로 전 총리나 어머니 요코가 그의 정치적 장래를 부탁했던 자민당 간사장 출신의 오자와 이치로 의원 등은 아베의 결정적 멘토였다.

일본의 세습정치

　　일본에서 정치세습은 비교적 자연스러운 것으로 받아들여져 왔다. 여당인 자민당은 물론 제1야당인 민진당이나 진보적인 공산당까지 대를 이어 정치를 하는 '세습정치'는 일본국민에게 큰 저항감 없이 받아들여졌다. 세습정치인들은 '지반(후원회)', '간판(가문)', '가방(정치자금)'의 일본어 끝 발음 '반'을 따 '3반'을 물려받기 때문에 선거에서 당선이 쉽다고 인식되어 있다. 실제 세습의원의 비율이 30%대 안팎으로 유지되고 있다. 여당인 자민당이 세습의원 비율이 높고, 야당들은 상대적으로 낮은 편이다.

　이처럼 세습정치에 대한 거부감이 엷기 때문에 20여년 전 집권 자민당의 경우 의원 403명 중 30% 가까이(130여명)가 2, 3대는 물론 4대째 세습의원이라는 통계가 있다. 현 제1야당인 민진당의 전신인 민주당도 자민당 보다는 상당히 낮지만 세습의원이 많다.

일본 국회의사당

　일본에 세습정치가 일반적이라는 사실은 현재 아베 신조 내각과 자민당 상황을 보면 잘 나타난다. 아베 신조 총리는 할아버지 아베 간이 중의원 의원을 지냈고, 외할아버지 기시 노부스케는 전 총리이고, 아버지는 아베 신타로 전 외상이다. 친가와 외가 쪽 모두 3대의 정치가 집안이다.

　내각 서열 2위인 아소 다로 재무상 겸 부총리도 부친이 중의원 의원을 지냈고, 외할아버지 요시다 시게루 전 총리는 1945년 일본이 패전한 이후 오늘날 일본의 정치·사회적 틀을 다진 인물이다. 아베와 아소는 외할아버지 쪽으로 연결되는 먼 친척관계이기도 하다.

　기시다 후미오 외무상도 부친이 5선 중의원 의원을 지낸 기시다 후미

다케 전 의원이고, 조부 역시 중의원 의원을 지낸 3대 세습의원이다. 시오자키 야스히사 후생노동상 역시 세습의원이다. 그의 부친 시오자키 준도 중의원 의원을 지냈다.

이시하라 노부테루 경제재생담당상도 화려한 세습정치가 집안이다. 그의 동생 히로타카 역시 3선째의 중의원 의원이다. 아버지 이시하라 신타로는 중의원 의원, 도쿄도지사, 일본유신회 대표 등을 지낸 일본의 대표적인 우파 정치인이다.

이처럼 아베 내각에는 세습정치인이 많다. 역대 아베 내각에서는 각료의 50% 안팎이 세습정치인이다. 아베 내각에서 경제산업상을 역임한 미야자와 요이치는 부친이 총리를 지낸 미야자와 기이치다. 그의 할아버지 미야자와 유타카도 6선 중의원 의원을 지낸 3대 세습의원이다. 작은 아버지도 법무상과 중의원 의원을 지냈다. 역시 아베 내각에서 법무상을 역임한 다니가키 사다카즈 의원도 아버지가 문부대신을 지냈다.

일반 의원 가운데도 세습의원은 차고 넘친다. 고노 다로 의원은 부친이 중의원 의장을 역임한 고노 요헤이이고, 할아버지는 건설대신을 지낸 고노 이치로이다. 그 역시 3대가 정치를 하는 세습 정치인 가족이다. 고노 요헤이 의장과 고노 다로 의원은 한때 같은 중의원 의원으로 중의원 의장과 평의원을 동시에 지냈다. 둘 다 지역구 의원이었다.

자민당 농림부회 회장인 고이즈미 신지로 중의원 의원 역시 대표적인 4대 세습정치인이다. 부친 고이즈미 준이치로는 전직 총리를 역임했다. 그의 할아버지 준야는 방위청장관 등을 역임한 정치인이었고, 증조부 고이즈미 마타지로 역시 각료를 지낸 정치인 출신이다.

이처럼 아베 신조 총리가 속한 집권 자민당은 3, 4대 세습정치인이 많고 내각은 대개 50% 정도, 소속 의원은 30% 안팎이 세습정치인으로 충원되고 있다. 남편이 숨진 뒤 지역구를 물려받은 자민당 나카가와 유코(59) 중의원 의원도 있다. 남편 나카가와 쇼이치도 각료를 역임했고, 시아버지 나카가와 이치로도 각료를 역임한 세습정치인이다.

최근 20여년의 역대 총리도 역시 대대로 가업인 정치를 이어받은 세습정치가문이 많았다. 1993년 호소카와 모리히토 총리 이후 이런 현상은 더욱 심화되었다. 호소카와 전 총리는 조부가 총리를 지냈다. 그 뒤를 이은 하타 쓰토무 전 총리는 부친이 중의원 의원을 지냈다. 후임자인 무라야마 도모이치 전 총리는 노조 출신이지만 그 다음 하시모토 류타로 전 총리(2016년 여름 작고)는 부친이 후생성 장관을 지냈다.

하시모토 류타로 전 총리의 경우, 정계를 떠난 뒤 역시 아들에게 지역구 자리를 내줘 정치가 세습됐다. 하시모토에 이은 오부치 게이조 전 총리도 부친이 중의원 의원을 지냈고, 그의 딸 유코가 정치를 이어받아 경제산업상을 역임했다. 모리 요시로 전 총리는 부친이 면장을 지냈다.

모리 총리 다음이 역시 세습정치인이었던 고이즈미 준이치로 전 총리이고, 그 다음이 2006년에 1차 집권했던 아베 신조 총리다. 2007년 아베 총리를 뒤이은 후쿠다 야스오 전 총리 역시 부친이 총리를 역임한 후쿠다 다케오다. 그 다음 아소 다로 전 총리 역시 앞에서 소개한 대로 세습정치인이다.

야당에서도 세습정치인은 수두룩하다. 옛 민주당 대표를 지낸 오자와 이치로 자유당 공동대표 역시 2세 정치인이다. 아버지가 전 중의원 의원이었다. 아버지가 갑자기 숨진 뒤 오자와 대표가 동북지방의 이와테 현 지역구와 기반을 부랴부랴 물려받아 당선됐다.

민주당 정권에서 총리를 역임한 하토야마 유키오 전 총리는 4대를 이은, 일본에서는 전설적인 정치가문이다. 조부는 요시다 시게루와 함께 전후 일본 정계의 주도권 다툼을 했던 하토야마 이치로 전 총리다. 증조할아버지는 메이지유신 이후 미국 예일대학을 졸업, 중의원 의장을 역임했다. 증조할머니는 여자대학을 설립한 작가이기도 했다. 그리고 부친 역시 외무상을 지낸 4대 정치가문이다. 증조할머니가 대학을 설립한 곳이 중의원 옛 도쿄8구 선거구인데, 동생인 하토야마 구니오 전 의원(2016년 사망)의 지역구였다.

그런데 세습은 자민당·민주당 등 정당이나 보수계 집안의 전유물만은 아닌 것으로 드러났다. 혁신·중도계에도 다수 있다. 진보계 사회당 출신으로 중의원 의장을 역임했고 지금도 민진당에 소속된 요코미치 다카히로 중의원 의원도 부친이 진보적인 사회당 의원을 지냈다. 부친의 선거구였던 중의원 옛 홋카이도 1선거구에서 부친은 홋카이도 지사선거전에 나갔다가 자민당 후보에게 패배했지만 아들 요코미치 의원이 지사선거전에 나가 부친의 패배를 설욕했다.

일본이 고도성장을 통해 패전의 참화에서 벗어났던 1960~70년대에는 다나카 가쿠에이 전 총리와 같은 자수성가형 정치인도 적지 않았다. 특히 세습정치인 총리가 많이 나오면서 정치세습에 대한 반성의 기운도 일고 있다. 각종 언론 여론조사에서는 70% 안팎의 일본 국민들이 세습정치에 대해 부정적인 인식을 드러내고 있다.

일본의 야욕 아베신조를 말하다

일본인들이 세습정치를 좋아하지 않는 데에는 '특권계급을 만든다', '서민의 소리가 정치에 반영되지 않는다', '세습정치가는 선거에 유리하기 때문에 불공평하다' 등이 중요한 이유로 꼽혔다. 세습정치에 호감을 갖는 응답 비율은 한 자릿수에 머물렀다.

김일성-김정일-김정은으로 이어지는 북한의 3대 세습정치가 민주적이지 않다고 일본 언론들이 비판하지만, 일본 역시 세습정치 대국임에 분명하다. 우리나라에서도 김영삼, 김대중 전 대통령의 아들들을 중심으로 정치세습에 대한 말들이 있었지만 일본의 그것과는 본질적으로 다르며 전체 비율에서도 상대적으로 미미하다. 현 일본에서도 정치세습 논란에 대해 반성적 방향으로 여론이 바뀌는 상황이다.

왜 흙수저 다나까 가쿠에이
전 총리 열풍인가

아베 신조 총리 정권이 전성기를 보냈던 2016년 일본
에선 난데없이 '다나카 열풍'이 불었다. 초등학교 출신에 돈도 백도 없이
혈혈단신으로 정계에 뛰어들어 흙수저로 일본 최고 총리 자리에 오르고
그 이후나 사후에도 막강한 영향력을 행사한 니가타 출신 다나카 가쿠에
이 총리가 그 주인공이다.

2016년 다나카 가쿠에이 열풍은 절정에 달했다. 모두가 의아해 할 정
도로 인기가 폭발했다. 서점가에서는 다나카에 대한 책이 최고의 베스트
셀러가 되고, 공영 NHK방송에서도 다나카를 다룬 특집 다큐멘터리를
통해 그의 생애에 대한 미스테리를 다루기도 했다.

다나카 가쿠에이(田中角榮·1918~1993년) 전 총리가 사망한 지 24년
째인데 왜 이럴까. 다나카를 다룬 책이 2016년 상반기에만 14권이 나와
서점 진열대를 뒤덮었다. TV나 잡지에서 다나카의 호방함과 인간미를

연상시키는 장면들이 자주 보였다.

왕자님 같은, 조부를 총리로 두고 아버지는 외무상을 지낸 도련님 아베가 독주하는 시대에 일본인들은 그를 향수한다. 부정한 정치자금이며 술과 여자 등으로 부패했으나, 탁월한 정치력으로 수많은 전설과 일화를 남긴 거인 다나카의 리더십을 일본인들이 새삼 그리워하고 있다.

다나카와 아베는 여러 면에서 극단적으로 대비된다. 집단자위권법 강행, 평화헌법 개정 추진처럼 아베는 이념적 문제에 집착하는 반면, '일본열도개조론'을 내건 다나카 시대에는 생활이 우선이었다. 아베는 총리관저가 독주하지만, 다나카 시대는 파벌간 이익 분배를 중시했다.

많은 일본인 지인들에게 전후 일본인이 가장 좋아하는 역사적 인물이 누구인지 물은 적이 있다. 그때 다수가 다나카를 꼽았다. 한국이나 중국 등 이웃 나라와 관계가 좋았던 다나카를 얘기하며, 양국과 좋지 않은 관계인 아베에 대비시키며 아쉬워하곤 했다.

서민재상으로 불린 다나카는 언행이 투박했지만 실행력은 타의 추종을 불허했다. 기획재정부 격인 대장성 대장상 취임 연설 때 다나카가 "여러분은 천하가 다 아는 수재들이고 나는 초등학교 밖에 못 나왔습니다. 대장성 일은 깜깜합니다. 일은 여러분이 마음껏 하고, 나는 책임만 지겠습니다"라고 말하자 일본 최고의 수재들인 대장성 관료들이 매료됐다.

그러나 다나카는 일본 금권 정치의 어두운 면을 상징하기도 한다. 그 시대 선거에선 위스키 빈 상자에 1천만 엔이 담겨 전달되기도 했고, 수많은 일본 정치인들이, 자민당 정치인들이 그의 정치수법을 계승해 금권정치에 기반한 파벌정치를 계속했다. 돈으로 파벌 의원들을 관리했다.

총리취임 후 중국을 전격 방문했던 다나카의 지지율은 60%였다. 당시로선 기록이었다. 과신한 다나카는 여세를 몰아 의회해산에 나섰지만 패배했다. 정권은 급격히 기울어갔다. 아베도 지금 고공 지지율로 질주하고 있지만 높은 지지율의 리더도 한 순간 무너질 수 있음을 잊지 않으면 안 된다.

1947년 정계에 입문해 1972년 총리에 오른 다나카는 고속도로·철도 등 인프라를 확충하는 일본열도 개조론을 통해 지역 균등 개발의 토대를 마련했고 중국과 국교 정상화를 이뤄 냈다. 하지만 취임 2년 반 만에 금품수수 의혹으로 총리직에서 물러나게 되었다.

반면 사임 이후에도 집권 자민당에서 막강한 영향력을 행사했다. 오히라·스즈키·나카소네 정권 등 내리 세 차례의 자민당 정권 탄생에 직접 관여해 '어둠의 쇼군(장군)'이란 별명을 얻었다. 다나카는 1993년 사망했지만 아직까지 오늘의 일본 정계에 그의 그림자가 짙게 드리워져 있다.

2016년 불기 시작한 '가쿠에이 열풍'이 새해 들어서도 그칠 줄 모르고 일본인들의 마음을 흔들어 놓았다. 이시하라 신타로 전 도쿄도지사가 다나카의 생애를 그려 낸 소설 『천재(天才)』는 2016년 1월 출간돼 100만 부 정도가 팔렸고, 아류도 30여 편 쏟아졌다.

『천재(天才)』는 2016년 일본 종합 베스트셀러 1위에 올랐다. 전문가들은 다나카가 재조명받는 이유를 이념에 얽매이지 않고 민생을 생각하는 추진력에 있다고 말한다. 아베 정권이 개헌이나 집단적자위권 등 이념에 얽매이는 것에 일본인들이 짜증을 느끼는 것과 대조된다.

즉, 다나카는 민중, 민생의 관점에서 세상을 바라봤다. 그는 전후 일본

일본의 야욕 아베신조를 말하다

헌법이 미국 주도로 제정됐다는 것에 불만을 가지기는 했지만 민생 개선에 우선하며 "헌법은 100년쯤 뒤 개정해도 된다"고 말하곤 했다. 철저한 민생 우선의 실용주의 노선을 견지했다.

다나카는 초등학교 졸업 학력에 공사판 인부, 작은 건설회사를 거쳐 총리까지 이른 입지전적인 인물이다. 세습정치가들이 30% 안팎을 차지하는 일본 정계에서 아주 특이한 인물이다. 일본은 아직도 특정 집단들이 특정 지역·직업을 차지하는 계급사회 성격이 강하다.

다나카는 민생우선의 실용주의자다. 그가 의원 입법한 33개의 법안은 대부분 공영주택법과 도로법 등 민생과 관련된 것이었다. 다나카의 계획은 어떤 때는 허황될 정도였다. 1946년 그의 고향인 니가타 현 중의원 선거 유세에서의 공약이 대표적이다.

'니가타와 인접한 군마 현 사이를 가로막고 있는 미쿠니토우게를 다이너마이트로 날려버리겠다. 그러면 니가타에 눈이 내리지 않게 돼 살기 좋아질 것이다. 나온 흙으로 니가타 연안 바다를 메우는 개발 사업을 하면 도쿄 사람들이 돈을 벌러 니가타로 몰려들 것'이라고 호언했다.

허황되기까지 한 이 공약은 결국 실현되지 못했지만 도쿄로 가는 것만을 유일한 성공의 길로 여기던 니가타 주민들을 열광하게 만들기엔 충분했다. 비전을 제시한 공약이었다. 어느 때인가는 실현될 수도 있는 그야말로 꿈을 제시하는 안목은 탁월한 것이었다.

일본의 '가쿠에이 열풍'은 미국의 '트럼프 열풍'과 비슷하다는 지적도 나온다. 두 사람 모두 스스로를 엘리트 정치인들과 구분 지었고, 이념보다 실리를 우선하며 큰일을 성사시키는 추진력이 장점으로 꼽힌다는 점에서 공통점을 가지고 있으며, 기성정치인에 신물을 낸 유권자들을 흡인한다는 점도 유사하다.

다나카는 금권 정치라는 어두운 그림자를 남겼다. 1974년 가족 기업이 매입한 땅에 건설성이 공사를 시작하면서 땅값이 수십 배 급등하는 등 다방면에서 부당이익을 취해 총리직 사임 배경이 됐다. 총리 시절 미국 록히드마틴사로부터 5억 엔의 뇌물을 수수한 혐의가 드러나 1976년 구속되기까지 했다. 6개월 수감됐다가 보석으로 풀려난 뒤 정계의 배후 실력자로 활동했지만 군수업체 록히드마틴 사건은 다나카를 유령처럼 따라다녔다. 83년 1심 재판에서 징역 4년을 선고받고 항소했으나 87년 기각됐다. 다나카는 상고했지만 재판진행 중이던 93년 사망, 종지부를 찍었다.

그처럼 스캔들이 이어지는 동안에도 다나카의 인기는 여전했다. 1976년부터 정계 은퇴를 선언한 1990년까지 있었던 5번의 중의원 선거에서 모두 당선되며 건재를 과시했다. 뇌경색으로 쓰러져 선거운동을 하지 못했던 86년 중의원 선거에서도 당선됐을 정도다. 다나카가 지금 다시 인기를 얻는 것은 일본인들이 부정부패 스캔들에 관대하다는 사실을 보여준다는 지적도 받는다. 돈의 힘으로 권력을 좌지우지하던 다나카의 금권 정치가 부활할 조짐을 보이는 것에 대한 우려도 제기되고 있다.

일본 최고의 가족 배경
아베 신조

유년기의 아베는 장난끼가 넘치는 개구쟁이였다고 한다. 장난을 아주 좋아해 집안을 어지럽히고 이른바 사고를 자주 많이 쳤다고 한다. 유년기 그의 유모 역할을 했던 우메의 증언에 따르면 두 살 위의 형인 히로노부를 괴롭히는 일도 많았다. '신짱'으로 어른들에게 불리던 신조는 무척 고집이 세고 자존심이 강한 아이였다. 우메가 무릎이 성하지 않은 것을 보고 "넘어졌구나 아팠지" 해도 "나 안 넘어졌어. 안 아파"라고 할 정도로 강한 자존심을 드러냈다. 동정받는 걸 무척 꺼렸다.

유명한 일화가 있다. "신조는 울지 않는 아이였다"고 전해진다. 5살 때 신조가 형 히로노부와 유모와 함께 외할아버지 기시 저택 정원에 있는 작은 연못에 빠진 적이 있다. 빠져서도 그는 울지 않았다. 정원사가 달려와 그를 건져주었다고 한다. 그 때 그의 형은 동생이 걱정되어 엉엉 울었다. 그러나 신조는 형을 힐끗 보고는 멍한 표정만 지으며 결코 울지 않았다.

자신이 잘못했기 때문에 울지 않은 것이었다고 한다.

어머니 요코는 형제의 예절 교육에 엄격했다. 낮에 신조가 잘못하면 저녁에 목욕을 시킬 때 어머니 요코를 대신해 유모가 엄하게 꾸짖거나 엉덩이를 때리며 타일러도 신조는 한 번도 울지 않았다. 이것은 어머니와 아버지가 선거 때문에 바빠진 영향이 컸다고 한다. 신조가 2~3살 무렵부터 정치가의 길을 걸은 아버지가 지역구 관리에 바빠지면서 어머니도 지역구 관리를 위해 내려가는 경우가 많아 신조를 스스로 키우고 싶어도 키울 수 없는 처지였다.

그래서 아베는 평범한 가정에 대한 동경이 유난히 강했다고 한다. 친구집에 놀러가서 친구가 스스럼없이 부모들과 지내는 모습을 보면서 아버지가 친구처럼 놀아주는 것을 부러워했다. 유년시절 정치로 바쁜 아버지는 거의 집에 부재중이었고, 어머니도 머나먼 지역구 야마구치 현에서 활동하는 경우가 많았다. 유모가 어머니 역할을 할 수 밖에 없었다.

아베는 가끔 아버지와 집에서 조우하면 어색하게 느껴지곤 했다고 한다. 아베는 이처럼 알아서 자란 것이다. 울지 않은 어린이 아베도 엄격하고 자주 접할 기회가 없는 부모님에게는 응석을 부리지 못했지만 가사도우미이자 유모인 우메에게는 어리광을 부리고 업어 달라면서 자주 응석을 부리곤 했다.

유모 우메가 형 히로노부를 초등학교에 등교시키기 위해 준비를 도우면 유치원에 가기 위해 기다리던 신조는 삐져 버리곤 했다. 삐지면 꼼짝도 안 해 유모가 가방을 메어 주고, 버스정류장까지 데려다주고는 했다. 부모들과 스킨십이 없었기 때문에 유모에게 업히는 걸 무척 좋아했다.

'정에 굶주린' 아베는 유년기에 옆방의 유모 방으로 들어가 이불 속으로 파고드는 경우가 많았다. 다섯 살 무렵에는 자신의 집에서 가까운 외할아버지 기시 노부스케 당시 총리의 집으로 가 함께 저녁 식사를 하곤 했다. 총리인 기시는 가끔 아베와 정원에서 놀아 주기도 했다.

세계적으로는 A급 전범에 '쇼와시대(1926년 즉위해 1989년 생을 마감할 때까지 2차 세계대전 등 군국주의 시대를 거치며 신격화된 쇼와 천황이 지배한 시대)의 요괴'로 불리는 기시 전 총리에 대해 "할아버지는 반드시 옳은 분"이라고 절대적인 신뢰를 보냈던 아베는 당시 총리 사택 근처에서 안보법 반대를 외치던 시위대를 할아버지의 적이라고 마음에 새겼다고 한다. 유년기를 지나서도 아베의 부모에 대한 애정 결핍은 채워지지 않았다.

정치가의 아이들은 유소년기에 부친이 정치가일 경우 가정생활에 소홀할 수밖에 없어 부모에 대한 따뜻한 사랑을 받지 못하는 경우가 많다. 아베는 유모가 학교 숙제를 돌보아 주었으며, 세이케이 초등학교에 입학할 때부터 일기가 숙제가 되었다고 한다. 아베는 방학 때에도 숙제를 하지 않고 태연하게 학교에 갔다고 한다. 배짱이 아주 좋은 개구쟁이 아동이었다. 아베의 초등학교 동급생들에 의하면 아베는 숙제를 잊어 버리거나 지각하는 일이 잦아 선생님으로부터 "또냐"라며 꾸지람을 받았지만 주눅들지 않았다고 기억한다. 정치하는 아버지와 아버지 정치활동을 돕던 어머니 밑이라 아베는 초등학교 소풍 때 도시락을 싸 가지 못한 경험도 있었다.

초등학교 고학년 때는 친구들을 수시로 집에 데려왔다. 외로움을 많이 탔던 신조는 많은 친구들을 집으로 데리고 다닌 것이다. 신조가 데려온 친구들의 신발 때문에 현관은 발 디딜 틈이 없을 정도였다. 친구들과는 2층 방에서 영화감독 놀이를 자주했다.

영화감독 놀이에서 아베는 감독 역할을 맡았다. 그는 실제 감독이 하는 식으로 친구들의 연기가 부족하면 다시 하게 했고, '컷'이라는 용어도 사용했다고 한다. 이런 유년기의 경험 때문인 듯 아베는 영화광이다. "정치가가 아니었으면 영화감독이 되고 싶었다"는 말을 주변에 할 정도였다.

아베의 애정 결핍은 중학교 때까지 이어졌다. 유모의 증언에 따르면 아베가 부모의 사랑을 받지 못하고 자란 탓인지 밤이 되면 응석받이 모습을 자주 보였다. 자신의 방이 있는데도 유모의 이불 속으로 파고들면서 '여기가 더 따뜻해서 좋아'라고 어리광 부리곤 했다.

초등학생 때는 물론 중학생이 되어도 유모의 이불 속으로 파고드는 일이 계속되자 유모는 "이제 중학생이 되었는데 이러면 안 되지"라고 타일렀지만 그것은 한동안 계속되었다. 신조가 잠이 들면 유모가 안아다 자기 방으로 옮겨 주고는 했다. 유모는 "그 아이는 그만큼 부모의 애정에 굶주린 아이였다"고 소개했다.

일본 정계의 대모,
모친 아베 요코

아베 신조의 어머니 요코에 대해서 한국에는 알려진 것이 별로 없다. 그러나 일본에서 1928년 6월 11일생 요코는 유명인사다. 기시 노부스케 전 총리의 장녀, 아베 신타로 전 외무상의 아내, 정치가 아베 신조와 기시 노부오 등의 어머니로 유명하다. 특히 아베 일가의 선거 출마나 역할 분담 등 정치적 연결고리를 한 중심축 역할을 했다.

친정 아버지 기시와 시아버지 아베 간으로부터 두 아들까지 3대에 걸치는 정치일가 기시·아베가의 대모(代母·godmother), 오랜 세월 자민당 주요 파벌 가운데 하나인 세이와정책연구회 소속 의원 부인들의 리더를 맡아 정계에도 신봉자가 많은 '정계의 대모'로도 칭해진다.

요코는 기시 노부스케·요시코 부부의 장녀로서 도쿄도 나카노구 나카노 2초메(丁目)에서 태어났다. 아버지 노부스케가 식민지 만주국 정부에 부임중(1936년-1939년)이었을 때에는 나카노 집에서 외할머니가 길렀다. 1941년에 일가는 신주쿠 가시와기로 이사했지만, 1945년 요코가 고등학교를 졸업한 뒤 아버지 기시의 본가가 있는 야구치 현 다부세초에 대피한다. 2차 대전 말기 일본 정부와 군부는 여성과 노약자 등을 도쿄에서 지방으로 소개시켰다. 요코도 야마구치은행 다부세 지점에서 근무했다.

1949년 도쿄로 귀환해 후에 역시 일본총리가 되는 작은아버지 사토 에이사쿠의 기치조지 옛집에 들어간다. 1950년 6월, 뒤에 중의원 의원과 외무상이 되는, 당시에는 마이니치신문 정치부 기자였던 아베 신타로와 선을 보고 1951년 5월에 결혼했다. 그 후 신타로와의 사이에 아들 3명을 낳았다. 장남 히로노부는 종합상사의 회사원, 차남 신조는 중의원 의원을 거쳐 총리가 되고, 요코의 친정인 기시가에 입양시킨 삼남 기시 노부오도 중의원 의원이 되었다.

1953년 제26회 중의원 의원 총선거에 야마구치 2구에서 아버지 기시 노부스케가 입후보했을 때 처음으로 선거 지원 인사를 하며 돌아다녔다. 이어 1955년 보수합동을 통한 자민당 탄생 때에는 도쿄 시부야 난페이다이의 기시 집에서 아베 일가도 함께 살았다.

그 후 기시가 외무상이 된 2개월간은 시로카네의 관저에서 같이 옮겨가 살았지만, 총리가 된 뒤에는 기시가 총리공저(公邸·일본 총리의 생활공간으로 우리나라 식으로 하면 대통령관저)로 들어가지 않고 난페이다이 집으로 되돌아오자 아베 일가도 이것을 따랐다. 아베 신조는 이때 외할아버지와 함께 살았던 것이다.

기시의 정계 은퇴 후 요코는 남편 아베 신타로의 선거구(야마구치1구)에서 지역구 활동을 지휘했다. 그 후로는 역시 야마구치 현이 지역구인 두 아들의 선거에 계속해서 영향을 미쳤지만, 수많은 선거운동에 대해 "선거는 몇 번을 해도 매번 큰일이다"라고 말했다고 한다.

요코는 현재 도쿄도 시부야구 도미가야에서 자신이 소유한 맨션(우리식 고급아파트)에 거주한다. 총리공저로 들어간 아베 신조 부부도 같은 맨션의 다른 방에 살고 있다. 현재도 국제부인복지협회 모금위원, 아카마진구숭경회 회장 등 다수 단체의 직책을 맡고 있다.

요코의 정치 인연은 화려하다. 2003년 9월 고이즈미 준이치로 총리가 아직 49세의 아베 신조를 자민당 간사장에 발탁했다. 그러면서 신조의 어머니 요코는 3대에 걸쳐 집권 자민당 간사장을 배출하는 전설이 되었다. 그래서 요코는 별명이 많다. 대모, 정계의 대모 등등…….

요코의 아버지 기시 노부스케는 막 결성된 자민당 초대 간사장(1955년 11월, 남편 아베 신타로는 다케시다 노보루 내각의 간사장(1987년 10월이었으니 아버지와 남편에 이어 아들까지 3대를 계속해서 집권 자민당의 간사장을 배출했다. 우리나라로 치면 간사장은 정당의 사무총장이다.

특히 자민당 간사장은 우리나라 정당의 사무총장보다 권력이 세다. 총재 다음 가지만 인사와 예산 등 막강한 권한을 가지고, 특히 일본 전체의 막강한 정보력을 가지고 소속 의원들에게 영향을 미친다. 이런 3대를 이은 간사장 배출은 전대미문이었다. 전설적인 일이다.

신조가 간사장이 되었을 때 요코가 전한 일화는 유명하다. 가사도우미가 달려와서 큰 목소리로, "신조씨, 간사장입니다!"라고 말했지만 요코는 곧바로 믿지 않았다고 한다. 앞서 남편 신타로가 차기 총리로 결정되었다고 지지통신이 기사를 내보냈다 오보가 된 적이 있어서다.

그런 아픈 경험 때문에 며느리 아키에가 외국에 있던 신조의 형 히로노부에게 전화로 이를 알리려 하자 요코는 못 하게 막았다. 정치라는 것이 마지막 순간에 무엇이 일어날지 모른다는 조심성 때문이다. 그래서 정식으로 결정될 때까지 아무에게도 말하지 말라고 입단속을 했다.

전후 최대의 정치투쟁을 견뎌낸 기시의 딸로서, 그리고 아들 신조의 정치사령탑으로서 각오를 헤아리게 하는 말이다. 더우기 요코는 "신조가 간사장이 된다고 들었을 때 제일 먼저 든 생각이 신조의 건강 문제였다"고 말했다. 신조가 업무 강도가 센 간사장직을 이겨낼까 걱정해서다.

신조가 고베제강 재직 시절에도, 정치가가 되고 나서도 한 번 입원한 적이 있음을 요코는 상기했다. 간사장 격무를 견디어낼 수 있는 것인가, 아닌가를 걱정했다. 최종적으로는 간사장 지명 전에 2003년 중의원 선거에서 선거구 180곳 이상을 지원한 것을 떠올리며 괜찮을 것으로 판단했다.

그러나 요코의 건강문제에 대한 불안은 들어맞았다. 2006년 9월 신조가 총리에 오른 뒤 마쓰오카 도시카쓰 농림수산상의 자살이나 후임 아카기 노리히코의 사무소 비용 문제에 의한 사임 등이 잇따르자 건강에 문제가 생겼고 최종적으로 궤양성대장염을 이유로 총리를 사임하는 일이 생겼다.

요코는 자신의 책을 통해 "신조는 아베 간, 아베 신타로의 좋은 피와 기시 노부스케의 좋은 피, 그리고 무엇인가 있을 때는 목숨을 걸고 일을 맞이하는 엄격함 등이 있다. 책으로 배운 것과 다르게 가까운 데서 공기를 흡입하듯 자연스럽게 정치를 체득한 것 같다"고 평가했다.

일본의 야욕 아베신조를 말하다

그녀는 신조가 아버지 신타로를 닮았는지, 외할아버지 기시를 닮았는지에 대한 질문에 "정책은 할아버지를 닮고, 성격은 아버지를 닮지 않았을까 생각한다"고 말했다. 어머니의 이 평가는 아베 신조의 근원을 파악하는데 좋은 참고자료가 되고 있다.

아버지를 닮아 성격이 급해서 연설을 할 때 말이 빠르다고 한다. 요즘에야 비교적 천천히 연설을 하는 경우도 많지만, 처음 정치가가 되었을 때는 말이 지나치게 빨라서 나이 드신 분들이 알아들을 수 없을 정도라는 지적을 받았다.

아들 신조의 정책이 기시 노부스케를 닮았다는 어머니 요코의 지적은 아베 신조의 정치노선을 보면 대단히 흥미로운 분석이라는 평을 듣는다. 요코는 "남자는 뭔가 한다면 정치가. 정치가가 된다면 총리를 목표로 해야 한다"라는 말을 가끔 했다고 한다.

'쇼와의 요괴'라는 평을 듣는 기시의 딸이자 외무상을 지낸 신타로의 부인, 총리를 두 번씩이나 하는 아들 신조의 어머니인 요코도 가정에서는 며느리를 둔 여성에 불과하다. 큰 문제는 없지만 대중매체에서는 요코와 개성이 강한 재벌집 딸 출신 아키에와의 고부갈등을 심심찮게 전하곤 한다.

시어머니는 깐깐하고 며느리는 할 말은 다 하는 자유분방한 성격이라 더욱 더 고부갈등이 불가피하다는 분석도 따른다. 이런 두 여자 사이에 끼어 아들이자 남편인 아베 신조 총리는 괴로워한다고 2014년 3월 일본의 대중지 『주간현대』는 고부갈등 기사를 실었다.

잡지는 '고부전쟁 고심하는 아베 총리'라는 제목의 기사를 통해 아베 총리 부부가 고부갈등으로 불화를 겪고 있다고 전했다. 자유분방한 성격의 아키에와 깐깐한 시어머니 요코는 오랜 기간 물과 기름 관계였다고 한다. 가정 내 야당을 자처하는 아키에 부인 아닌가.

아키에는 남편의 정책에 대해 반대 목소리를 내는 것도 마다하지 않는다. 남편에 철저히 순종하는 일반적인 일본 여성은 상상도 못할 일이다.페이스북 활동도 많이 한다. 그는 한류팬이기도 해 한일관계가 개선되기를 바란다는 취지의 글을 올리기도 했다.

며느리 아키에를 누구보다도 달갑지 않게 보는 이가 바로 신조의 어머니 요코다. '언제나 세 발짝 물러서서 남편의 그림자를 밟지 않아야 한다'는 자세로 살아온 요코 여사에게 아들 행보에 당당하게 제목소리를 내는 며느리는 이해하기 어려운 것이다.

일본 제과회사 모리나가 사장의 장녀인 아키에가 아베 집안에 시집온 것은 1987년. 당시 아베 총리는 순수하고 자유분방한 그녀의 성격에 홀딱 반했지만, 시어머니 요코는 결혼 초부터 "치마가 너무 짧다"고 지적하는 등 매사가 자유분방한 재벌가 출신 며느리를 마뜩찮게 봤다.

두 사람의 갈등은 2012년 가을 아베 총리가 재취임하기 직전 증폭됐다. 아키에 여사가 도쿄에 선술집 '우주(UZU)'를 개업한 것이 결정적인 계기였다. 남편이 총리를 목표로 하는 중요한 순간에 아내가 술집을 내겠다는 것은 말도 안 된다며 격노했다고 한다.

그럼에도 불구하고 아키에가 뜻을 굽히지 않고 개업하자 갈등의 골은 더욱 깊어져 갔다. 어머니와 아내 사이에 낀 아베는 일본 영화 제목처럼 '오토코와 츠라이요(남자는 괴로워요)' 처지가 되곤 했다. 흔히 일본의 정치

명문가로 불리는 기시, 아베, 사토 가문은 오랜 세월 서로 양자를 주고받으며, 때로는 정략결혼으로 세습정치를 유지해 왔다. 그래서 요코는 가문의 혈통유지를 중시한다.

이 문제를 거론하며 요코와 아키에 간의 고부갈등이 아베 총리 부부에게 자식이 없기 때문이라고 추측하는 이도 많다. 요코 여사에게 고통스러운 일일지도 모른다는 것이다. 2006년 아키에는 자신의 불임 때문에 아이가 없음을 언론에 공개하며 마음고생을 털어놨다.

어린 시절 단란한 가정을 부러워하며 유난히 어머니의 애정을 갈구했다는 아베 신조 총리에 대해 한 지인은 "당시 아베 신조는 '외할아버지 기시를 자랑스러워하면 엄마가 기뻐한다'는 사실을 눈치 채고 기시를 존경한다고 자주 말했다"고 전해진다. 우회전술인 셈이다.

아베의 헌법 개정 문제에 대해서도 "아베가 A급 전범 용의자인 기시를 존경하게 된 배경과 총리로서 외조부가 유일하게 이루지 못했던 헌법 개정을 많은 반대를 무릅쓰고 현 정권의 목표로 삼은 것은 어쩌면 어머니 요코를 향한 마음일지 모른다"고 분석했다.

이름에 대한 사연과
일본의 양자제도

신조의 이름은 아버지의 이름 신타로에서 한 글자를 따 '신'에, 둘째 아들임에도 석 삼자를 붙였다. 아베 부모는 그를 잉태했을 때 딸이기를 원했다. 첫째는 아들이었기 때문에 딸을 원한 것이다. 그런데 둘째도 아들이었다. 아들이 태어나자 외할아버지 기시 노부스케는 좋아하였다.

그런데 신조가 신지(晋二)가 아니고 신조가 된 것에 대해 고개를 갸우뚱하는 사람이 많은데, 신지보다는 신조라고 하는 것이 자획이 좋다는 조언을 들었다. 아버지 신타로도 신조가 글자가 안정감이 있다며 애초부터 신조로 하자고 해서 신조가 되었다고 어머니 요코는 소개했다.

아베에게는 어머니 요코로부터 어머니의 정을 느낄 겨를이 없었다. 외할아버지인 기시 총리의 비서관인 아버지 신타로는 거의 매일 심야에 귀가했으며, 휴일에도 일에 몰두했다. 모친 요코도 남편의 선거 내조를 위해 지역구인 시모노세키에 머무는 일이 많았다.

도쿄의 아베 저택에는 그래서 어린 형 히로노부와 신조 형제만이 남겨져 생활하는 경우가 많았다. 그래서 신조는 "친구들의 단란한 가정을 보면 너무 부럽다는 생각이 드는 때가 있었다"고 회상했다. 부모의 사랑, 단란한 가정에 대한 진한 그리움이 있는 것이다. 아베의 친동생 기시 노부오가 있는데, 태어나자마자 기시가로 입양됐다.

일본에서는 양자제도가 활발하다. 양자제도는 여자만 태어나거나 아이가 없는 집에서 대를 이어가기 위한 제도이다. 일본도 호적이 있어서 이럴 경우 남자가 자신의 집 호적에서 이름이 없어지고 여자 쪽의 호적에 들어가게 된다. 하지만 자식이 없거나 딸만 있는 일본의 가정은 사위를 양자로 받아들이거나 형제의 아들을 양자로 받아들이는 경우가 많다. 한 명의 자식도 없는 경우에 먼저 양녀를 맞이한 다음 그 양녀를 통해 사위양자를 맞이하는 방법도 있다.

아베의 다섯 살 터울 친동생도 나자마자 외가에 양자로 입양되어 기시 노부오(1959년생)가 되었다. 기시가(家) 기시 노부스케의 장남 노부카즈·나카코 부부에게 양자로서 입양됐다. 부부에게 아이가 생기지 않았고, 노부카즈는 몸에 가벼운 장애(어릴 때 소아마비)를 앓아서 정치활동이 곤란했다. 그래서 정치를 하지 않았다.

노부오는 신조와 실제로는 형제인 것을 모르고 자랐다. 신조와의 관계를 안 것은 게이오대학 진학시 호적등본을 떼어 가져오게 했을 때. 기시 노부오에 의하면 "제출서류로 필요한 호적 등본을 시켜 가져오게 해서 보니 양자로 있었다. 본 순간 엄청나게 놀랐다. 한 달 정도는 (부모님이)

'왜 이런 사실을 가르쳐주지 않았지'라는 생각도 들어 머리 속이 뭔가 착란 상태에 빠졌다"고 회상할 정도였다.

그는 게이오 유치부부터 게이오기주쿠대학 경제학부로 일관해서 진학했다. 1981년에 게이오기주쿠대학 경제학부를 졸업한 뒤 스미토모상사에 입사하고, 2002년에 퇴사했다. 퇴사 후에 정치인의 길을 걷게 되는데 정계입문에 대한 여러 가지 얘기들이 있다. 그가 정치에 뛰어들게 된 데는 낳아준 어머니 기시 요코의 의중이 강하게 작용한 것으로 알려졌다.

요코는 친정 기시가의 정치적 피를 이어가기 위해 출마에서부터 당선까지 뛰었다. 기시가에 아베가의 피를 역수입시키는 데도 요코 여사가 결정적인 역할을 했을 정도다. 요코는 1987년 8월 친정아버지 기시 전 총리가 사망한 뒤 후계자가 될 기시 가의 직계가 없는 것을 안타까워했다. 노부오의 아버지 노부카즈가 정치에 뜻을 두지 않았기 때문이다.

기시가문의 16년 정치 공백은 매우 정치적인, 아버지 기시 노부스케나 아들 아베 신조보다 더 정치적인 요코로서는 참기 어려운 것이었다고 한다. 16년이 흘러서야 기시 노부스케의 손자인 노부오에게 요코는 기시가의 정치가문 영광과 부흥을 맡긴 셈이다. 그러나 당시 관방부 장관으로서 권력의 정점에 있던 신조에게 노부오의 출마는 인정하기 곤란했던 것으로 전해진다. 노부오의 출현에 의해 기시 노부스케의 혈육을 잇는 정치가가 신조 혼자에서 동생 노부오를 포함한 두 명이 되어 총리를 꿈꾸는 자신의 지위가 조금 위협받을 수도 있기 때문이었다.

그래서 노부오가 스미토모를 그만두고 정치에 뛰어들겠다는 의지를 주변에 알리고 다닌다는 사실을 처음 전해들은 아베는 매우 흥분해서 "왜

회사를 그만두나, 회사로 돌아가라고 해"라고 소리를 질렀을 정도라고 한다. 신조는 노부오가 정치가로 변신하는 것을 반대했던 것이다.

기시 전 총리부터 그 집안의 책사였던 사람들이 "이대로면 위대한 정치가를 배출한 기시 가의 피가 단절된다. 노부오의 기분도 알아 주시기 바란다."라고 설득했지만 한동안은 흥분이 가라앉지 않았다. 노부오가 선거출마를 결정한 뒤에도 형 신조의 태도는 매우 비협조적이었다고 한다. 다음의 일화는 이를 잘 설명해 준다.

노부오가 선거에서 유리하게 싸우기 위해서는 당시 집권여당에서 잘 나가는데다 정부에서 관방부장관이던 '아베 신조'의 이름이 절실하게 필요했다. 노부오의 참모들은 아베 신조의 이름이 들어간 명함을 새길 수 있도록 아베에게 요청했다. 관방부장관이라는 타이틀이 들어가지 않아도 좋으니 '중의원 의원 아베 신조 비서'라고 하는 직함이라도 명함에 사용할 수 있도록 간절하게 청했던 것이다. 이 요청도 신조는 허락하지 않았다. 측근들이 야박하다며 신조를 설득하자 신조는 결국 '중의원 의원 비서'가 아니고 '아베 사무소의 사무원'이라고 쓰는 것을 용인했다고 한다.

이렇게 힘든 과정을 거쳐, 즉 집권당과 정부 요직에 있던 실제 친형 신조의 비협조적인 태도, 어쩌면 견제하는 듯한 냉랭함 속에 2004년 7월 참의원선거에 입후보해 고전을 거듭한 끝에 노부오는 힘겹게 승리하고 국회에 입성하게 된다. 대물 정치인 기시 가의 혈맥을 잇게 된 것이다.

물론 신조도 최종적으로는 동생의 선거전에 뛰어들어 응원해주었다고 한다. 따라서 신조의 행동에는 다양한 해석이 아직도 뒤따른다. 노부오는 형이 총리로 재직중이던 2016년 8월 외무성 부(副)대신(차관에 해당)에 기용됐다. 기시 부대신은 역시 형이 총리이던 2013년 9월부터 다음 해 9월까지 외무 부대신을 역임했었다.

그는 2013년에 외무 부대신 신분으로 야스쿠니(靖國)신사를 참배해 물의를 일으킨 이력이 있다. 10월 19일 태평양 전쟁의 A급 전범 14명이 합사된 야스쿠니신사를 참배했다. 기시 부대신은 "중의원 기시 노부오로서 지금까지와 마찬가지 마음으로 참배했다"며 형인 아베 총리와 참배에 대해 사전에 의견을 나누었는지 여부에 대해서는 특별히 얘기를 나누지 않았다고 말했다. 그러나 아베 총리의 동생이기 때문에 형을 대신한 참배로 해석될 여지도 있다.

일본의 야욕 아베신조를 말하다

아베의 작은 아버지
니시무라 마사오

아베 신조 총리에게는 성씨가 다른 작은아버지도 있다. 아베의 아버지 신타로는 당초 외아들로 알려져 있었다. 신타로는 어렸을 때부터 "어머니는 돌아가셨다"는 말을 듣고 자랐다고 한다. 그러나 그에게는 동생 니시무라 마사오(1932년 11월18일-2006년 8월1일)가 있었다. 다만 아버지가 다른 동생이다.

신타로의 아버지 간이 1946년 51세라는 젊은 나이에 타계하면서 신타로는 어머니에 대한 진실을 듣지 못하고 자신이 외아들인 것으로 알고 지냈다고 한다. 천애고아라는 의식을 갖고 도쿄대학 법학부를 졸업한 뒤 마이니치신문 기자를 거쳐 정치가가 되었다. 신타로 생후 3개월 만에 신타로 부모는 이혼해 버렸다. (이혼 사유는 여러 설이 있어 이 책 다른 곳에서 별도로 소개한다) 친어머니는 이혼 뒤 곧바로 니시무라 겐조라는 사람과 재혼해 두 아이를 추가로 낳게 된다.

천애고아가 아닌 것을 안 신타로가 어머니와 형제를 찾아 나서 친동생 니시무라 마사오를 큰 감동 속에 만난 것은 1979년 5월께였다고 한다. 당시 46세이던 니시무라 마사오는 일본흥업은행 상무로부터 "형이 있는 걸 아는데 만나보지 않겠는가"라는 말을 듣고 응했다. 니시무라는 신타로와 마찬가지로 도쿄대학 법학부를 나와 지금은 미즈호금융그룹으로 통합된 전 일본흥업은행 행장과 미즈호금융그룹의 회장을 지냈다.

니시무라가 신타로를 만났을 때, 신타로는 일본 정계에서 최고로 각광을 받는 정치인이었다. 니시무라는 1905년생 어머니가 야마구치에서 가나가와 현으로 이주, 재혼한 뒤 출생해 가나가와에서 고교까지 졸업하고 도쿄대 법학부에 들어간 수재였다. 아버지는 달랐지만 둘 다 머리가 좋은 수재 중의 수재였던 셈이다.

두 형제는 태어나서 처음으로 운명적 만남을 가졌다. 도쿄 도라노몬의 오쿠라호텔 중식당 '도카린(挑花林)'에서다. 니시무라는 모친과 자신의 어릴 적 함께 찍은 사진과 니시무라 가의 호적등본을 보여주었다. 신타로는 한 장 밖에 없는 부모의 결혼사진을 보여주었다. 그날 밤 니시무라는 형 신타로에게 장문의 편지를 써 니시무라의 아버지였던 요코하마정금은행에 근무했던 니시무라 겐조와 어머니 세코의 1927년 재혼, 세코와 니시무라 누나의 죽음에 대해 대략적으로 적어 보냈다고 한다.

니시무라의 어머니는 1935년 병이 나 1936년 6월, 31년의 짧은 삶을 마쳤다고 한다. 니시무라 마사오가 3세 때였다. 모친은 결핵성뇌막염으로 도쿄대학병원에서 숨졌다. 마사오의 누나도 여상 5학년 전시 근로동원 때 어머니와 같은 병으로 1945년 4월 17세로 숨졌다. 이런 일 때문에 모친 사망시 불과 3세였던 니시무라는 어머니에 대한 기억이 거의 남아 있지 않아 친형 신타로가 만족할 수 있는 답을 해 주지 못해 안타까웠을 뿐이라고 회고했다.

니시무라가 신타로에게 어머니와 누나, 그리고 아버지에 대한 내용을 담은 편지를 보낸 지 한 달 뒤, 이 둘은 어머니와 누나의 묘를 함께 성묘하고 절을 올렸을 정도로 정서적으로 가까워졌다고 한다. 니시무라 가의 묘는 도쿄도내 JR닛포리역 출입구 남쪽에 자리했다. 그곳에서 55세이던 신타로는 처음으로 친모의 묘를 쓸쓸하게 참배하고 회한에 젖어들었다. 니시무라는 누나가 전쟁에 동원되었고 전쟁으로 인해 현장에서 병에 걸려 숨졌다며 '전쟁의 희생자'로 애도했다.

니시무라 마사오의 전쟁에 대한 기억은 좋지 않았다. 누나가 전쟁 때문에 희생됐다고 믿었고, 당시 중학생이던 마사오는 미군 B29 폭격기에 의한 요코하마 대공습의 피해 현장을 목도했다. 니시무라는 가나가와 현 오다큐철도 에노시마선 구게누마해안역 근처 집에서 종전을 맞았다. 모친과 누나가 전쟁 때 숨져간 쓰라린 기억 때문에 니시무라 마사오는 당시 또래의 중학생들이 가졌던 전형적인 군국주의 소년들의 생각과는 판이했다고 한다. 전쟁을 비판하는 평화주의를 지향했다.

니시무라는 뒤늦게 만난 형님 신타로의 임종을 신조와 함께 했다. 니시무라는 수기를 통해 신조의 아버지 신타로의 최후를 남겼다. 그날 니시무라가 병실에서 생명이 꺼져가는 신타로의 손을 잡고 "반드시 낫습니다. 힘내세요"라고 격려하자 신타로는 "고맙네. 고맙네."를 거듭했다. 그 말이 신타로가 마사오에게 건넨 최후의 말이 되고 말았다. 신타로는 혼

수상태에 빠져들었다. 니시무라는 신타로의 왼손을 잡고 있다가 최후의 순간에는 신조에게 형의 손을 맡겼다.

그것이 임종이었다. 니시무라가 신조와 함께 형의 임종을 지킨 것이다. 장례를 모두 마치고 니시무라는 집에 혼자 돌아와 적막에 젖었다. 특히 신타로가 총리를 눈앞에 두고 영면한 것에 대해 "될 수 있으면 내 목숨을 던져서라도 형님의 큰 뜻을 달성하고 싶은 기분이었다."고 했다.

니시무라 마사오는 아베 신조의 역사관에 대해 가차 없는 비판을 가하는 유일한 집안사람으로 알려졌다. 할아버지는 다르지만 마사오는 아베에게는 유일한 작은아버지다. 그 작은아버지가 일본 군국주의의 왜곡된 분위기와 흐름을 비판하고, 미군정이 가져온 언론자유를 찬양했다. 니시무라는 2006년 숨지기 전 당시 관방장관을 하며 차기총리로 거론되던 조카 신조에 대해 지인에게 "신조는 고이즈미 총리의 야스쿠니신사 참배에 대해 '마음의 문제다'라는 자세를 취하는 데 야스쿠니 참배는 마음의 문제가 아니다"고 비판했다.

니시무라는 "(야스쿠니신사 참배는)역사적 사실 문제이다. 한 장의 소집명령으로 강제 징병되어 전사한 병사와 전쟁을 주도한 A급 전범인 직업군인 등이 합사되어 있는 야스쿠니신사 참배는 아시아만이 아니라 국제적으로 '마음의 문제다'라고 하면 통하지 않는다"고 지적했다.

니시무라는 또 "전사만이 아니다. 남방에서는 아사자가 많았다. 군부는 질 것이라는 사실을 알면서도 병사들을 투입해 대량으로 희생자를 냈다. 1931년 이후에는 침략전쟁이다. 전쟁에서 타국을 침략해 무차별적으로 민간인을 살해했다. 그 사실을 지울 수가 없다"고 말했다.

그러면서 아베 신조는 그 침략전쟁에 대해 알고 있지 못하고 있다고 지적했다. "신조는 야스쿠니신사 참배에 아시아 제국의 반발에 대해 '마음의 문제다'라고 말하지만 희생자가 300만 명이 아니라 단 한명이라도 침략은 침략이다. 역사적 사실을 직시하고 인정하지 않으면 안 된다"고 강조했다.

니시무라는 일본의 전쟁을 강력히 비판했다. 히로시마, 나가사키에 원자폭탄이 투하되어 수십만 명의 민간인이 희생되고, 오키나와에서 아직 어리기만 한 수많은 여학생들이 자해한 것에 대해서도 탄식했다. 심지어 "말하자면 광기의 전쟁이었다."고 일본이 일으킨 전쟁을 직접적으로 비판했다.

종전의 날 쇼와 일왕의 결단이 없었다면 일본 본토 역시 오키나와처럼 초토화된 아수라장이 되고 일본민족이 멸망했을 것으로 탄식했다. 일본이 행한 전쟁에 대해 전혀 비판하지 않는 아베 신조와는 턱없이 다른 인식의 차이다. 조카에 대한 강력한 비판자 역할을 수행한 것이다. 니시무라는 몇 차례나 "신조는 야스쿠니신사를 참배하면 안 된다"고 거듭해서 강조했다고 전해진다.

니시무라는 A급 전범의 전쟁책임은 명확하다고도 언론인에게 말했다. 쇼와 일왕은 A급 전범의 야스쿠니신사 합사에 불쾌감을 가졌기 때문에 78년 이후 참배하지 않았다는 인식도 보여 주었다. 쇼와의 전쟁인식은 정확했다는 인식도 보여주었다. 그러면서 조카 신조의 태도를 우려했다.

니시무라는 그 시절 조카 신조에게 편지를 썼다고도 한다. 편지는 "편협한 내셔널리즘은 버리거라. 세간에는 '전쟁을 좋아하는 아베가 총리가 되면 중국이나 한국과 관계가 나빠진다.'는 견해도 있다. 야스쿠니신사 부속시설 유슈칸에서는 전쟁을 미화한 내용이 있다"는 우려를 전했다.

니시무라는 숨지기 직전까지 비참한 전쟁을 풍자해 미화하기까지 하는 일본사회의 풍토에 대해 깊은 우려를 하기도 했다. 신조가 전쟁 문제에 대해 발언하는 것에 대해 신랄하게 비판했다고 한다. 물론 그도 신조가 1993년 첫 출마했을 때는 야마구치 선거구까지 응원을 갔다.

그는 아베의 선거전을 정말 열심히 도왔다고 한다. 신조의 선거구인 시모노세키에 내려가 은행 고위인사였던 점을 살려 그 지방 은행이나 우베시 중화학공업지대를 돌았다. 그가 지역주민과 악수하며 부탁하면 눈물 짓는 이도 있었다고 한다. 신타로와 얼굴이 너무 닮았기 때문이다.

신조의 작은아버지 니시무라는 평화주의자였다. 일본의 침략책임을 철저히 인정했다. 1931년 만주사변도 침략전쟁이라는 인식을 드러내 조카 아베와는 판이한 인식을 보였다. 이러한 역사적 사실을 인정하지 않으면 절대적으로 안 된다는 강한 신념의 소유자였다.

니시무라는 도쿄신문과의 인터뷰에서 "일본인 스스로 침략의 역사를 검증해 야스쿠니에 모셔진 많은 피해자(전사자)와 군부 등 가해자를 명확하게 구분해, 가해자의 전쟁책임의 경중을 확실히 가려야 한다."고 강조했다. 이런 인식을 가진 평화주의자 니시무라는 거의 유언에 가까운 말로 신조의 야스쿠니 참배를 말렸지만, 아베 신조는 2013년 12월 총리에 취임해 야스쿠니 참배를 했다.

왜 외할아버지를
할아버지라고 하는가

　　아베 신조에게는 분명 중의원 의원을 지낸 친할아버지, 도쿄대 법학부 출신의 아베 간이 있다. 외할아버지는 총리를 지낸 기시 노부스케다. 그런데 많은 일본인과 한국인에게 아베하면 기시 전 총리가 그의 할아버지인 것처럼 호칭된다. 왜 친할아버지는 그늘 속에 감춰져 있을까.

　　바로 앞에서도 살폈지만 아베의 친할아버지 간은 일찍 세상을 떴다. 1946년의 일이니까 아베는 그의 친할아버지를 본 일조차 없다. 아베가 1954년생이니 그에게 친할아버지에 대한 추억이 있을 수 없다. 친할아버지 간이 일찍 세상을 뜬 데다 아버지는 사실상 천애고아였다.

　　아버지 신타로의 친어머니이지만, 신타로가 생후 3개월 때 간과 이혼했던 신타로의 친어머니는 1930년대 중반 31세의 젊은 나이로 숨겨 당연히 아베로서는 친할머니에 대한 추억도 전혀 없다. 그러니 자연스럽게 자신이 성년이 됐을 때까지 생존했던 기시와 친하게 지냈다.

자연스러운 현상이다. 1954년생인 아베 신조는 유년기에 외할아버지 기시 노부스케가 일본 총리를 지내 외할아버지의 귀여움을 독차지하며 자랐다. 그의 형이나 동생 보다 어른들에게 잘 보이려고 하는, 귀여움을 차지하려는 성향이 강했던 아베가 사랑받은 것은 당연지사였다.

그런데 아베 신조는 아버지 신타로와는 특별하게 친하지는 않았던 것으로 알려져 있다. 신타로가 기시와 거리를 두었기 때문이었다고 한다. 신타로는 아버지가 다른 동생 니시무라 마사오를 만나기까지 자신을 천애고아로 여기고 살았다고 한다.

특히 장인어른인 기시 전 총리에 대해서는 정치적 자산을 이어받기는 했지만, 자신은 기시의 사위로서가 아니라 돌아가신 아베 간 전 중의원 의원, 자신의 아버지로부터 정치적 능력을 물려받았다는 의식이 강했던 것으로 주변사람들은 증언했다. 아베 신타로는 고독했다.

아베 신타로는 장인이 전직 총리이고 아들도 3명이나 있었다. 그러나 전체적으로 가정에서의 따뜻함은 실감하지 못했다고 한다. 그래서 1980년대, 신타로가 50대 중반일 때, 도쿄 시내에 있는 한 유명한 요정에 자주 들러 외로움을 달랬고, 그 여주인과 친교가 깊었다고 한다.

신타로는 1981년 11월 스즈키 젠코 내각에서 통상산업대신, 그리고 다음해 나카소네 야스히로 내각에서는 외무대신이 되어 일본 정계의 일각을 차지하면서 차기 총리후보로서 각광받는 거물로 성장했다. 그때 신조가 고베제강을 퇴사, 외무대신 아버지 신타로의 비서가 된다.

그 시절 각종 스트레스에 시달리던 신타로에게는 한 30대 여인이 있었

생전의 기시 노부스케 일본 전 총리와 박정희 전 대통령

다고 알려져 있다. 도쿄도 내의 유수한 번화가에 있는 요정을 경영하는
여성이다. 그 시절 요정에는 '게이샤(藝者)'들에게 손님을 접대하게 하는
곳이 많았다. 그 요정에는 신타로를 필두로 그를 추종하는 통산성이나 외
무성의 고급 관료들이 무시로 출입했다.

　그런데 요정 주인이 30대 후반이던 1980년께 아버지가 알려지지 않은
아들을 낳았다. 요정 여주인은 아이를 혼자서 키웠고, 그 남자아이가 자
라며 요정을 출입하는 관료들 사이에서는 "그 아이는 아베 신타로를 닮
았다"며 내연관계설이 파다했다.

그런 소문은 시나브로 퍼져나갔다. "그 아이가 신타로의 숨겨진 아들이고, 그 사실을 알 만한 사람은 다 안다. 그런데 그 사실이 널리 퍼지지 않은 것은 '적'을 만들지 않았던 신타로의 인격 덕분이다. 최후까지 정적을 깨부수려 하지 않은 신타로의 인격 덕분"이라고도 포장됐다.

요정은 2010년께 폐업할 때까지 그 여주인이 계속 경영했다. 그리고 70대가 된 여주인은 요정에서 멀지 않은 곳에 살았다. 그리고 아들은 대학에서 교수다. 모자 모두 과연 누가 아버지인지에 대해서는 지금도 함구로 일관하고 있어 진실은 수수께끼다. 확인된 사실은 없다.

신타로가 전 총리 기시 노부스케의 장녀 요코와 결혼한 것은 1951년이다. 신타로가 27세, 요코가 22세였을 때이다. 기시는 종전 후 A급 전범 용의에 의해 스가모형무소에 갇혔다가 기소되지 않은 채 석방됐다. 그리고 정계에 복귀해 57년에는 총리의 자리에까지 오른다.

정계에 돌아온 기시가 외무대신 자리에 오르자 그의 비서관 직을 맡은 이가 신타로이다. 당시 32세였다. 그것을 출발점으로 해 신타로는 정계에 발을 디뎠다. 신타로는 아들이 3명 있었다. 그렇지만 신타로는 그때 '기시의 사위'로 불렸고, 그는 이런 호칭을 좋아하지 않았다.

아울러 아베 신조의 경우 어머니 요코가 '기시가(家)'를 지켜내는 것이 자신의 사명이라고 생각했기 때문에 신조도 외할아버지 기시의 정치사상을 추종하게 되었다는 설이 많다. 아버지 신타로의 의식도 불가사의다. 요코와 결혼, 기시의 힘을 배경으로 정치가로서 출세한 신타로가 기시와는 일정한 선을 그으며 "아베가의 족적을 잇는다."라고 말하면서 가정에서도 따뜻한 정을 느끼지 못해, 숨겨둔 아들 얘기까지 나돈 것이다.

1980년대 자민당 총재에 도전했다가 목전에서 고배를 마신 신타로는 회의나 연회를 끝내고도 집으로 돌아가지 않은 날이 많았다고 한다. 마치 요코 등이 잘 시간을 기다리는 듯한 인상을 주었다고 한다. 그 시절에 요정 여주인과의 염문이 있었던 것으로 추정되기도 했다.

　신타로는 젊은 시절부터 얼굴도 모른 채 떠나보낸 어머니에 대한 사무친 감정을 드러내는 일이 잦았다고 한다. 신타로가 얼굴도 모르는 어머니를 찾아 도쿄 신주쿠 거리를 찾아 헤맸다는 소리를 들은 도이 다카코 전 사회당 당수(여·2014년 9월20일 작고)는 눈물까지 흘렸다고 한다.

　이렇게 외로움에 젖어있던 신타로가 1979년 아버지는 다르지만 자신에게 동생(바로 앞에서 소개된 니시무라 마사오)이 있다는 것을 확인한 다음 "내게도 동생이 있어요."라며 나이어린 어린이 마냥 좋아했다는 일화는 유명하다. 혈육에 대한 정이 그리웠던 신타로였다.

　숨겨진 아들 소문을 생산했던 요정의 여주인이 신타로가 동생을 만나기 전에 함께 자리를 할 때면 가끔 "나는 천애고아로서 일생을 살아 왔다"면서 한숨짓고는 했다. 그리고 사진으로만 아는 어머니의 얼굴을 그 요정 여주인의 얼굴과 비교해 보곤 했을 것이란 얘기도 나돈다.

　문제의 요정 여주인이 요정을 개업한 것은 신타로가 자민당 국회대책위원회 부위원장으로 두각을 나타내던 1970년께로 알려졌다. 요정 안에는 5~10명이 들어갈 수 있는 몇 개의 방이 있었다. 총리급이나 고위관료들이 주된 손님이었다. 총리를 역임한 다케시타 노보루도 대표적이다.

　숨겨진 아들 얘기는 일본 거물 정치인이 겪는 숙명일 수도 있다. 파벌정치와 요정정치가 이루어졌던 1970~80년대 일본 정계의 거물 정치인들은 여성문제가 당연시될 정도였다. 아베 신조의 아버지 신타로도 그런 유형의 숨겨진 아들 얘기가 퍼졌을 가능성도 있다.

일본 정치인들은 여성 편력으로 유명하다. 중의원·참의원 양원(중의원은 미국이나 유럽식으로는 하원, 참의원은 상원임) 국회의원 720여명은 지역구가 도쿄도인 의원 50여명을 제외하고는 '도쿄 부인'이 있는 경우가 많던 시절도 있었다. 지금은 여론과 언론의 감시가 심하고 요정정치도 사라져 그렇지 않지만 예전에는 심했다.

특히 거물정치인 가운데 초대를 포함, 네 번의 총리를 역임한 이토 히로부미는 정실부인도 게이샤 출신이다. 그는 호색한임을 숨기지 않았다. 1909년 68세에 안중근 의사의 총탄에 숨지기 직전까지도 일본에서 게이샤 3명을 데리고 서울로 부임했을 정도다.

다나카 가쿠에이 전 총리도 '애인이자 비서'가 있었다. 지역구인 니가타에서 1946년 첫 국회의원 출마 선거 때 첫눈에 반해버린 사토라는 여인이다. 약혼자와 파혼시키고 딸까지 두고 총리 때까지 숨겨진 비서로 활용했다가 숨겨진 연인 문제가 월간지에 보도돼 조기실각 요인의 하나가 됐다. 7명의 애인을 거느렸던, 자민당 총재선거에도 출마했던 정치가(고인)도 있다. 메이지유신 주역들은 게이샤와 정치적 동지처럼 지내기도 했다.

일본의 야욕 아베신조를 말하다

제3장
아베의
학력 및 이력

아베 신조 가문의 학력을 보면 대단하다. 친가를
보자. 아버지 신타로는 도쿄제국대학 법학부를
졸업했다. 할아버지도 마찬가지다. 할아버지 역
시 도쿄제국대학 법학부 출신이다. 외가도 마찬
가지다. 외조부 기시 노부스케는 도쿄대 법학부
에, 재학 시절에는 일본 법학계의 거목 와가쓰마
사카에와 과수석을 다투던 수재 중에서도 수재였
다. 작은 외조부 사토 에이사쿠 전 총리 역시 도
쿄대 법학부 출신이다.

도쿄대 법학부 출신만 4명,
수재 집안 아베의 스트레스

아베 신조 가문의 학력을 보면 대단하다. 친가를 보자.
아버지 신타로는 도쿄제국대학 법학부를 졸업했다. 할아버지도 마찬가
지다. 할아버지 역시 도쿄제국대학 법학부 출신이다. 외가도 마찬가지다.
외조부 기시 노부스케는 도쿄대 법학부에, 재학 시절에는 일본 법학계의
거목 와가쓰마 사카에와 과수석을 다투던 수재 중에서도 수재였다. 작은
외조부 사토 에이사쿠 전 총리 역시 도쿄대 법학부 출신이다.

도쿄대학은 일본의 최고 명문대이다. 지금도 연간 3천200명 정도의 학
생만 선발한다. 과거에 재수, 삼수는 기본이고 4수, 5수를 거쳐 도쿄대학
만 들어가면 이후 일생이 보장된다는 말이 있었을 정도로 명문이다. 그
중에서도 법학부는 문과 중에서 최고의 수재들이 들어간 곳이다.

이렇게 대단한 수재들만이 들어갈 수 있는 도쿄대 법학부에 아베 신조
의 집안에서는 아버지와 할아버지 대에서는 무려 4명이나 다녔으니 대

단하기 그지없다. 이에 비해 아베 신조의 대에 이르면 학력 부문에서는 초라하기조차 하다. 도쿄대는 커녕 그 잘난 무슨 명문은 단 한 명도 없으니까 말이다.

아베 3형제는 큰 아들 히로노부와 신조가 사립학교인 세이케이 초등학교에, 3남인 기시 노부오가 게이오가쿠슈인대학 계열의 초등학교에 입학해 유치원이나 초등학교만 들어가면 큰 탈이 없을 경우 대학까지 자동으로 올라가는 편한 길을 걸었다. 세이케이대학은 초일류대학은 아니다.

일본 최고 명문대학, 그것도 법학부 출신이 즐비한 가문에서 세이케이대학은 초라하다. 그래서 아베 신조에 대해서도 아버지 신타로나 어머니 요코는 자식들의 도쿄대 입학시험을 고려한 적이 있다고 한다. 특히 신타로는 도쿄대 법학부에 대한 열망이 강했다.

요코는 "아버지도 남편도 도쿄대 법학부 출신이라 대학은 도쿄대학이 아니면 안된다 라는 생각이 있었다. 그런데 아들 신조에게는 별로 그런 의식이 없었던 것 같다. 그래서 아버지(기시 노부스케)는 일관교육이 잘 정비된 세이케이에 진학하게 했던 것 같다"고 회상한 적이 있다.

신조의 공부에 대해서는 아버지 신타로가 좀 더 적극적이었던 것으로 전해진다. 신타로는 신조가 고등학생이 되자 공부를 강요하는 일이 잦았다. 신타로는 선거를 치르랴, 당내 정치를 하랴 바쁜 와중에도 신조의 장래 문제에 신경을 쓰고는 했던 것으로 전해지고 있다.

신조는 공부는 별로 좋아하지 않았다고 스스로 밝힌 바가 있지만 아버지 신타로는 "도쿄대학에 가야 한다. 도쿄대학 진학 준비를 해라."라고 압박했다. 특히 신타로는 "대학은 도쿄대 밖에 없다고 생각하라"면서 두

꺼운 사전으로 아들 신조의 머리를 치곤 했다는 이야기도 있다.

이것이 신조의 가슴에는 커다란 못이 되었다. 신조의 고교시절에는 일본에서 좌파가 압도적이었다. 세이케이 고등부 선생님 다수도 좌파였다. 그들은 우파 중의 우파, 전범으로 몰리기도 했던 신조의 외할아버지 기시 노부스케를 스스럼없이 비판해 신조를 화나게 했다고 한다.

고등부 선생님들의 이념 지향형 교육에 자극을 받은 신조는 고교 시절 정치인이 되겠다는 생각을 갖게 되었다고 밝혔다. 정치가가 되기 위해 공부를 잘해야 한다는 의식은 미약하게나마 있었다고 한다. 그러나 마음먹은 대로 공부는 되지 않았다. 수치심도 있었다고 한다.

그러나 어려서부터 어머니 아버지가 모두 선거를 위해 도쿄에서 멀리 떨어진, 신칸센을 타도 세 시간 이상 걸리는 야마구치에 상주하다시피 하느라 사랑을 받지 못해 저항의식이 있었던 신조에게 도쿄대에 가라는 신타로의 사랑의 매는 받아들이기 쉽지 않았던 것으로 보인다.

따라서 당시 신타로와 신조의 관계를 알았던 인사들은 "아버지와 아들 신조의 관계는 아베가 많은 고민을 하던 고교 시절 점점 도쿄대 진학 문제로 멀어졌다"고 증언할 정도다. 이 시기 신조는 성적도 많이 떨어져 신타로와 요코 모두 신조의 장래에 대해 걱정이 많았다고 한다.

엎친 데 덮친 격으로 이 시기 신타로의 선거 준비를 위해 멀리 떨어진 야마구치 현 지역구에 내려가 있는 날이 많았던 요코는(당시 요코가 선거운동을 하면 지역구민들은 '기시 총리의 딸이어서 그런지 거만하다. 허리가 굽혀지지 않는다.'며 불만을 토로하곤 해) 어려움을 겪고 있었다.

반면 신타로는 장인이 전직 총리에 장인의 친동생도 총리를 역임해 아

일본의 야욕 아베신조를 말하다

베가의 신타로가 아니라 '기시가의 사위'로 대접받는데다, 조실부모한 천애고아라는 사실에 인간적으로 외로웠고 본인의 정치적 야망으로 인해 몹시 힘들고 바빠 거의 매일 귀가가 늦었다.

신타로와 요코 부부 사이에 찬바람이 일었고, 신조의 형제들에게도 이러한 분위기가 전해져 아베 가(家) 전체가 시련의 시기를 보냈다. 어린 시절부터 정치가는 되기 싫었다는 신조의 형 히로노부는 세이케이대학 경제학부로 갔지만, 신조는 세이케이대학 법학부 정치학과를 택했다.

게다가 형 히로노부는 회사에 들어간 지 몇 년 지난 선거에서 아버지 신타로의 선거운동을 돕다가 무릎까지 쌓일 정도로 눈이 내린 한파에 가두연설을 지원하다 골수까지 바이러스가 침투, 온몸이 마비되어 3개월 입원해야 했고, 회복에 반년이 걸린 뒤 정치와는 완전히 결별하고 말았다.

형이 완전히 정치와 담을 쌓아 버리자 신조에게 정치의 부담이 안겨진 면도 있다. 그런데 정치가가 된 신조에게 도쿄대 출신 최고 엘리트였던 아버지 신타로에 대한 강한 상처가 남아 있어, 총리가 된 이후에도 도쿄대 출신을 경원시하는 경향이 눈에 띌 정도로 남아 있다.

신조의 어머니 요코는 당시 여성 차별 풍조의 영향을 받아 고교 졸업이 전부다. 1928년생인 요코는 명문가에서, 나중에 총리가 되는 기시 노부스케의 딸로 도쿄도내 나카노구에서 태어났지만, 친정아버지 기시가 만주국(1936~1939)으로 부임한 동안에는 모친과 할머니 슬하에서 자랐다.

그런데 사춘기를 맞은 요코에게 2차 세계대전의 영향이 직격한다. 1941년 일가가 신주쿠로 이사해 살면서 요코는 시라유리고등여학교(현

시라유리가쿠엔 중학교·고등학교)를 졸업한 직후 아버지의 고향인 야마구치 현 야마구치은행 다부세지점에서 근무했다.

이때 야마구치은행에서 근무한 경험은 후에 남편이 되는 신타로나 아들 신조의 선거운동에 매우 도움이 되었다. 그리고 어머니 요코는 '정치가 아베 신조'에게 아버지 이상으로 영향을 미쳤다. 요코가 아베·기시가의 정점에서 관계인들의 정치적 행보를 결정했기 때문이다.

아베 신조가 중의원 의원이 되기 전에 참의원 의원이 될 뻔했던 일이 있었다. 외할아버지 기시 노부스케가 숨지기(1987년) 반 년 전, 아버지 신타로의 외무대신 비서를 하던 시절 30대 초반의 신조에게 참의원 보궐선거에 출마하라고 강력하게 권유한 적이 있었던 것이다.

입원해 있던 기시는 외손자 신조를 불러 "정치를 할 뜻이 있다면 젊은 시절 기회가 있으면 용기를 내 결단을 하지 않으면 안 된다. (급사한 참의원 의원 지역구 보궐) 선거에 나가면 어떻겠니."라는 제안을 받았지만, 아버지 신타로와 함께, 즉 부자가 동시에 국회의원을 하는 것은 좋지 않아 보인다며 거절한 적이 있다.

(여담으로 이야기하자면, 요즘 요코는 게이오기슈쿠대학 대학원에 다니는 장남 히로노부의 아들인 손자 사진을 들고 다니며 "얘가 히로노부의 아들이랍니다."라고 말하며 정치가의 길을 걷게 할지도 모른다는 인상을 주고 있다. 둘째 신조가 아들이 없기 때문에 비밀리에 손자세대의 정치가를 탐색중이다. 신조에게는 아들이 없지만 형과 동생 기시 노부오에게도 20대의 아들이 있다. 히로노부나 노부오의 아들 가운데 한 명을 점찍어 기시와 신타로, 신조로 이어지는 아베-기시가의 정치 혈맥을 이으려

하는데 그 귀추가 일본인들의 또 다른 관심사가 되고 있다.)

　하여튼 신조의 아버지 신타로는 아베가 고교시절만 해도 도쿄대학 법학부에 진학하기를 바라면서 초등학교 시절부터 최고의 강사진으로 과외공부를 시켰지만, 아베는 학교 공부에는 별다른 흥미를 보여주지 않았다고 한다. 신조의 집은 도쿄대학 저학년들이 다니는 고마바캠퍼스 인근이어서 도쿄대 출신 수재들이 그와 형을 과외공부 시켰다.

명문대, 일류대 병이 어느 나라 보다 심한 일본열도의 대학입시 홍역
은 지금도 여전하다. 대학입시 열기는 매년 3월 후기대학 입시가 끝날 때
까지 반년 간 계속된다. 당해 10월 우리의 수능시험 격인 센터시험 접수
뒤부터 1월 중순 센터시험, 그리고 대학별 고사 등 6개월의 장기입시 레
이스가 펼쳐진다.

　일본의 일류대 열병은 새삼스러운 것은 아니다. 일부 예외가 있긴 하지
만 대부분의 기업들은 명문대 출신들을 선호하는 경향이 강하다. 일본의
메가뱅크나 신문사들도 명문대생들은 각별하게 대접한다고 한다. 그래
서 명문대에 입학시켜 좋은 직장에 취직시키려는 부모들에 의해 유치원
시절부터 사교육 열풍이 우리나라 못지않게 뜨거운 편이다.

　일본의 대학교 숫자는 엄청나다. 2016년 현재 일본 전국 4년제 대학은

777개교다. 국립대학이 86개이고 공립이 91개다. 나머지 600개 교가 사립대학이다. 이 밖에도 단기(전문)대학 등도 수백 개다. (문부과학성 홈페이지) 이처럼 대학 수는 많은데 저출산 영향도 있어 평균적으로 대학 가기는 상대적으로 쉬워졌다. 그래도 도쿄대나 교토대 오사카대 등 국립대나 게이오 와세다 등 사립대는 가기가 여전히 하늘의 별따기다.

명문대로 향하는 수험생들의 열기는 좀처럼 식지 않고 있다. 도쿄대, 와세다대, 게이오대, 교토대, 주오대, 하토쓰바시대, 도후쿠대, 메이지대, 오사카대, 도시샤대학 등 이른바 명문대 입시경쟁은 치열하다. 도쿄대, 게이오대가 5대1 안팎, 일부 명문대 인기 과는 10대 1 안팎이다.

이런 입시 열기 때문에 아사히신문, 마이니치신문 등 일본의 주요 언론들은 입시철인 2월을 전후해 각 대학 모집단위별 정원과 지원자 숫자 등의 입시관련 표를 게재하고 있다. 이처럼 표를 게재하는 것은 독자들, 국민들의 관심이 그만큼 높다는 반증이 된다. 우리나라에서는 이런 보도가 이미 상당히 오래 전에 사라진 것과 대비된다.

과거에 일본에서는 도쿄대에 가기 위해 재수 삼수는 물론이고 십수까지도 하는 수험생들이 많았다고 한다. 왜냐하면 도쿄대를 나오면 일본에서는 아주 특별한 사람으로 인정해주기 때문이다. 몇 년 늦게라도 도쿄대에 들어가기만 하면 인생이 어느 정도는 보장이 되기 때문이다. 늦게라도 들어가서 졸업하면 충분히 늦은 것을 보상받는다는 얘기다.

도쿄대생에 대한 일본사회의 위상은 여러 장면에서 확인된다. 2004년부터 3년간 경험했던 특파원 시절 한국 출신 도쿄대 유학생들을 수차례 만났을 때 몇몇 유학생은 "자전거에 도쿄대 출입 비표를 달고 지나가면

할아버지 정도의 청소원이 절을 하며 '일본국의 장래를 부탁드립니다'라고 인사해 놀랐다"고 소개하기도 했다.

도쿄대 출신은 문제를 일으켜도 웬만해서는 처벌받지 않고 예외로 인정받는다고 한다. 사회에 진출하고 난 뒤에도 말이다. 신문기자인 도쿄대 출신 한 남성기자는 술이 과하면 출근하지 않거나 주사가 심한데도 회사에서 처벌을 받지 않았다. 동료들은 "그가 도쿄대 출신이기 때문이다. 다른 대학 출신은 어림없는 일"이라고 말하곤 했다.

도쿄대 만큼은 아니지만 이른바 7대 제국대학 출신들도 회사에 취직하면 유사한 취급을 받는다. 도쿄대와 함께 교토대, 오사카대, 나고야대, 규슈대, 도호쿠대, 홋카이도대 등이 7대 제국대학이다. 제국대학 출신 인재들은 '아주 특별한' 대접을 받으니 이들 대학들은 여전히 인기가 높고 들어가기 위한 입시경쟁 또한 뜨겁다.

미국 유학

아베 신조 총리의 아버지나 할아버지는 그가 우리나라 행정고시인 고급 공무원 시험을 통해 관료가 된 다음 정치가의 길을 가길 원했다. 그러나 초·중·고·대학 일관교(초등학교에 들어가면 계열 대학교까지 시험을 치르지 않고 진학하게 되어 있는 학교로 사립대학에서 많이 채택함)를 졸업하며 입시 시험을 치른 적이 없는 아베는 시험 치르는 것을 싫어해 이를 외면했다. 결국 관료를 거친 뒤 정치가를 시키려던 할아버지와 아버지의 소원은 이루어지지 않았다.

그래서 아버지는 영어나 미국 문물을 접할 기회를 주겠다며 미국 유학 길에 오르도록 했다. 1977년 봄에 도미하고 캘리포니아주 헤이워드의 영어 학교에 다니지만, 그곳은 일본인 투성이로 공부에 장애가 있다고 판단해서 통학을 그만두고 그 후 다른 이탈리아계 미국인의 집에 하숙하면서 롱비치의 어학 학교에 다녔다. 가을에 남캘리포니아 대학에 입학 허가를 받아 1978년에서 1979년까지 정치학을 배웠다.

그러나 수료도 졸업도 하지 못했다. 그 시절 정에 굶주린 아베가 향수를 떨쳐내지 못해 어머니나 가족들에게 콜렉트콜(수신자부담) 전화료로 한 달에 10만엔(약 100만원)까지 쓰는 달이 많자 화가 난 아버지 신타로가 일본으로 귀국시켜 버리는 사태까지 발생했다.

아베 총리는 연설을 할 때 유난스러울 정도로 영어 단어, 표현을 많이 쓴다. 챌린지, 아이덴티티, 내셔널리즘 등의 영어 단어를 유난히 많이 쓴다. 아베가 미국 유학을 한 경험 때문이라고는 하지만 "평범한 대학을 나온 학력콤플렉스 영향"이라는 지적도 있다.

아베 총리는 외할아버지 아버지 등 집안 어른들이 일본 최고 명문 도쿄대, 그 도쿄대에서도 최고의 수재들이 들어간다는 법학부를 졸업한 수재 집안 출신이다. 그런데 자신은 도쿄 시내 외곽에 있는 사립대 세이케이(成磎)대학을 나왔다.

2006년이나 2012년 출범한 아베 내각 인물평을 할 때 일본 언론들은 "아베 내각에는 일본 최고 명문 도쿄대학 출신이 적다"는 지적을 하고는 했다. 2015년 10월 발족한 3차 아베 내각에 도쿄대학을 졸업한 각료 역시 적었다.

예를 들어 친구로 불리는 시오자키 야스히사 후생노동상(교양학부), 아베의 키즈로 불리는 마루카와 다마요 도쿄올림픽담당상(경제학부), 가토 가쓰노부 1억총활약담당상(경제학부), 공명당의 이시히 게이이치 국토교통상(공학부)까지, 19명의 각료 가운데 총 4명뿐이다.

역대 다른 정권에 비하면 도쿄대 출신이 극단적으로 적은 편으로 비쳐진다. 아베 총리는 도쿄대학 출신과 엘리트 관료 출신들을 싫어한다는 평을 듣는다. 자신에게 도쿄대학 진학을 권했던 도쿄대학 법학부 출신인 아버지와 외할아버지에 대한 반발심이라는 해석도 있다.

아베 자신은 이에 대한 발언을 한 적이 있다. 자민당 간사장 시절에 그는 인터뷰를 통해 외할아버지가 대단한 수재였기 때문에 그에 대한 부담감이 있었다고, 학력 문제에 대한 부담이 있었음을 토로했다. 그렇다고 콤플렉스를 확실히 인정한 것은 아니다.

아베 신조는 "콤플렉스가 없는 사람은 세상에 거의 없을 것이다. 나는 초등학교부터 대학까지 주욱 세이케이학원을 다녔기 때문에 입시 경험이 없다. 인간은 한번쯤 목표를 달성하기 위해 죽을 각오로 공부하는 경험도 필요하지 않을까 생각이 든다."고 밝히기도 했다.

아베 총리의 학력 콤플렉스에 대한 에피소드는 적지 않게 알려졌다. 2006년 처음으로 총리에 취임하기 직전 『아름다운 나라에』라는 저서를 출판했는데, 2012년 12월에 두 번째로 총리에 취임했을 때 이 저서를 『새로운 나라에』라고 제목을 바꿔 개정판을 냈다.

그때 주목을 끈 것이 최종 학력 부분이다. 본문은 대부분 바꾸지 않았는데 저자 약력란만 '세이케이대학 졸업'이라는 학력을 없앴다. 아베 총리는 자신보다 똑똑한 정치가를 주변에 두고 싶어 하지 않으며, 도쿄대학 수석 졸업생들이 주름잡는 재무성은 특히 싫어했다고 한다.

일본에는 중의원과 참의원 소속 모든 국회의원 722명 가운데 아베가 졸업한 사립대학인 세이케이대학 졸업생은 아베 총리와 후루야 게이지(古屋圭司) 의원뿐이다. 아베 총리는 후루야 의원을 2차 내각에서 그가 중시하는 납치문제담당상에 발탁했다.

신조는 어린 시절 공부에 취미가 없었다고 한다. 그가 공부에 열중하지 못하자 부친 신타로는 도쿄대학 법학부에 재학중이던 히라사와 쇼에이라는 대학생을 가정교사로 고용했다. 히라사와는 '형님'이 되어 공부를 가르칠 뿐만 아니라 신조의 야구놀이 상대를 해 주기도 했다.

함께 외출하여 영화를 보여주기도 했다. 무엇보다 여름방학에는 1주일이나 자신의 고향인 중부 기후 현(縣)까지 함께 여행을 떠나기도 했다. 시골 어린이들이 즐기는 천렵 등을 너무 좋아했다고 하며, 이것이 아베의 훗날 정서에 큰 영향을 주었다.

형인 히로노부 쪽은 가르치기 수월했다고 한다. 히로노부는 가르친 대로 정확히 해 놓는 학생이었다. 동생인 신조는 절대로 자기주장을 굽히지 않고 사람을 질리게 하는 질문을 연거푸 해댔다. '인간은 죽으면 어디로 가나요'라는 등 철학적 질문을 했다고 한다.

신조보다 아홉 살 위인 히라사와는 1968년 도쿄대학 법학부를 졸업한 뒤 경찰청에 들어갔다. 오카야마현 경찰본부장, 경찰청장관 관방심의관 등 고위직을 거쳐 1996년 자민당 공천을 받아 중의원에 처음 당선, 현재 아베 총리가 총재로 있는 자민당 소속의 중의원 의원이다.

그런데 여기에도 아베 총리가 싫어할 수 있는 얘기들이 전해진다. 일본 정치에서 거의 집권 여당을 계속해 온 자민당에는 '5선이 되면 각료에 입각한다'는 것이 전통으로 이어져 왔다. 그런데 히라사와 의원은 벌써 7선 의원이지만 한 번도 각료에 발탁되지 못했다.

아베가 냉대한다는 것이다. 다만 자민당이 야당이 됐던 2009년 히라사와가 5선 의원이 되었고, 60대 후반에 6선, 7선을 했기 때문에 무리한 해석이라는 반론도 있다. 그러나 "알리고 싶지 않은 소년시절을 알고 있는 유일한 국회의원이라 경계한다."고 분석하기도 한다.

아베는 자민당 간사장 시절 유학 경력이 도마에 오른 일도 있다. 아베는 그때까지 이력서에 언제든지 '서던캘리포니아대학 정치학과 2년간 유학'이라고 썼다. 그런데 실제로 아베가 이 대학에 재학한 기간은 1년 남짓에 불과했다. 이것이 논란을 부른 요인이 되었다.

더군다나 9개월간 정치학과에 다니면서도 정치학 관련 학점은 전혀 취득하지 못했다. 이 문제가 2004년 2월 13일 주간포스트에 보도되자 이후 아베의 학력에서 유학 부분은 삭제되어 버렸고, 현재 아베의 공식 홈페이지에도 이 학력은 기재되어 있지 않다.

회사원 시절

아베는 1979년 4월에 미국에서 귀국하고 고베제강에 입사했다. 이 입사는 그러나 정상적인 절차를 거친 것이 아니었다. 아버지 신타로의 비서가 회사경력을 쌓게 해주기 위해 당시 일본 정계 실력자이던 아버지와 외할아버지의 힘을 이용, 신입사원 선발이 끝난 고베제강소에 입사를 시킨 것이다. 정상적인 신입사원이 아니라는 점을 아베가 싫어하자 이런 문제를 뛰어넘도록 해주기 위해 입사하자마자 고베제강 뉴욕사무소에서 근무할 수 있도록 해 주었다.

아베는 유학을 포기하고 돌아온 미국으로 다시 돌아간 셈이다. 열심히 하고 오라는 아버지의 말과 함께 일본을 떠난 아베는 뉴욕 한복판인 미드타운 이스트의 고베제강 뉴욕사무소에서 '아베짱'이라고 불리면서 월급쟁이로서의 첫발을 디딘다. 일본에서는 사람 이름이나 성 뒤에 '짱'이라고 붙여 부를 경우 친근감을 표시하는 것이다.

일본의 야욕 아베신조를 말하다

아베가 뉴욕사무소에 부임할 때 소장이 사무소 직원들을 불러 모은 뒤 "아베 신타로 씨의 아들이 이곳으로 1년 정도 부임하게 되었네. 잘 도와 주면서 어떤 일을 하는지 경험할 수 있도록 해 주게. 부탁하네."라고 말 하자 "국회의원 아들까지 가르쳐 가면서 일해야 하나"라며 투덜거릴 정 도였다고 한다.

아베는 현지 직원들이 자신에게 불만이 있다는 사실을 알지 못한 채 뉴 욕사무소에 부임했다. 아베는 사무실에 출근해 "아베라고 합니다. 잘 부 탁드립니다."고 깍듯하게 인사해 사무실 직원들의 태도가 갑자기 바뀌었 다고 한다. 순해 보이고, 수줍음도 많아 좀처럼 거물 정치가의 아들로는 보이지 않았기 때문이다.

당시 고베제강 뉴욕사무소에는 소장 외에 일본인 주재원 13명과 미국 인 여성비서 3명 등 16명의 사원이 있었다. 아베는 그 일원이 된 것이다. 총무과에 배속되었다. 아베는 주재원의 출장에 동행했다. 출장비용도 계 산했다. 일본에서 온 손님을 공항으로 마중가거나 태워다 주는 운전기사 노릇도 했다. 총무과 말단사원의 일을 한 것이다.

아베는 업무 처리에 미숙한 면은 있었지만 결코 주눅이 드는 법은 없었 다. 어려서부터 보였던 대담함이 있었던 것이다. 배짱이 좋았던 것으로 당시 동료들은 증언했다. 그러한 모습에 대해 '장차 거물정치인으로서의 자질을 보여준 사례'로 말하는 이도 있다. 아베는 인간적인 풍미를 풍기 며 자신의 업무상 약점을 커버해 갔다.

아베는 당시 결혼하지 않은 상태였다. 그래서 업무가 끝나면 사무소 동 료들이 마작 등을 위해 초대하기도 했다. 당시 고베제강 일본인 주재원

아베 신조의 청년시절 모습

들은 가족동반이 원칙이었는데 아베가 혼자 살자 다른 주재원들이 신경을 써 준 것이다. 주말이면 골프를 함께 하기도 했다. 그때의 골프가 지금 유명한 골프 습관을 키운 것으로 보인다.

털털한 모습도 보여 주었다. 주말이면 맨해튼 건너편 뉴저지 주 포트리 시에 있는 상사의 아파트를 비롯해 직원들의 가정을 돌아가면서 찾아가 가족들 사이에 끼어서 태평하게 식사를 대접받기도 했다. 아베는 "일이 너무 재미있다"고 말하고 다닐 정도였다고 한다. 일에 빠져 불평을 할 겨를조차 없는 모습이었다.

뉴욕사무소 생활 가운데 유명한 일화는 주차 위반 사건이다. 고베제강 뉴욕 사무소 직원 전체는 렌터카 회사에서 빌린 자동차를 사용했다. 주차위반을 하면 딱지가 경찰서에서 렌터카 회사를 경유해 고베제강 뉴욕 사무소로 배달되는 것이 상례였다. 그러면 총무과 직원들이 벌금을 포함한 뒷감당을 하게 되어 있었다.

그런데 문제는 아베의 주차위반 횟수였다. 위반 횟수가 다른 직원들을 압도했다. 당연히 총무과 직원들은 그의 주차위반 처리에 머리를 싸맸다고 한다. 아베는 그때마다 "미안합니다. 잘 부탁합니다."라고는 했지만 눈치를 보는 기색은 없었다고 한다.

아베 본인은 짧은 1년간의 뉴욕 사무소 생활에 대해 후일 "인간관계는 물론 월급쟁이 생활이 어떤 것인지를 배웠다. 주재원이 무슨 일을 하는지도 배웠다. 미국인과 어떻게 사귀는 지도 배웠고, 업무교섭은 어떻게 하는 지도 어렴풋이 지켜볼 수 있었다"고 회상했다.

당시 그를 도왔던 주재원들에게 아베는 후일 보은하기도 했다. 그는 아버지 신타로가 외무상을 할 때 등 비서로 일하면서 뉴욕을 비롯한 미국을 방문하는 일이 생기면 니혼슈 등 일본인들이 그리워할 일본의 음식을 챙겨서 고베제강 뉴욕사무소에 들러서 인사하고 선물을 주고 왔다고 한다. 잔정을 보여준 것이다.

같은 연장선상에서 그 뒤의 일이기는 하지만 2007년 9월 12일 첫 번째 총리직에서 물러난다고 발표한 뒤 자신과 친한 일부 기자들의 휴대폰으로 밤늦게 전화를 해 "그동안 취재하느라 고생했다"는 취지로 고마움을 전할 정도로 세밀하게 마음을 표현하는 면도 있다. 이처럼 나이가 들어가면서 여러 장면에서 상대방을 세심하게 배려하는 것을 몸에 익힌 것이 정치인 아베를 한 뼘 더 성장시킨 요인이 된 것 같다.

이후에도 효고 현의 가코가와제철소, 도쿄 본사에서 근무했다. 가코가와제철소 기숙사에서 생활할 당시에는 좁고 에어컨도 제대로 갖추어지지 않았던 불편한 생활을 경험해 "제 사회인으로서의 원점"이라고 아베가 말할 정도로 그 후 좋은 자산이 되어주었다고 한다.

그런데 객지인 가코가와에서의 기숙사 생활을 하면서 주말이면 조금 멀리 떨어진 시모노세키 아버지 지역구에 가 선거운동을 지원하면서 아베가 체력문제가 생겨 (뒤에 궤양성대장염으로 알려짐) 현장 근무를 접고 도쿄 사무소에 배치돼 근무하게 되었다. 아베는 도쿄사무소에서도 실력자의 아들이라는 표시를 내지 않고 사원들과 잘 어울렸다.

특히 그는 선천적으로 장이 좋지 않아(그의 유모는 아베의 장이 보통 사람의 3분의 1정도로 짧아 피곤하거나 스트레스를 받으면 장염이 도지고는 했다고 증언했다) 술을 거의 마시지 않았지만 "부서 회식 때면 술 마신 동료들의 대리운전 기사를 해 주었다"고 할 정도 친밀하게 지내려고 애썼다.

고베 제강에 3년간 근무한 후 1982년부터 당시 외무대신에 취임하고 있었던 아버지 신타로 아래에서 비서관 등을 맡는다. 그는 외무상 비서였기 때문에 수십 번 아버지의 해외 출장을 수행하며 외교 감각과 정치 감각을 동시에 배워 나갔다. 이것이 총리에 취임한 뒤 열정적으로 수행하는 순방 외교의 자산이 되었다.

1987년 6월 9일, 당시 모리나가제과 사장이었던 마쓰자키 아키오의 장녀이며 광고회사 덴쓰 사원이던 아키에와 다카나와 프린스호텔에서 결혼식을 올렸다. 중매인은 총리를 역임한 후쿠다 다케오 부부가 맡았다. 아베 신조의 아버지 신타로는 제2차 세계대전 중에는 가미카제 해군 특공대의 비행사가 되는 것이 꿈이었으나 훈련을 받기도 전에 전쟁이 끝나 꿈을 이루지 못했다. 그는 오카야마에 있는 고등학교를 졸업하고 도쿄대 법학부 입학을 확정지은 뒤 자살특공대에 지원했다.

신타로는 고교에서 제국 신민의 정신교육을 받아 특공대를 지원해 장렬히 전사하는 것을 자신의 사명으로 인식했다. 그런데 신타로의 아버지, 신조의 할아버지는 전쟁에 대한 인식이 전혀 달랐다. 할아버지 아베 간은 당시에는 드문 평화주의자였고, 군부세력의 전쟁돌입을 비판했다.

신타로는 1945년 봄 특공대를 지원한 뒤 육친에게 최후의 고별인사를 드리기 위해 귀향을 잠시 허락받았다. 그리고 아버지 간을 찾아가자 간은 "전쟁은 지게 되어 있다. 지금부터 중요한 것은 젊은 사람이 일본을 다시 세우는 일인데, 죽음을 서두르느냐."고 훈계했다는 것이다.

죽음을 각오한 신타로는 일본의 전쟁 패전을 예언한 간의 말에 너무 놀랐다고 한다. 집을 물러나 해군특공대 훈련을 받으려던 신타로는 전쟁이 일본의 패배로 끝나면서 목숨을 버리지 않아도 되었다. 정치인이 된 뒤 신타로는 "그런 바보같은 전쟁을 했었지"라고 말하기도 했다. 그 후 신타로는 평화주의자, 합리주의자의 행보를 보여준다.

여기서 할아버지 간에 대해 잠시 살펴보자. 일부 이 책의 다른 부분과 중복되기도 하지만, 여기서 한 번 언급하기로 한다. 왜냐하면 신조의 할아버지 아베 간의 정치 DNA가 신조의 피에도 계승된 것이 틀림없기 때문에 그의 내력을 잠시 살펴보는 것도 신조 이해에 도움이 될 것이기 때문이다.

간은 1921년 도쿄제국대학을 졸업하고 자영사업을 시작하려고 했다. 당시 아베의 집은 벼슬은 없지만 재산은 있는 집안이었다. 원래 창고업과 술, 간장 제조업을 겸했다. 논밭 18정보와 산림 100여 정보도 보유했다. 1정보는 3천 평 정도이니 상당히 부유했다.

일본의 야욕 아베신조를 말하다

그런데 간의 사업자금을 댈 만한 형편은 아니었다. 그래서 간은 처가에서 사업자금을 구했다. 처 시즈코(靜子)는 하기(萩·현재 행정구역은 야마구치 현 하기시로, 야마구치 현 북부 동해안 연안에 있는 도시) 출신의 육군대장 오시마의 외손녀이다. 간은 도쿄로 가 중심지 긴자에다 삼평상회(三平商會)를 개업했다. 업종은 외제 자전거 수입판매였다.

그런데 당시에는 상대적으로 값비싼 외제 자전거는 잘 팔리지 않았다. 자연스럽게 경영은 금방 악화되었다. 간은 다시 처가인 오시마 집안에서 사업자금을 빌렸다. 이후 차입금을 갚으려고 안간힘을 썼으나 1923년 간토대지진 이후 불경기로 결국 도산하고 말았다.

얼마 후 시즈코의 친정인 오시마 집안에서 차입금을 갚으라는 연락이 왔다. 이것이 뜻밖의 파문을 일으켰다. 조실부모한 간을 양육했던 큰어머니 요시가 발끈한 것이다. "아베가의 사람이 돈을 빌리고도 갚지 않을 것이라고 생각하는가. 남편의 일을 의심하는 집안의 딸은 믿을 수 없다."며 이혼을 강요했다.

그렇게 부모가 뜻밖의 일로 사이가 좋지 않을 때 신타로는 어머니 뱃속에 있었으며, 1924년 4월 도쿄 신주쿠 한 병원에서 태어났다. 그러자 요시가 병원에서 손자 신타로를 품에 안고 고향으로 데려갔다. 그리고 간 부부는 이혼했고, 이혼을 당한 시즈코는 친정으로 돌아갔다.

그 후 시즈코는 금융인 니시무라 겐조(西村謙三)와 재혼해 아들 마사오(正雄)를 낳았다. 니시무라 마사오는 일본흥업은행 행장을 역임한 재계의 거물로서, 일본의 3대 메가뱅크이기도 한 미즈호은행 회장까지 지낸 뒤 73세인 2006년 8월 심부전증으로 급서했다.(다른 부분에서 자세히 소개).

아베 간-신타로 부자는 아베의 고향이기도 한 야마구치 현 히키손(日置村)에서 살았다. 간은 1919년 히키손 손초(촌장)가 되었다. 농촌숙(農村塾)을 개설해 마을 청년들을 가르쳐 당시 쇼인(松陰) 선생님이라고 불릴 정도로 지역사회에서 이름을 날렸다.

이런 명망과 도쿄제국대학 법학부 출신이라는 학벌 등의 영향으로 1935년에 야마구치 현 의회 의원으로, 2년 후인 1937년에는 무소속 후보로 출마해 중의원 의원으로 당선되었다. 1941년 12월 8일, 일본 해군의 하와이 진주만 기습에 의해 태평양전쟁이 발발했다. 1942년 4월에는 이른바 익찬(翼贊) 선거가 시행되었다. 모든 정당이 해산되고, 대정익찬회로 통일되었다. 군부세력의 폭주로 인해 전시체제로 치달아 민주적 정당들이 사라져 버린 것이다.

그러나 평화주의자였던 간은 도조 히데키 등 군벌에 대한 비판의 표현으로서 무소속으로 입후보 해 중의원 의원으로 재선되었다. 이처럼 아베 신조는 2차 대전 전범인 외할아버지 기시 노부스케와 서슬 퍼런 전시체제에도 평화주의를 외친 친할아버지 간의 피가 뒤섞여 있다. 1945년 8월 15일 일본제국주의는 마침내 패망했다. 군벌주의를 비판해 온 아베 간으로선 자신의 시대가 도래하는 듯했다. 그는 동지들과 함께 일본진보당을 결성했다. 그러나 1946년 1월 아베 간은 심장마비로 급사하고 말았다.

아베 신타로는 고향 히키손의 이시하라소학교-야마구치중-오카야마 현 오카야마 제6고를 졸업하고 곧바로 모든 일본인들이 선망하는 도쿄제국대학에 합격했다. 법학부다. 그의 아버지에 이은 2대째의 도쿄제대 법학부생이 된 것이다. 그러나 바로 그 직후 학도동원으로 해군 항공대에 입대했다가 특공대에 지원한 뒤 항복을 고하는 천황의 녹음방송을 나고야의 동해 해군항공대 메이지기지에서 들었다.

아베의 종교와
일본의 종교

　　아베 신조 총리의 종교는 일본의 전통종교인 신토다. 신토(神道)는 자연물에 대한 숭배가 종교로 발전한 것으로 애니미즘의 일종이라 할 수 있다. 신토의 각 영역에는 수많은 가미사마(神様)와 호토케사마(仏様)가 존재한다. 가미사마는 신(神), 호토케는 부처님의 존칭이다.

　다신교의 나라 일본은 영웅이나 동물, 심지어 식물까지 온갖 신들이 모셔진 신사(神社)와 그 신사를 찾아가 참배하는 민속종교 신토가 있다. 다신교인 일본인들에 익숙한 신사는 그들 생활 속에 깊이 자리하고 있다. 신사는 도심에도 있고, 후지산에도 있고, 호수·바다에도 있다.

　6세기에 한반도에서 전래된 불교도 일본인들의 생활 깊숙이 자리 잡았다. 메이지유신 이후 불교가 교외로 내보내졌다고는 하지만 도쿄 도심 주택가에도 여전히 절이 많다. 이와 비교해서 교회의 십자가나 성당건물 등은 나가사키 현(縣) 등을 제외하고는 찾아보는 게 쉽지 않다.

통계로도 신토와 불교의 나라임이 뒷받침된다. 일본 문화청이 2015년 12월 31일을 기준으로 집계한 통계에 따르면 종교별 신자 수는 신토계가 9천216만8천614 명으로 2002년 12월 31일(1억777만8천194 명)보다 줄었다. 그 다음으로 불교계가 8천712만6천192 명으로 역시 2002년(9천555만5천343 명) 보다 줄었다. 기독교계는 195만1천381 명으로 2002년(191만7천70 명) 보다 늘었다. 기타 종교는 897만3천675 명으로 이 역시 2002년(1천71만3천248 명) 보다 줄었다.

모든 종교의 신도 수를 합하게 되면 무려 1억9천21만9천862 명으로 역시 2002년(2억1천596만3천855 명) 보다 줄었다. 일본 인구가 2016년 1월1일 기준(총무성 인구통계) 1억2천806만6천211 명이나 종교인구 수 전체를 합하면 일본 인구의 1.5배 정도가 된다. 일본인들 다수가 중복 종교생활을 한다는 의미다. 신토와 불교를 겹쳐서 믿는 경우가 많다. 일본인은 태어날 때 신토식의 의식을 치르고 장례는 불교식이 대부분이다. 일본인들 다수는 각기 다른 신을 모신 신사에 가서 절을 하고 복을 빌고 있다. 신사와 절이 옆에 있을 때는 신사와 절에 참배하는 것을 자주 목격했다. 다른 종교를 배척하거나 선을 긋는 성향이 약하다. 자신과 가족, 지역사회나 국가의 복을 비는 '기복신앙'이 자연스럽다.

다신교 국가여서 유일신인 기독교는 세가 약하다. 종교 활동은 엄격하지 않다. 기독교나 신흥불교계열의 신도를 제외하고는 우리나라의 다수 불교신도처럼 필요할 때 찾아가는 식이다. 계율이 엄격한 신앙생활은 별로 하지 않는다. 생활 속의 종교다. 집에 신단·불단을 갖춰 놓은 집이 많다.

일본의 공동묘지는 거의가 시내에 있고 규모도 작은 편이다. 혐오감이 거의 없다

　통계를 통해서도 나타났듯이 도시화와 산업화가 진행되면서 젊은 사람들을 중심으로 적극적인 종교 활동 인구가 줄어들고 있다. 보통의 일본인들은 1월1일이나 8월15일 전후, 그리고 필요할 때 집근처 절이나 신사에 가서 복을 빌거나 여행지의 신사 혹은 절을 찾는다.

　전체적으로 일본인들은 유일신을 적게 믿는다. 그래서 기독교가 약세다. 절에 가서 부처에게 기도할 때, 그리고 신사의 신에게 기원할 때도 그 신사를 주재하는 신이 무슨 신이며 또한 부처나 보살의 이름이 무엇인지도 모르는 채 소원을 비는 경우가 다수다.

종교관 자체가 실용주의적이다. 기독교 신도로 등록해 놓고 절에도 다닌다. 목사의 아들인 지인이 그랬다. 그는 신사에 함께 갔을 때 거기서 합장해 기도했다. 앞에서도 인용한 자료에 따르면 신사나 절은 수적인 면에서도 압도적이다. 신사가 8만1천237 개이고, 절이 7만7천194 개다.

기독교계 교회는 7천53 개이다. 이러니 일본을 다니다 보면 신사나 절은 잘 보이지만 교회는 보기 어렵다. 일본에서 가장 많은 신도 수를 보유한 신토는 역사도 가장 길다. 일본의 고유 민족신앙인 셈이다. 민족종교에 현대적인 종교색을 더한 것이 아베가 믿는 신토인 것이다.

조상이나 자연을 숭배하는 토착 신앙이다. 실생활과 가장 밀접한 관계에 있다. 도쿠가와 이에야스를 모신 절과 같은 신사가 있는가 하면 한국인들에게 익숙한 야스쿠니신사는 메이지유신 이후 전몰자, 특히 2차 대전 A급 전범들의 위패까지 안치돼 있어 논란을 부른다.

신토는 1868년 메이지유신 이후에 일왕(천황)의 권위를 유지하기 위한 국가 종교가 되었다. 신사는 정부의 관할 하에 놓였다. 결국 국가와 종교의 일체화가 이루어졌고, 특히 1930년대 이후에는 '국가신토'가 널리 보급된다. 신토가 군국주의의 정신적 토대 역할을 하게 된 것이다.

에도시대에 막부의 도움을 받아 융성했던 불교는 이후 침체기에 들어간다. 전후에 세력이 크게 회복되고, 1천만 명이 넘는 신흥불교가 정치적 영향력을 발휘한다. 다만 다수의 일본인들이 장례의식만큼은 불교식으로 치르는 비율이 압도적으로 많아 '장례식 불교'란 용어가 있을 정도다.

일본 불교의 특징은 대부분의 승려가 결혼한다는 점이다. 일본사회의 가업 잇기 전통에 따라 승려의 경우에도 가업으로 이어진다. 일본불교의 승려들은 가혹한 수행을 거치며 학문수준은 높다. 승려의 아들이 대학교수로 진출하는 사례가 많다. 그러다 어느 날 가업인 승려를 잇는다.

1945년 패전은 일본사회 대전환의 계기였지만 특히 종교도 그랬다. 신의 존재였고, 신토로 단결했던 일본에서 일왕이 1946년 1월1일 이른바 '천황의 인간선언'을 통해 인간으로 내려왔다. 정교분리가 됐다. 국가신토는 해체됐다. 일왕의 외형상 정치적 권한이 없어졌다.

일왕의 인간선언은 그때까지 '천황'을 신으로 믿고, '천황'에 충성하는 것이 이른바 신하된 백성의 의무이고 영광이라고 교육받아 온 일본인들에게는 엄청난 충격을 주었다. 전쟁 때 종교를 통제하기 위해 제정됐던 종교단체법은 폐지되고, 새로운 종교법인령이 공포되었다.

신청서를 제출하면 종교단체는 쉽게 종교법인으로 승인되었다. 이런 근거에 따라 민간의 종교단체로서 신사본청이 설립되고 신사본청은 이세신궁을 본종으로 했다. 전국 신사의 대부분인 7만8000여 사를 조직했다. 1947년 국민의 기본적 권리로서 신앙과 종교의 자유를 무조건 보장했다. 이에 근거해 정교분리를 엄격하게 규정하고 이론적으로는 어떠한 종교단체도 국가로부터 특권을 받거나 정치상의 권력행사를 할 수 없게 되었다. 국가 관련기관은 종교교육이나 종교 활동도 할 수 없다.

일본의 야욕 아베신조를 말하다

아베 가(家)와 통일교

　제3차 다음 아베 개조 내각의 사람들에게는 알려지지 않은 공통점이 있었다. 아베 정권 관계자들이 신토 등 종교에 의지하는 성향이 강하다는 것이다. 아베가 총재인 집권 자민당과 연립정부를 구성하고 있는 공명당의 지지 모체인 창가학회도 신흥불교 계열이다. 그러니 만큼 각종 선거에서도 아베 총리는 종교단체에 의지하곤 한다.

　아베 총리가 선거에서 의지하는 종교단체는 신도정치연맹, 일본회의, 전일본불교회(전일불), 그리고 통일교회 등 4단체로 지목되는 경우가 많다. 통일교가 왜 여기에 들어있을까. 전일불이란 단체는 정토진종, 일연종, 천태종, 진언종 등 전통불교를 중심으로 105개의 단체가 가맹돼 있는 조직이다. 선거 때마다 중요한 역할을 한다. 전일불은 강한 집표력이 있지만 아베 총리의 야스쿠니신사 참배에 항의하는 등 신도정치연맹(이하 신정연)과는 스탠스가 다르다.

그러면 통일교회의 이름이 왜 자주 거론되는 것인가. 보수적인 통일교회는 선거 때 표를 갖고 있기 때문에 아베 총리나 자민당 의원들에게 요긴하다. 통일교회는 일본에서도 '세계기독교통일신령협회'에서 '세계평화통일가정연합'으로 이름이 변경되었다. 문화청 종무과의 인증도 받았다.

가정연합은 1997년 창설자 문선명 목사(고인)가 명칭변경을 한다고 밝혔다. 같은 해 5월 이후 전세계 교회에서는 '세계평화통일가정연합'으로 명칭변경을 완료했다고 밝혔다. 가정연합의 명칭변경에 대해 문화청 종무과는 "종교법인법 28조의 규정에 근거해서 적정하게 변경해 인증했다"고 말했다. 합법적으로 명칭 변경이 이루어진 것이다.

일본 언론들의 보도에 따르면 가정연합과 자민당과의 양자 접점은 반공과 승공(勝共)이다. 고 문선명 목사는 공산주의 대항운동의 일환으로서 우익계 정치단체 국제승공연합(1968년), 세계평화연합(1991년) 등을 설립했다. 아베 총리의 외할아버지 기시 노부스케 전 총리는 이들 단체의 지원자로 알려졌다. 전후 레짐으로부터의 탈피·개헌 등을 주장하는 아베 정권과도 사상적으로 가까운 것으로 비쳐진다.

서울에서 행해진 가정연합계 이벤트에 자민당 국회의원이 축사를 하거나, 도쿄도 하치오지시에서의 가정연합 강연회에 자민당 간부가 참가해 내빈축사를 하기도 했다. 아베 총리 자신도 2010년 가정연합과 관련이 깊은 세계전략종합연구소 의원회관 내에서 정기적으로 열고 있는 모임에 강사로서 참가한 적이 있다.

일본의 주요 일간지는 아니지만 다수의 주간지나 월간지 등이 아베 총리와 통일교가 승공·반공을 고리로 깊은 관계라고 자주 보도하고 있다. 이

일본의 야욕 아베신조를 말하다

같은 보도가 나가는 것은 이 문제에 대해 일본인들이 관심이 많고, 곧바로 판매부수 증가로 연결되기 때문이라고 한다. 물론 아베 총리 측은 가정연합과의 관계를 공식적으로 부인하고 있지만, 연계설은 끊임없이 계속 이어지고 있다. '반공'이란 고리 때문인 듯하다.

제4장
아베
정신의 원류

대학에서 강의하거나 회사인들을 상대로 강연할
때 일본 사회의 문화를 대표적으로 간단하게 설
명하며 거론하는 영화가 있다. '나라야마 부시코
(楢山節考)'라는 영화다. 처음 봤을 때는 물론이
거니와 두 번째 보고 나서도 잘 이해가 되지 않아
모두 세 차례 보았다. 일본의 독특한 옛 문화와
사회를 다룬 영화이기 때문에 난해한 면이 있어
서다.

영화 나라야마 부시코와
일본의 집단주의

     대학에서 강의하거나 회사인들을 상대로 강연할 때 일본 사회의 문화를 대표적으로 간단하게 설명하며 거론하는 영화가 있다. '나라야마 부시코(楢山節考)'라는 영화다. 처음 봤을 때는 물론이거니와 두 번째 보고 나서도 잘 이해가 되지 않아 모두 세 차례 보았다. 일본의 독특한 옛 문화와 사회를 다룬 영화이기 때문에 난해한 면이 있어서다.

     나라야마[楢山]는 산 이름이고, 부시코[節考]는 노래라는 뜻이다. 19세기 일본의 어느 산간 마을이 배경이다. 식량 부족 때문에 70세가 된 노인은 나라야마 산에 산채로 버리는 풍습이 있는 산골마을이다. 우리나라 식으로 하면 나이든 노인을 갖다 버렸다는 고려장 풍습이다.

     이야기는 다츠헤이(오가타 겐 연기) 집안을 중심으로 전개된다. 69세가 된 다츠헤이의 어머니 오린(사카모토 스미코 연기)은 모든 것을 신의 뜻이라 순응하며 나라야마 산에 갈 준비를 한다. 그런데 나라야마에 가는

영화 나라야마 부시코의 한 장면

것은 어렵다. 당사자나 버리러 가는 자식 대부분 꺼린다.

69세에도 불구하고 건강한 상태이던 어머니 오린은 자식과 마을사람들에게 자신이 죽을 때가 되었을 만큼 쇠약해졌다는 것을 보여주기 위해 스스로 건강한 이빨을 돌절구에 찧어 빼 버린다. 자신이 70이 넘어서도 건강해 나라야마로 안 들어가면 아들 가족이 동네사람들의 응징을 당할 것을 우려해 늙어 쇠약하게 보이도록 하기 위해서다.

그해 가을, 마을에 흉년이 들어 마을에서 식량을 훔치는 사건이 발생한다. 마을사람들은 도둑질한 일가를 한밤중에 모두 불러내, 시집간 딸까지 포함해 거대한 구덩이에 생매장시킨다. 일가족이 살려달라고 아우성

치지만 집단에 해를 끼친 사람들을 모조리 생매장한다.

드디어 나라야마로 가는, 고려장을 해야 할 날이 왔다. 오린은 주춤거리는 아들을 채근하여 나라야마 산으로 향한다. 다츠헤이는 나라야마 산 정상에서 삶을 마친 노인은 천국에 간다는 믿음으로 어머니를 업고 산길을 올라 버려진 노인과 해골 무더기 사이에 두고 온다.

이마무라 쇼헤이는 영화에서 기교를 배제했다. 이 영화에서 도덕률은 존재하지 않는다. 영화 전체에서 철저한 생존 본능만이 지배한다. 인간과 자연의 원초적인 생명력, 삶과 죽음의 순환에 대해 관객들이 성찰하게 한다. 1983년 칸영화제의 황금종려상을 받았다.

20년을 준비해 영화를 시작한 이마무라 감독은 일본 혼슈 중부 나가노현 3천미터급 기타알프스 영봉들이 파노라마처럼 이어지는 지방 산골 폐촌에 세트를 마련하고 제작진, 배우들과 2년간 직접 농사를 지으면서 계절의 변화와 곤충 및 동식물의 생태를 촬영한다.

이런 곳에서 촬영된 영화는 사실감이 넘친다. 특히 여주인공 오린 역의 사카모토는 사실적인 연기를 위해 자신의 앞니 4개를 직접 부러뜨렸으며, 다츠헤이 역의 오가타 역시 혼신의 연기로 촬영이 끝난 뒤 검던 머리가 백발이 되었다고 한다. 혼신의 감독, 주연 배우들이었다.

이 영화에는 일본인들의 집단주의나 집단 유지를 위한 행동 양상이 드러난다. 영화에서 마을 사람들은 집단의 질서를 유지해 가기 위해, 비정하지만 고려장을 단행한다. 고려장 단행 과정에서 개별 인간들이 이를 피하려 발버둥치는 모습도 자주 보여주어 사실적이다.

영화 중반 한밤중에 이루어진 범죄인 가족 집단 생매장 장면에서는 일본인들의 집단유지 본능이 잘 그려진다. 주인공 집안으로 시집온 젊은 여성이 관련되었지만, 이 사실을 알고 있는 오린 마저도 마지막까지 입을 다물어 생매장이 집단의 의지대로 이루어진다. 정말 비정하다.

집단을 유지하기 위해 부족한 식량을 훔친 가족에 대해 마을 총회에서는 생매장을 통해 재발을 막겠다는 집단주의 정신을 보여준다. 그리고 며느리이고 부인일지라도 마을 전체 집단의 이익에 반하는 행동을 했다는 이유로 생매장되도록 내버려두는 것도 무시무시하다.

이 영화에서 나온 집단 생매장은 일본 마을의 전통의식이었던 '무라하치부(村八分)'의 일환이다. 전통 일본사회는 농경사회로 논이나 밭농사를 지어야 했는데, 많은 작업이 가족노동만으로는 안 됐다. 그래서 촌락 공동체의 집단노동력으로 해결해야 했다. 집단노동을 위해서는 일정정도 규칙이 있어야 하는데, 대표적인 의식이 무라하치부였다.

무라하치부는 집단의 규칙 위반자에 대한 촌락공동체의 징벌 행위 의식이다. 도둑질이나 나쁜 행동을 했을 때나 공동작업에 태만한 사람에게 가해지는 집단의 응징이었던 것이다. 이렇게 응징해야만 집단의 단결을 저해하는 행위가 이어지는 것을 막을 수 있다고 봤기 때문이다. 그래서 10가지 행동 중에서 장례식이나 불을 꺼주는 것 이외의 여덟 가지(하치)는 거들떠보지도 않아 소외감을 느끼게 한다고 해 '하치부'가 붙게 됐다.

성인식, 결혼식, 출산, 병수발, 수해복구, 신개축, 여행, 법요식 등 여덟 가지 행사에서는 마을 공동체의 도움을 받지 못하도록 하는 조치가 무라하치부인 것이다. 장례식을 돕거나 불을 꺼주는 것은 다분히 이기적인 일이다. 장례식을 도와주는 것은 방치할 경우 부패돼 전염병이 퍼질 수 있고 죽은 사람은 산사람이 징치할 수 없기 때문이다. 불을 꺼주는 것은 불이 다른 곳에 번지는 것을 차단하기 위해서다.

무라하치부는 처음에는 방치, 묵살하다가 나중에는 의도적으로 학대 공격하기까지 해 마을을 떠날 수밖에 없도록 했다. 이지메의 전형적인 형태다. 다른 곳에 가서는 적응해 살기가 거의 어렵기 때문에 마을 구성원들은 항상 긴장상태에서 공동체 생활에 참여했다. 이러한 무라하치부 행위를 통해서 마을이나 현대의 도시, 국가의 질서유지가 되고 집단적 에너지를 발휘할 수 있게 된다.

무라하치부 행위는 곳곳에서 이지메로 전승되고 있다. 영화 '나라야마 부시코'에서는 한 가족이 중첩해서 짓게 되자 가장 강력한 생매장으로 응징하게 된다. 보통은 사죄, 벌금, 무라하치부, 추방 등의 조치를 단계적으로 취하게 되지만 영화에서는 생매장이라는 극단적 행위를 보여줘 집단유지의 무시무시함을 강조한 듯하다.

일본의 집단주의는 현재 일본 사회 곳곳에서 아직도 나타나고 있다. 개인보다는 집단을 우선하는 사례는 부지기수다. 학교나 회사, 마을에서도 집단주의는 여전하다. 도쿄도심에서도 마을 축제(마쓰리)가 열리면 참석해 집단의 일원으로서 역할을 다 해야 권리를 주장할 수 있게 된다. 정치권에서도 이러한 집단유지의 규범들이 형태를 달리해 적용되고 있다.

모모타로(桃太郞)에서
강경파 아베의 원형을 본다

모모타로(桃太郞)는 일본 전설의 대중적인 영웅이다. 이름인 모모타로는 복숭아를 뜻하는 모모(桃)와 일본의 남자 아이 이름, 특히 큰아들에게 이치로(一郞)와 함께 많이 붙여 주는 타로(太郞)가 합쳐져 만들어진 이름이다. 우리말로 풀어보면 복숭아 소년이나 복숭아 동자다.

모모타로는 일본의 여러 책과 영화, 작품 등에서 주인공으로 등장한다. 모모타로를 주제로 한 독립된 얘기는 일본의 민담 시리즈에도 많이 나온다. 여기에는 도전정신과 해외진출을 독려하는 일본 정신의 원류가 담겨 있다. 임진왜란이나 정유재란, 한일병탄 등의 원류다.

아베 신조가 주장하는 '전후 레짐 탈피'를 통한 보통 국가화, 집단적 자위권을 행사할 수 있는 전쟁할 수 있는 나라를 만드는 정신적 기초가 바로 모모타로 이야기다. 20세기 아시아 침략이 '서구 열강이 아시아 국가를 침략하는 것을 일본이 구해주기 위해서'였다 라는 논리적 기반이다.

모모타로 이야기의 줄기를 살펴보면 일본의 제국주의 정신이 감지된다. 1600년대에 시작된 에도 시대 모모타로의 이야기에 따르면 모모타로는 거대한 복숭아 안에 들어있는 채로 땅에서 나왔다. 민담, 민화이다. 이것이 패배하면 할복하는 사무라이(侍) 정신으로 이어진다.

　거대한 복숭아는 강을 따라 떠내려가다 빨래를 하던 자식 없는 노파에게 발견된다. 노파와 남편이 그것을 먹으려고 열어보자 안에서 어린 아이가 나타난다. 아이는 노인 부부의 자식이 되기 위하여 하늘이 자신을 보냈다고 설명한다. 일본민족이 하늘이 내린 민족이라는 것과 통한다.

　노파 부부는 아이의 이름을 복숭아를 뜻하는 모모와 장남을 뜻하는 '타로'를 따서 모모타로라고 짓는다. 1700년대에 쓰여진 모모타로 이야기에서는 늙고 자식 없는 여인이 떠다니는 거대한 복숭아를 집에 가지고 와 한입에 베어 먹자 갑자기 젊었을 때 모습과 아름다움을 되찾는다.

　그녀의 남편은 집에 돌아오자 눈부시게 아름다운 젊은 여자가 그의 집에 있는 것을 보고 매우 놀란다. 당초 자신의 부인이 젊어진 모습이라는 것을 믿지 않았지만, 그녀가 강에 떠다니던 복숭아를 집에 가지고 와서 먹었더니 모습이 신기하게도 젊게 바뀌었다고 설명하자 믿는다.

　부인이 남편에게도 복숭아 조각을 주자, 그것을 먹은 남편도 역시 젊었을 때의 모습과 힘을 되찾았다. 젊어진 부부는 밤이 되자 사랑을 나누고 부인은 임신을 하게 되었다. 부인이 아들을 출산하자 부부는 아이의 이름을 장남들에게 많이 붙여주는 이름인 타로라고 지었다.

　메이지 시대에는 사랑을 나누지 않는 내용의 형태로 바뀐다. 학교 교과서에도 실렸다. 일본 사회가 서양문화의 영향으로 성적인 주제에 대해 민

일본의 야욕 아베신조를 말하다

감해진 때문이다. 전래 동화의 성적인 면을 배제해 이야기 핵심을 바꾸어버리는 일본인들의 실용주의를 엿볼 수 있는 대목이다.

일본에서 복숭아는 전통적으로 성교와 다산의 상징으로 여겨졌다. 잘 익은 복숭아가 여자의 엉덩이와 닮았다고 생각했기 때문이다. 그런데 메이지유신을 통해 세계사의 강자인 구미 열강의 가치관이 성문제를 절제한다는 것을 알고 전통 민화마저 구미식으로 바꾸어버린다.

몇 년이 흐르고, 모모타로는 부모를 떠나 약탈을 일삼는 귀신(도깨비)을 없애기 위해 귀신이 살고 있다는 오니가시마(鬼ヶ島)라는 섬으로 가게 되었다. 모모타로는 가는 도중에 자신과 말이 통하는 개와 원숭이, 꿩을 만나 자신을 도와줄 친구로 삼아 함께 행동하였다.

오니가시마에 도착한 모모타로와 동물 친구들은 귀신들의 요새로 쳐들어가 귀신들과 괴물들의 대장인 우라(温羅)와 그의 군대를 굴복시키고 항복을 받아낸다. 모모타로는 자신의 새로운 친구들과 함께 보물을 빼앗아 집으로 돌아오고, 가족들과 함께 오래도록 행복하게 살았다.

이 부분이 정한론(征韓論), 우리에게 익숙한 일본의 대외 침략주의 정신의 원류가 된다. 조선(한국)을 포함한 아시아 제국을 귀신이나 괴물들이 사는 나라로 보면서 자신들이 그들을 제압해 그 땅에 평화를 가져다준다는 제국주의 침략사상의 밑바탕이 되어주는 것이다.

그리고 모모타로 일행이 보물을 갖고 집으로 돌아오는 것은 식민지 나라에서 쌀이나 전쟁물자 등을 수탈해 돌아가던 군국주의자들의 모습으로 발현된다. 태평양전쟁 때에도 옛 일본군들이 자살특공대인 가미가제 특공대로 나서거나 적진으로 돌파해 들어갔던 행동의 정신적 원류는 모모타로에 있었다는 해석이 많다.

일본군들은 미군·영국군 등을 모모타로의 도깨비 정도로 인식했던 것이다. 실제 태평양 전쟁 기간에 미·영군을 귀신이나 짐승처럼 취급한 '귀축미영(鬼畜米英)'이라는 일본군의 슬로건도 있었다. 오늘날 일본인의 정신 속에도 공격성과 해외 진출 성향 등 모모타로 정신이 면면히 이어지고 있다고 봐도 무리는 아닐 것이다.

일본의 야욕 아베신조를 말하다

일본인의 분위기 탐지

　　일본문화나 역사, 사회 문제를 오랜 기간 연구한 전문가 유민호는 저서 『일본 내면 풍경』(출판사 살림)을 통해 일본의 이지메(집단 따돌림이나 괴롭힘)와 관련하여 '공기(분위기)를 읽는 사람'과 '공기(분위기)를 읽지 못하는 사람'이라는 은어로 설명했다. 공기를 못 읽는다는 것은 그 집단의 분위기나 흐름을 파악하지 못하는 것쯤으로 해석할 수 있다.

　　일본사회의 독특한 문화가 바로 '분위기 탐지, 분위기 읽기'로 움직여지고 있다. 겉마음(다테마에)과 속마음(혼네)이 다른 요인이다. 사회 공기에 맞추기 위해 공기와 반대되는 혼네는 숨기고 "네! 네!"를 반복하며 사회 전체적인 분위기에 젖어 들어가는 것이다. 대세순응형 사회다.

　　일본의 학생들은 이지메를 당하지 않기 위해서 약한 급우를 공격하는 성향이 있다는 조사가 많다. 이지메를 당하는 학생은 대개 성적, 집안, 신체적 약점이 있다. 2016년에는 후쿠시마 원자력발전소 사고로 요코하마로 이사한 학생이 수 년간 이지메에 시달린 사례가 적발됐다.

일본 사회나 직장·학교에서 흐르는, 모두가 감지하는 공기를 놓치면 외톨이로 전락한다. 공기를 함께 하지 못한 대가, 죗값 치고는 지나치게 험한 시련이다. 마음을 트고 지낼 일본인을 친구로 둔 한국인이 극소수인 것이 현실이다. 친하다고 생각했다가 깜짝 놀라곤 한다.

유민호는 이에 대해 "외국인이 도저히 이해할 수 없는 공기의 벽"이라고 표현했다. 그 가운데 대표적인 사례 하나가 일본에서는 일본이 2차 대전에서 패했지만, '패전'이라는 말을 입 밖으로 꺼낼 수 없는 무거운 공기가 흐른다. 일왕의 항복 선언에도 패전 표현은 없다.

일본인들은 패전이라는 용어 대신에 '종전'이라는 용어를 쓴다. 패전이라는 용어를 사용하는 일본인을 만나 본 적이 없다. 일왕 히로히토가 읽어 내린 항복선언문에는 "전국이 확실히 호전되지도 않고, 세계의 대세 또한 우리에게 이롭지 않다"고 항복을 택한 이유를 설명했다. 항복이라는 단어는 결코 사용하지 않았다.

아울러 "적은 새로운 잔학한 폭탄을 사용해서 끊임없이 무고한 사람을 살상하고, 참담한 피해가 참으로 측량할 수 없는 지경에 이르렀다"는 표현도 넣었다. 이 말은 일본인들은 아무 잘못을 하지 않은 순수한 피해자라는 뜻으로 들린다. 이런 내용을 아는 한국인조차 드물다.

그들의 표현대로 종전조차도 일왕 이외에 주체적으로 결정한 사람은 단 한 사람도 없었다. 1945년 8월 10일 새벽 2시에 패전 결정 과정의 어전회의(일왕이 주재하는 최고 전략회의) 공기는 일본인이 책임을 지지 않기 위해 공기를 따라가는 형태를 잘 보여주었다.

6명의 최고 요인들은 일왕이 전황을 묻자 명확한 답을 피한다. 일왕이 "더 이상 전쟁을 지속하기 어렵다는 겁니까"라고 질문하자 정적만 흐른다. 일왕이 한번 더 "더 이상 전쟁을 지속하기 어렵다는 말이지요"라고 물어도 답이 없자 일왕 스스로 결정을 내린다.

일왕은 침묵하는 수뇌부에게 "연합국의 제의(일본의 무조건 항복을 요구한 포츠담 선언)를 받아들이도록 하지요"라고 말한다. 전쟁을 끝내기로 최종적으로 말을 한 것은 전쟁을 이끌었던 군인도, 외교를 책임졌던 외교관도 아닌 일왕 그 자신이었다. 일왕에게 책임을 미뤘다.

일본인이 이처럼 항복이나 패전이라는 용어를 사용하지 않는 것은 책임 소재 때문이라는 해석이 많다. 일본인은 봉건시대부터 잘못을 인정하면 선택할 수 있는 것은 할복뿐이었다. 잘못을 인정하면 할복을 택해야 하니 목에 칼이 들어와도 책임을 인정하지 않으려 했다.

일본의 이른바 우향우, 우경화도 분위기에 의해 조성되고 있다는 진단이 많다. 일본을 지배하는 공기가 현재 우향우 열풍의 근원이라고 지목된다. 특히 아베 총리 시대 들어 일본적 근본주의가 소리 없이 확산되고 있다. 일본은 사회의 분위기를 잘 읽는 자만이 살아남을 수 있다.

시마구니 곤조(島国根性)
섬나라 근성

일본말 중엔 '시마구니 곤조(島国根性)'가 있다. 섬나라 근성으로 풀이되는 말이다. 일본인들이 배타적이고 속 좁은 행동을 할 때 비판적으로 사용하는 용어다. 그러나 일본인들, 특히 정치인은 물론 일반인들의 언행을 조금이라도 냉정하게 이해하기 위해서는 이 말의 의미를 좀 더 객관적으로 살펴보는 것이 필요할 듯하다.

이 책의 전체, 아베의 정치행위 이해를 위해서도 시마구니 곤조 고찰은 필요할 듯하다. 아베의 언행, 특히 정치적 언행에서 시마구니 곤조를 결부시켜 생각하면 그 의미를 좀 더 깊이 있게 헤아려 볼 수 있기 때문이다. 시마구니 곤조는 우리에게는 부정적 의미로 받아들여지지만, 다른 나라에서는 일본인들을 이해하는 하나의 성격으로 파악하기 때문이다.

일본 국어사전은 시마구니 곤조를 다음과 같이 설명한다. "섬나라 사람들에게서 흔히 발견되는 기질로 시야가 좁고 포용력이 적은 반면 단결성과 독립성·배타성이 강한 것이 특징이다"라고 풀이했다. 다른 일본의 국어사전은 "다른 나라와 교류가 적기 때문에 시야가 좁고 닫혀 있으며 대범하지 못한 성질"이라고 풀이하고 있다.

또 다른 사전은 "농경국민적 섬나라 근성은 편협, 협량, 폐쇄적이다 라는 의미를 가지지만, 동시에 치밀, 정확, 협조와 같은 일본민족이 자랑하는 플러스적인 특성도 겸비하고 있다. 섬나라의 민족구성은 단순하고 고정적이다. 많은 민족이 혼재할 일도 없다. 이동도 할 수 없다. 이것 때문에 섬나라에는 구심력이 작용한다. 피지는 피지 계와 인도 계로 분쟁이 일어나 있지만, 결정적인 분열에는 이르지 않았다. 섬나라는 운명공동체여서 사이좋게 지내는 수밖에 없다."

그렇지만 우리나라에서는 시마구니 곤조, 섬나라 근성을 부정적인 의미로 표현하고는 한다. 예를 들어 이나다 도모미 일본 방위상, '여자 아베'로 불리는 우파 정치인 이나다가 2016년 말 미국 진주만을 아베 총리와 함께 방문해 사죄는 하지 않고 위령만 한 뒤 귀국한 날 아침 일찍 A급 전범이 합사된 야스쿠니신사를 참배했을 때 "협량한 시마구니 곤조의 전형"이라고 국민들이 분개했다. 재일 한국인이나 중국인을 차별하고 냉대하기 일쑤인 사람들의 나라가 일본이다. 그 바탕에는 시마구니 곤조가 자리하고 있다. 일본이라는 나라와 일본인을 이해하는 핵심이 '시마구니 곤조', 바로 섬나라 근성이라고 본다.

그런데 일본인들의 시마구니 곤조를 거론하면서 비교되는 나라가 바로 섬나라인 영국이다. 영국도 섬나라이지만 영국인은 시야가 좁고 외부세계에 대하여 폐쇄적이다 라고는 아무도 말하지 않는다. 섬나라 근성이라고 하는 말은 일본인이 자기들을 위해서 발명한 자기질책이라고 설명하는 이도 있다. 어쩌면 자기고발의 표현이기도 하다.

일본은 사면이 바다로 둘러싸여진 섬나라이다. 이웃나라는 바다의 저편에 있다. 자동차로 수십 분 달리면 국경에 갈 수 있는 대륙 국가와 사정이 다르다. 다른 민족을 간단히 만나볼 수 없다. 이러한 안전한 지리적 환경에 있기 때문에 일본인은 경계하는 마음이 약한 편이다.

어떤 일본인은 이렇게 일본인의 심리를 표현한다. "바다에 둘러싸여 있다고 하는 것은 끝없는 수평선에 둘러싸여 있는 것이기 때문에, 시야는 풍부하더라도 없어져 버리거나 넓어진다. 바다의 저쪽에 간다든가 바다의 저쪽에서 온다고 하는 꿈을 그리고, 그 날을 기다릴 수 있다"고.

일본인들은 바다에 둘러싸여 있기 때문에 자주 환상의 세계에 들어가 버리고는 한다는 설명도 있다. 안전지대에 있고, 옆에 긴박한 위험이 없기 때문에 외부세계를 미화하고 먼 나라를 동경한다. 멀리 바다를 경유해 오는 사람들은 물건도 자기들 보다 아름답고 훌륭할 것이라고 하는 환상에 잠겨 있을 수 있는 것이다.

영국인도 섬나라의 주민이지만 환상의 세계에서 놀지 않는 것은, 그들의 역사적 체험이 일본인과는 다르기 때문이다. 원래 영국에 살고 있었던 켈트족은 대륙으로부터 침입해 온 앵글로색슨 족에 의해 살육되었고, 생존한 이들은 아일랜드 등 북방으로 쫓겨 가고 말았다. 앵글로색슨이 섬을 지배한 직후인 9세기 초반에는 스칸디나비아반도에서 바이킹이 쳐들어와서 대공황을 초래한다. 바이킹은 매우 용맹스럽고도 난폭한 사람으로 약탈, 폭행, 파괴, 살육이 2세기에 걸쳐 영국의 구석구석까지 널리 퍼졌지만 앵글로색슨을 근절시키지는 못했다.

영국에서는 유명한 '노르만인에 의한 정복'은 대륙으로부터 노르만인이 침입해서 전쟁이 되고, 왕을 비롯해 지배자들이 쫓겨나거나 죽임을 당하는 대격변이었다. 영국은 노르만인의 지배하가 되었다. 거기에서 민족의 대혼혈이 일어나고, 앵글로색슨의 언어와 노르만인의 언어인 프랑스어가 몇 백 년에 거쳐 혼합되어 오늘날의 영어를 만들었다.

일본인들은 2차 세계대전의 기폭제가 되는 일본군의 진주만 기습이나 위안부 문제 등 집단으로 저지른 범죄 행위를 죄로 인정하지 않는다. 이런 사정에 따라 사죄는 없다. 2차 대전 패전에 대해서도 패전이라고 인정하지 않고 '종전'이라는 용어를 쓴다. 시마구니 곤조다. 보편성의 잣대로 보면, 세계시민의 관용이라는 측면에서 보면 딱하기 그지없는 역사인식의 속이 훤히 드러난다. 시마구니 곤조가 일본사회에서는 대세이기 때문에 양심적 시민단체 등의 참 목소리는 국수주의의 흐름에 파묻혀 버린다.

아베 신조 총리나 이나다 방위상 등 끊이지 않고 있는 일본 지도급 인사들의 망언과 망동은 일제에 침략당한 이웃, 한국인과 중국·대만·동남아인들을 당혹시킨다. 이들은 이처럼 식민지나 침략의 피해를 당한 사람들의 심리를 자극하기 위해 이런 말을 하는 지도 모른다.

제국으로 자부하는 일본인들은 1868년 메이지유신으로 서양의 문물을 아시아에서 제일 먼저, 그것도 성공적으로 받아들인 뒤 '유럽과 미국 등 구미 제국주의자의 침략으로부터 아시아 신민들을 보호하기 위해 대륙으로 진출했다'는 의식을 보여준다. 이러한 의식은 야스쿠니신사 유슈칸 전시장에 가면 적나라하게 드러나 있다.

어디 그뿐인가. 뒤늦게 제국주의를 배운 일본은 그 전에 제국주의를 연 영국이나 네덜란드, 스페인, 독일, 이탈리아, 미국 등 보다 훨씬 지독한 제국주의 정책을 편다. 우리 보다 먼저 일본의 식민지가 됐던 대만의 경우 일제 식민지 치하의 원주민들이 런던에서 열린 만국박람회에 '전시물'로 전시되는 치욕도 당했다. 그것이 제국주의 사람들이다.

제국의 국민 일본인들은 세계를 1등국, 2등국, 3등국으로 분류했다. 메이지유신 직후만 해도 일본 자신을 2등국 정도로 보고 1등국이 되려고 노력했다. 3등국은 야만국이라며 1등국의 도움이나 지배를 받아야 하는 나라 정도로 여겼다. 그것이 제국 국민의 생각이다.

이처럼 좋다 나쁘다를 떠나 아주 특이하고 외부와 차단된 섬나라 근성을 가진 일본인들이 이른바 1등국이 되었다며 추가로 갖게 된 '제국의 국민'이라는 자부심으로 무장해 언행을 하기 때문에, 섬나라가 아니고 제국도 아닌 한국 국민이 일본인·일본 정치인들의 망언이나 망동을 이해하기는 쉽지 않은 것으로 보인다.

일본의 야욕 아베신조를 말하다

일본의 천황(天皇)제

새해 일본인들은 신사나 절에 가 소원을 비는 '하쓰모우데(첫 참배)'나 하쓰우리(상점 첫 판매) 등 세시풍속에 참여한다. 일부는 고쿄(황거)에 가 천황(이 책에서는 일본식 문화를 제대로 전달하기 위해 우리나라에서 많이 쓰는 일왕 대신 현지 용어 '천황'을 많이 사용했다) 부부와 세자 부부, 둘째 아들 부부 등을 찾아 인사하고, "천황폐하 만세"를 외친다.

2017년 1월 2일에는 10만 명 가까운 일본인들이 황궁을 찾아 인사를 했다. 매년 1월 2일 천황가족은 일반인들의 새해 인사를 합동으로 받는다. 오전 세 차례, 오후 네 차례 식으로 받는다. 천황의 건강 상태 등에 따라 변한다. 이날은 외국인들에게도 문화체험의 대상이 되기 때문에, 동·서양 외국인들이 참배시간에 맞추어 황궁을 찾아가 일장기를 든 일본인들의 행렬에 동참하기도 한다.

그런데 실제로 가보면 황궁 참배가 의외로 번거롭지 않다. 황궁 입구에서 검색을 받은 뒤 황궁 안으로 들어가 대기하다가 천황이 나타나면 일장기를 흔들며 환호하거나 지켜보고, 천황의 짧은 인사말을 들은 뒤 나오는 데 소요되는 시간이 전체적으로 1시간 정도이다. 그 전체를 보지 않으면 더 단축될 수 있다.

특파원 시절 2007년 1월 2일 오후1시. 문화체험을 위해 일본 황궁 서남쪽에 있는 니추바시(이중다리) 쪽으로 발걸음을 옮겼다. 오후 1시 반에 오후 첫 합동 새해인사가 있기 때문에 사람들의 발길이 줄을 잇고 있었다. 안내인은 "시간이 충분하니 서두르지 마세요."라고 안내 방송했다.

먼저 황궁을 찾는 사람들에게는 여러 곳의 입구에서 학생이나 일반인들로 구성된 자원봉사자들이 종이로 된 일본 국기를 나눠주었다. 내·외국인을 가리지 않고 주었다. 그 이전부터 경찰이 몇 겹으로 경계하며 거동수상자들을 면밀하게 주시했다.

그러나 검색절차는 예상보다 까다롭지 않았다. 짐을 가진 사람들은 별도의 검색기가 비치된 곳으로 유도됐고, 짐이 없는 사람들은 다른 곳으로 들어가 주머니의 소지품을 보여준 뒤 가벼운 검색을 받고 쉽게 통과됐다. 입구는 여러 곳, 별도의 출구는 두 곳이었다.

검색대를 통과하면 비교적 자유롭게 황궁 안으로 들어가게 된다. 니추바시를 넘어 안으로 들어갈 때 쯤 인파는 꼬리를 이어 계속된다. 사람이 많다보니 경찰은 "서서 사진을 촬영하면 넘어질 수도 있으니 걸어가며 촬영하라. 촬영 조심하시라"는 안내방송을 계속 한다.

10여 분을 걸어 들어가면 황궁 안의 궁전 앞 동쪽 뜰에 1만 명 가까운

고쿄(황거)에서 새해인사받는 일왕(천황-왼쪽에서 세 번째) 가족.

인파가 천황 가족이 나타나길 기다린다. 안내인은 10여 분 전부터 "지금 시간은 대략 1시 20분인데, 1시 30분이면 천황폐하 등이 '나타나지십니다.'"라며 방송을 되풀이했다. 일본에서 천황의 행동은 능동태가 아니라 수동태로 소개된다. '말씀하시어집니다' 식이다.

이 동쪽 뜰에는 엄청난 숫자의 경시청 소속 경호경찰 등 정사복 경찰들이 긴장의 끈을 놓지 않고 있었다. 일본 보도진도 보도진 석에서 취재에 열중이었다. 놀라운 것은 호기심 많은 서양 사람들이 대단히 많다는 점이었다. 다른 나라 동양인들은 구분이 어려우니 알 수 없었다.

이어 여성 안내원이 방송으로 "잠시 뒤에 천황폐하와 황세자, 아키시노노미야 왕자가 '나타나지실' 것입니다."라고 안내한 뒤 2층 궁전 베란다의 안쪽 문이 열리는 것이 보이고, 천황 부부와 황세자, 아키시노노미야 순으로 4명이 모습을 드러냈다.

순간 참석한 일본인들이 일제히 감격적이고 우렁찬 소리로 "천황폐하 만세"를 수분 간 외쳤고, 천황가족들은 좌우 양쪽으로 시선을 바꿔가며 손을 흔들어 답례했다. 이처럼 환호가 이어질 때 서양 사람들을 중심으로 사진촬영에 열을 올리는 사람들이 나타났다. 그리고 누구의 지시도 없는데 찬물을 끼얹은 듯 잠시 조용해졌다.

그러자 천황은 마이크를 통해 "새로운 한 해를 함께 축하하는 것을 기쁘다고 생각합니다. 새해를 맞아 국민의 행복과 세계의 평화를 빕니다."라고 인사말을 했고, 참석한 일본 국민들은 다시 "천황폐하 만세"를 외치면서 열광하고 새해의 소원을 빌었다.

이어 짧은 열광이 이어지고, 뒤이어 천황이 모습을 감추면서 그해의 네 번째 일반시민 합동인사가 끝났다. 끝나자마자 사람들은 입구와는 반대쪽에 있는 출구로 썰물처럼 빠져나갔고, 기념사진 촬영에 열을 올리는 사람도 많았다. 사진촬영 통제는 미약했다.

그런데 입구에서 궁전 안까지는 화장실이 없다. 따라서 왕궁을 빠져나오기 직전에 있는 화장실에는 사람들이 장사진을 치고 대기했다. 그래서인지 입구에서는 "지금 이후 황궁 안까지 화장실이 없으니 미리 공원화장실을 이용하라."고 안내를 되풀이했다.

이처럼 황궁 안에서 보낸 시간은 총 30~40분 정도이고, 이후 사람에 치이며 궁을 빠져나오면 여기에서 놀라운 상술이 나타난다. 먼저 맡겼던 물건을 찾는 곳이 있고, 장갑이나 목도리 등의 분실물이 전시돼 주인을 기다린다. 분실물 중에는 겨울이라 장갑이 단연 많았다.

이어 책이나 사진첩 등 황실관련 기념품 판매코너가 있고, 황실달력도 팔고 있었다. 특히 술 판매장은 인상적이었다. 와인, 일본청주, 소주를 팔고 있었다. 소주는 1병에 2,500엔 인데 "품질을 보증합니다." 라며 아주 큰 소리로 외쳐대 혼을 뺐다. 전국에 택배도 했다.

이곳 기념품 판매장에서는 적지 않은 사람들이 물건을 사기 때문에 빠져나오는데 시간이 더 걸렸다. 특히 술 판매를 하는 곳에서는 "여기서만 살 수 있다"며 연신 외쳐대 상당수 사람들이 마치 홀린 듯, 주위 사람에게 확인하며 수백 엔에서 4,500 엔까지의 술들을 샀다.

아울러 이 부근에는 입구에서 받았던 종이 일본 국기를 수거하는 곳이 있었다. 그 수거장은 출구를 완전히 빠져나올 때까지 간헐적으로 배치돼 있었고, 대부분의 일본인들은 그 국기를 반납하고 갔다. 서양 사람들이나 외국인으로 보이는 동양사람 등은 기념품으로 많이 가져갔다.

지방에서 황궁을 단체참배하기 위해 올라온 사람들도 많았다. 출구에서 완전히 빠져나온 곳에는 지방번호를 단 전세버스들이 수십 대씩 세워져 있었고, 황궁으로 들어가거나 나온 단체손님들이 여기저기 줄을 지어서 있었다. 그들에게 천황은 아직도 신적인 존재인 것 같았다.

아울러 이날 황궁 앞 주요 간선도로는 일반 차량의 출입을 완전히 통제했다. 일본은 1~3일이 연휴다. 그 도로는 경비를 서는 경찰 차량들이 죽 세워져 있고, 황궁으로 통하는 신호등은 상시 푸른색을 띠어 건널 수 있도록 조치되어 있었다.

2007년의 경우 모두 7차례의 합동 새해 인사에서 모두 6만8,800 명(

비가 온 2006년 보다 1만8,600 명 많다)이 황궁을 찾았다고 한다. 그런데 2007년 당시 우울증에 시달리던 마사코 황세자비는 오전에는 모습을 드러냈으나 오후에는 몸이 좋지 않다며 드러내지 않았다.

역시 마사코비는 일본인들에게 큰 관심사라는 것을 현장에서도 확인할 수 있었다. 언론들은 마사코비가 오전에만 행사에 참석했다는 것을 보도했고, 현장을 찾은 일본 국민들은 "마사코 사마는 못 나오신다고 한다. 불쌍하다."라고 조용히 말하기도 했다.

이날 행사를 보면서 일본인들에게 있어 '천황'이라는 존재는 외국인들이 이해하기는 쉽지 않은 '무엇인가 있다.'는 것을 새삼 확인할 수 있었다. 천황이 나타나자 행복한 표정을 지으며 "천황폐하 만세"를 목 놓아 외치는 사람들을 보면서 말이다.

시대가 변하며 천황과 황실에 대한 의식이 변하고 있다는 얘기도 있지만 본질적인 변화는 아직 없다는 느낌을 받았다. 2006년 일본의 국내뉴스 1위로 아키시노노미야가 왕자를 얻은 일이 차지한 것은 일 황실의 위상을 상징적으로 보여주는 사례다.

도쿄 다카오산 고보토케도우게에 있는 메이지 천황이 쉬어간 곳에 비석이 세워지고, 야마나시 현에도 역시 천황이 다녀간 곳에 비석이 있다. 호텔도, 온천도 천황이나 황세자가 다녀간 곳은 사진을 비치한다. 현재의 황세자가 다녀간 도쿄 구모도리야마에도 표시가 새겨져 있다. 일본인들에게 천황과 황실의 존재는 여전히 대단하다.

그래서 2016년부터 아키히토 천황이 생전에 퇴위하겠다고 하면서 일본 내 여론이 들끓고, 80세를 넘긴 천황이 새해 소감을 발표하지 않기로

일본의 야욕 아베신조를 말하다

한 것이 커다란 뉴스가 되는 등 일본 사회에서는 총리보다 훨씬 중요한 위상을 차지하는 것으로 보인다. 패전 후 법률적으로는 신적인 위치에서 인간의 위치로 내려왔다고는 하지만 뭔가 특별한 존재인 것이다.

고쿄(황거·皇居)는
단단한 요새

　　　　　일본 수도 도쿄 한복판 지요다구 일원에는 일본 왕궁을
둘러싸고 중의원-참의원 국회의사당과 국회도서관, 중-참의원 의원회관
과 외무성, 국토교통성, 경시청, 법무성 등 정부부처가 밀집해 있다. 정부
청사 밀집지역은 가스미가세키(霞が関)라고 한다.

　국회 옆의 총리 집무실인 관저와 살림집인 공저도 2002년 이후 새 단
장을 끝내고 모습을 드러냈다. 1929년 건립된 옛 관저를 개축, 공저로
바꾸었다. 옛 관저는 쿠데타 때 숨진 원혼이 귀신이 되어 나온다는 흉흉
한 얘기가 있어 총리들이 꺼렸다는 얘기도 있다. 그 후 주인은 몇 차례 바
뀌어 지금은 아베가 살고 있다. 아베는 공저에서 100m 거리의 관저까지
걸어서 혹은 차로 출퇴근한다.

　관저와 공저는 모두 단단한 요새처럼 지어졌다는 사실이 알려지면서
궁금증을 자아내고 있다. 공저 건물의 1층과 2층은 관저와 지하터널로

연결돼 있다. 2003년 3월 신축된 일본 총리 관저는 부지 4만5000㎡에 지상 5층 지하 1층의 연건평 2만5000㎡ 규모다.

서양식 건물인 옛 관저와 달리 현대적 건축양식에 외관은 일본식으로 되어 있는데, 보안이 매우 철저하다. 방탄유리에 독가스 탐지 장치, 개폐식 천장을 갖춘 리셉션 룸 등 첨단장치를 갖추었다. 강력한 내진 구조로 설계됐다. 일본 총리관저는 외국 언론사 특파원 자격으로 총리와의 특파원 간담회 등에 참석하거나 한일행사 취재를 위해 몇 차례 가 봤다.

총리의 집무실은 맨 위쪽 5층에 있다. 그 옆에 관방장관·부장관실이 있다. 지하 1층에는 위기관리센터를 설치, 정부 각 부처, 그 중에서도 경찰청 방위청 해상보안청 등과 핫라인으로 연결되는 정보네트워크를 갖춰 실시간으로 방대한 양의 국정관련 정보가 수집 처리된다.

비상사태 때는 총리가 머물면서 지휘한다. 그리고 총리관저는 큰길 건너편에 있는 내각부와 지하터널을 통해 연결된다. 내각부는 총리와 관방장관의 집무를 보좌하는 부서이기 때문에 업무를 신속하게 하고, 기밀문서의 누설을 방지하기 위해서라고 한다. 접근 자체가 까다롭다.

일본 국회나 정부청사, 명문 호텔 등에도 지하터널이 있다. 특히 주일 미국대사관과 도로를 가운데 두고 이웃한 오쿠라호텔은 지하로 미국대사관과 연결돼 있다는 설도 있다. 미국 대통령이 일본을 방문할 경우 오쿠라호텔을 숙소로 선호하는 이유라고 한다.

에도시대 쇼군(將軍)의 거처였던 왕궁에도 과거에는 비상시에 대비한 탈출로가 있었다. 암살이 많았던 시대, 쇼군들이 비상시에 대비한 비밀 지하통로를 만들었고, 이 비밀통로의 열쇠는 여러 개의 우물들이 쥐고 있

일본 황궁의 해자

는 것으로 알려졌다. 그 우물들이 입구라고 한다.

『요새도시 도쿄의 진실』(2004.12. 다카라지마출판사 편집부 편)이라는 책을 보면 도쿄는 다른 나라의 수도들과 유사하게 전시에는 순식간에 요새로 탈바꿈할 수 있도록 설계되었다. 많은 지하철역과 지하터널들은 평상시와 비상시의 역할과 기능이 판이하게 다르다.

도쿄 시내 중심부에는 오테마치나 가스미가세키, 나카다초, 다메이케산노 등 거대한 지하철역들이 일부는 수백m의 지하통로로 연결되어 있다. 도쿄에 상당히 오래 산 외국인들이나 지방에서 올라온 일본인들도 길을 잘못 들기 십상일 정도로 복잡하게 연결되어 있는데, 이런 지하통로가 비상시에는 대피시설 등으로 변한다.

비상식량이나 비상설비, 군사장비 저장고와 연결되어 있다고도 알려지고 있으며, 일부 지하철 노선은 전시에 자위대 대원들을 실어 나를 수 있도록 자위대 주둔지 및 정부 주요시설과 연결되어 있다. 지하철이 다니는 지하터널이 비상시 전차통로로 변할 수도 있다.

도쿄에서는 1927년 긴자선이 개통되면서 지하철 시대를 열었고, 1954년 마루노우치선이 개통된 이후 에이단지하철 6개 노선과 도에이지하철 4개 노선이 운행되고 있는데(2005년 현재), 지하철 관련 시설들이 유사시 피난시설이 되고, 인원이나 물자수송로로 변모하게 되어 있다.

일본에는 지진이 잦기 때문에 각 건물의 지하나 거대한 공원의 지하에 많은 비상식량과 비상용품들이 저장되어 있다. 이 밖에도 도쿄도청이 있는 서신주쿠 지역 등 도쿄도내 많은 지역 여기저기에는 복합용도의 공동구라는 시설물과 수수께끼 같은 거대지하공간이 산재한다.

바다로 이어진 도쿄만도 전시에는 적군이 상륙할 가능성이 있는 지역으로 꼽힌다. 이에 대비한 수도방위 개념이 있다. 특히 이 지역은 석유나 LNG 등의 비축기지가 있고 운반선이 드나들기 때문에 전략적 중요성이 크다. 테러의 표적이 될 수도 있어 대비도 철저하다.

도쿄로 통하는 도로들도 전략적 개념이 있다. 일 왕궁으로 연결되는 국도 246호선은 유사시 전차가 달리는 도로로 변한다. 다른 주요도로들도 왕궁으로부터 방사 형태로 배치되어 있다. 국도 246호선의 직선구간은 전시에 전투기의 이착륙이 가능한 임시활주로로 변할 수 있다.

때문에 임시활주로를 관제하는 탑이 있어야 한다. 후보지는 왕궁 바로 옆의 사쿠라다몬에 있는 경시청이 될 가능성이 높다고 한다. 아울러 미해군기지가 있는 요코스카에서 시작, 도쿄를 환상으로 일주해 지바현까지 이어지는 국도 16호선의 역할도 주목받는다.

이 환상의 도로는 미군 요코스카기지, 해상자위대, 미군 자마캠프, 미군 사가미보급창, 미군 요코다기지, 항공자위대이루마기지, 육상자위대 나라시노주둔지 등 군사적 요충지와 연결되어 있다. 이 16호선이 육상으로부터 적이 침입할 때 제1저지선이 된다.

도쿄방위의 최종 방어선으로 주목받는 도로는 환상 7호선이다. 하네다공항 인근에서 출발, 시나가와 구, 시부야 구, 신주쿠 구, 이타바시 구 등을 돌아 도쿄 동쪽 아라카와 인근을 감싸듯이 도는 도로이다. 이 방어선이 무너지면 격렬한 시가전으로 치달아 희생이 우려된다고 상정된다.

일본의 고속도로는 전략적인 고려가 적다. 일본에서는 동, 서, 북쪽으로부터 도쿄로 이어지는 여러 개의 고속도로들이 있다. 그런데 일본의 고속도로에는 활주로로 전용가능한 장소가 매우 적다. 직선구간이 적은데다 대부분 중앙분리대가 설치되어 있기 때문이다.

일본의 고속도로가 방위개념이 너무 약하다는 점을 보여주는 사례라는 지적도 나온다. 이에 비해 우리나라를 포함한 많은 나라의 고속도로들이 비상시 활주로로 이용하기 위해 활주로를 전제로 한 구간은 고속도로 중앙에 중앙분리대를 설치하지 않는다.

이런 고속도로 비상활주로는 이스라엘, 타이완, 미국, 스웨덴에도 있고, 우리나라에도 마련돼 가끔 비상훈련을 실시한다는 뉴스를 언론이 전하기도 한다. 우리나라의 경부고속도로에도 호남고속도로에도 이러한

일본의 야욕 아베신조를 말하다

비상활주로를 상정한 구간이 수 ㎞에 걸쳐 설정돼 있다.

그런데 현대전은 이미 히로시마, 나가사키에 원자폭탄이 투하됐듯이 최첨단 미사일이나 항공기 공격 등이 주를 이루게 된다. 이에 따라 일본 정부는 재래전 대비에 이어 최근에는 미사일방위(MD) 구상을 서두르고 있다. 핵이나 생·화학전에 대비한 준비도 마찬가지이다.

제5장
정계 입문
그리고 성장

1991년 집권 자민당의 가장 유력한 차기 총재(일본은 여당 총재가 총리가 되는 의원내각제임) 후보였던 아버지 신타로가 67세를 일기로 급서했다. 암에 걸려 총리를 목전에 두고 세상을 떠난 것이다. 이것이 추후 아베에게는 "기회가 오면 멈칫거리지 않고 도전해서 쟁취한다"는 정치적 도전의식을 키워준 배경으로 설명되기도 한다.

우연히 젊은 매파의
기수가 되다

1991년 집권 자민당의 가장 유력한 차기 총재(일본은 여당 총재가 총리가 되는 의원내각제임) 후보였던 아버지 신타로가 67세를 일기로 급서했다. 암에 걸려 총리를 목전에 두고 세상을 떠난 것이다. 이것이 추후 아베에게는 "기회가 오면 멈칫거리지 않고 도전해서 쟁취한다"는 정치적 도전의식을 키워준 배경으로 설명되기도 한다.

신타로가 총리가 되려는 고비마다 결단을 못하고 고배를 마시다 병으로 타계한 것을 되풀이하지 않겠다는 의지다. 그래서 아베 신조는 2006년 정치경력이 일천함에도 불구하고 총리 도전의 기회가 오자 지체없이 후쿠다 야스오를 제쳐버리고 총리에 도전, 총리직을 따냈다.

2012년 두 번째 자민당 총재 도전 때도 "총리를 한 사람이 다시 총리가 되는 사례는 사실상 없다"는 우려와 견제를 물리치고 다시 총재에 도전, 총재가 된 뒤 곧 이은 총선거에서 승리를 지휘하여 총리 취임의 배경이 되었다. 아버지의 실패를 되풀이하지 않겠다는 의지의 승리다.

1993년에 아버지의 지반을 계승하고, 제40회 중의원 의원 총선거에 야마구치 1구에서 출마해 첫 당선되고, 당선 후에는 예전에 아버지 신타로가 회장을 맡은 세이와정책연구회에 가입했다. 1995년의 자민당 총재 선거에서는 아라이 히로유키나 이시하라 노부테루와 함께 고이즈미 준이치로 선거대책본부의 핵심으로 결정되었다.

1997년 자민당 청년국장에 취임했고, 1998년에 정책집단 NAIS의 모임을 결성한다. NAIS는 이 모임을 주도해서 만든 중의원 의원 네 명의 영어 이니셜 첫 문자를 따서 만든 이름이다. 네모토 타쿠미(N), 아베 신조(A), 이시하라 노부테루(I), 시오자키 야스히사(S)다.

이 NAIS 그룹은 아베 신조 총리가 초선의원 때부터 함께 정책 연구를 해 매우 친밀한 편이다. 이 가운데 이시하라 노부테루는 도쿄 도지사를 지낸 일본 우파 정치인 가운데 거물급에 속하는 이시하라 신타로의 장남이기도 하다. NAIS는 그가 총재가 되는 데 결정적인 역할을 했다.

아베는 자파 파벌의 영수 모리 요시로 총리가 조각한 2000년 제2차 모리(森)내각에서, 고이즈미 준이치로의 추천을 받아 정무담당의 내각 관방부장관에 취임한다. 제1차 고이즈미 내각에서도 재임했다. 정부 여당의 정치정보가 총집결하는 관방부장관을 맡기에는 경력이 턱없이 모자란 상태였지만 역시 집안의 후광이 크게 작용한 것으로 평가되었다.

이러한 후광은 정치 초년병 때는 물론 이후에도 자주 위력을 발휘한다. 2002년 미즈노 겐이치가 외무대신 정무관 재임 중 대만 방문이 거부되어 사임했을 때도, 책임 선상에 있던 아베 신조를 고이즈미가 이해를 표시하며 옹호해 주었다. 이때까지 아베는 '기시의 외손자', '신타로의 아들'이라는 명문가의 후광 덕을 톡톡히 보았다.

그러나 아베 신조는 아직 정책적으로나 정치적으로나 화제를 모을 만한 실적을 쌓지는 못했다. 그가 외교적으로 국회에서 질의한 북한의 일본인 납치 의혹 문제는 묵살됐다. 개호(간병)보험이나 장애자복지법 개정 등에서는 혹독한 평가를 받았다. 국회 경험이 낮아 정책에서 빛을 발휘해야 하는데 그렇게 하지 못했다.

외교나 국방은 강점이 있었지만 경제 분야에서 지식이 부족한 것은 약점이 되었다. 이런 분야에서 실력이 있어야 정책으로 승부를 보는데, 단계를 밟아 가기에는 시간이 부족했다. 그렇기 때문에 이런 약점을 극복하기 위해서 외할아버지 기시를 계승한 '강경파 정치인'이라는 지름길을 택하려 한 것으로 일본 정치전문가들은 분석한다.

정책 면에서 성장이 더딘 것은 아베에게 초조감을 주어 설화(舌禍)에 휘말려들게 하는 빌미가 되었다. 뭔가 대중에게 어필하는 발언을 하려다 그런 것이다. 2002년 5월 13일 아베가 와세다대학 강연에서 이른바 '핵보유 합헌론'을 주장했다가 주간지인 '선데이 마이니치'에 보도돼 문제를 일으킨 것이다. 일본의 비핵 3원칙에 어긋나는 발언이었다.

아베는 서둘러 해명하고 나섰지만 아베의 직속상관이던 후쿠다 야스오 관방장관 같은 자민당 의원은 "벌레를 씹은 듯 불쾌하다"고 격하게 반응했을 정도라고 한다. 후쿠다는 아버지 후쿠다 다케오 전 총리처럼 온건 노선을 걸었다. 이때 아베는 자민당 간부들로부터도 단단하게 언행을 조심하라는 주의를 들었다고 한다.

그런데 정치라는 것은, 직업 정치인의 세계라는 것은 파장을 예측하기 힘들다. 아베의 핵 발언이 그랬다. 이 발언을 계기로 아베는 자민당 내 강경 매파 의원들로부터 '젊은 매파의 기수'라는 평가를 받게 된다. 매파 의원집단이 아베라는 싱싱한 매 한 마리를 친구로 맞아들인 것이다. 이너서클에 들어가지 못했던 아베는 "바로 이거야" 쾌재를 불렀다.

매파의 기수,
납북자 문제에 올라타다

핵 발언으로 매파들 사이에서는 젊은 기수로 떠올랐지만 국민들 사이에서는 존재감이 없어 고민하던 아베에게 "자민당 매파에 아베가 있다"는 평가를 받을 수 있도록 해주는 결정적인 기회가 찾아왔다. 2002년 9월 17일 고이즈미 준이치로 당시 총리의 방북이다. 그 평양행에서 젊은 매파의 기수 아베가 납북자 문제를 올라타고 비상한다.

고이즈미를 수행해 일본정부 전용기를 타고 아베는 평양으로 날아갔다. 9월 17일 오전 10시를 지난 평양 백화원초대소. 30분 후에는 김정일 당시 국방위원장과의 정상회담을 앞둔 고이즈미의 방으로 당시 외무성 아시아대양주국장이던 다나카 히토가 질린 얼굴로 달려 들어왔다.

그의 손에는 북한 측으로부터 넘겨받은 일본인 납치 피해자 생존자 리스트가 들려 있었다. '8명 사망, 생존 5명, 해당자 없음 1명'. 납치 피해자 전원의 안부와 생사를 확인하고, 북한의 일본인 납치 인정과 사과를 받아내는 것을 양보할 수 없는 마지노선으로 삼았던 고이즈미와 아베는 전혀 예상하지 못했던 내용의 사실이었다.

고이즈미는 자지러졌다. "큰일이군"이라고 한마디 했다. 이에 옆에 있던 아베가 "사망이라니, 말도 안 됩니다. 회의석상에서 김정일 위원장에게 강력히 항의하셔야 합니다" 라고 강한 어조로 요구했다. 이어 고이즈미는 정상회담 모두 발언에 아베의 요구대로 발언했다.

정오가 지나 첫 번째 회담이 종료됐다. 주먹밥으로 차려진 일본 대표단 점심식사 식탁에는 무거운 공기가 지배했다. 고이즈미 총리도 깊은 상념에 젖어 있었다. 이때 아베가 결정적인 한마디를 날린다. "납치 피해자 문제를 안이하게 타협해서는 안 됩니다. 일본의 의도대로 안 되면 도쿄로 철수해 버려야 합니다." 라고 강하게 밀어붙였다.

고이즈미도 회담이 결렬될 것을 각오하고 그렇게 하기로 했다. 오후 2시가 지나 회담이 재개되었다. 그때 김정일 위원장이 돌연 "납치 문제는 유감스러운 일로 사죄하고 싶다"고 말해 버렸다. 외국 귀빈 방에 도청장치를 설치한 북한의 행태를 알고 있던 아베가 일부러 한 발언이 김정일의 귀에 들어가 사죄를 했다는 해석이 있다.

고이즈미 당시 총리도 도청당하고 있다는 것을 미리 알고 초강경파인 아베가 강하게 말하도록 유도 내지는 방치했다는 추론도 나왔다. 이런 사정에 따라 두 번째 정상회담에서 고이즈미가 자리를 박차고 나오는 불상사 없이 마무리되어 북일평양공동선언이 조인되었다. 그러나 이 선언문에는 '납치'라는 두 글자는 빠져 있었다.

그날 밤, 깊은 밤에 고이즈미 일행은 도쿄 하네다 공항을 통해 귀국했다. 그런데 이후 일본사회가 뒤집혔다. 교통사고, 일산화탄소 중독사, 병사, 해수욕장 익사 등등 사인(死因)이 기재된 납치 피해자 안부 조사 결과 보고서가 공개되자 납치 피해자 가족의 분노는 극에 달했다. 이 내용을 담담하게 납치 피해자 가족에게 통보한 후쿠다 관방장관도 비판의 대상이 되었다.

고이즈미 총리도 납치 피해자 가족들에게 원망의 표적이 됐다. 피해자 가족들은 "8명 사망에 '납치'라는 글자도 없는 선언문에 왜 그대로 서명했는가"라고 날을 세웠다. 후쿠다와 고이즈미가 납치 피해자 가족들의 원망의 대상이 된 것과 달리 아베는 자신의 정치적 입지를 다지는 계기가 되었다. 심층보도들이 아베를 '납치 피해자 문제 스타'로 만든 것이다.

언론의 보도를 통해 아베가 평양에서 "사죄가 없다면 귀국해 버려야 한다"고 고이즈미 총리를 밀어붙였다는 사실이 알려지자 고이즈미와는 대조적으로 북한을 상대로 강력한 협상가 역할을 한 아베 신조에 대한 평가가 급격히 올라갔다. 그렇지만 아베 자신은 평양에서 귀국한 날 밤, 한숨도 자지 못하며 흔들렸다고 한다.

뜬 눈으로 밤을 새운 아베는 다음날 오전 9시가 지나 자택에서 피해자 가족의 합숙소가 있는 도쿄 시바의 미타회관으로 갔다. "생각지도 못하게 대단히 유감스러운 결과가 되어서 죄송스러운 마음뿐입니다"라며 깊이 머리를 숙였다. 이 솔직한 행동이 분노하던 납치 피해자 가족 마음을 사로잡으며 "아베는 믿을 수 있다"는 호감을 얻었다.

2년 후인 2004년 5월 22일 고이즈미의 두 번째 방북 때도, 생존해 있던 일본인 납치 피해자 5명이 북한으로부터 일시적으로 귀국을 허락

일본의 야욕 아베신조를 말하다

받아 입국했을 때도, 아베에게 기회가 왔다. 외무성은 "약속을 했으니 북한으로 돌려보내야 한다"는 입장을 보였지만, 아베는 가족회의 의향을 듣고 "돌려보내서는 안 된다"고 주장, 결국 고이즈미의 결단을 이끌어 내었다.

이 같은 내용들이 언론 보도 등을 통해 납치 피해자 가족과 일본인들에게 알려지면서 납치 피해자 5명에 대한 생환의 길을 열었던 고이즈미 총리의 외교 성과보다 강경매파 자세를 보여준 아베가 주목을 받으며 이른바 '납치 피해자 문제의 아베'라는 명성을 얻고 공로를 독차지하며 영웅이 됐다. 당시 납치 피해자 가족회의는 아베를 절대적으로 신뢰했다.

아베의 주장으로 납치 피해자를 북한에 돌려보내지 않자 북한은 일본에 '약속 위반'이라며 북일평양선언을 사실상 파기해 버렸다. 그리고 북한의 폭주가 시작되었다. 핵무기 보유 선언, 탄도미사일 발사 실험에 이어 아베 신조가 총리가 된 2006년 10월에는 지하 핵실험을 강행하는 등 도발수위를 높여 북일 교섭은 완전히 막다른 골목으로 치달았다.

그러나 아베 개인으로서는 납치 피해자 문제는 '정치인 아베'를 기시·아베 가문의 후계자에서 일약 전국구 스타 정치인으로 만들어 주었다. 총리를 목전에 두고 숨진 아버지 신타로의 아쉬움에서 배운 듯 기회가 찾아오면 매처럼, 맹수처럼 낚아채는 아베가 '납치' 문제 하나로 자민당과 전국민들의 스타가 되며 총리 자리까지 오른 것이다.

아베의 강력한 지지기반 '우익단체'

앞서 언급한 사연 등을 배경으로 봐도, 아베 신조의 강력한 지지기반은 일본 우익세력이다. 특히 납북피해자 문제에서 강경매파 입장을 보인 뒤 더욱 강화됐다. 일본에서 우익은 무엇인가. 일본의 우익은 관념우익, 정통우익, 혁신우익, 가두선전우익, 종교우익, 신우익(민족파), 행동하는 보수 등으로 분류한다. 좌익과 대비되는 명칭으로, 스스로 우익단체라고 표방하는 일은 없고 보통 '애국자 단체'라는 표현을 쓴다.

일본에서는 차량을 이용해서 역 앞이나 가두, 관공서 부근이나 공격 대상이 되는 기업의 집회장 주변 등지에서 커다란 소리를 내며 항의·선전하는 활동이나 도로에서 엄청난 음량의 음악을 흘려보내며 주행하는 가두선전우익이 널리 알려진 '전형적인 우익'이다. 도쿄의 한국대사관 주변에서도 "한국으로 돌아가 버려"라며 가두선전을 한다.

폭력단과 표리일체의 우익단체도 있으며, 이들은 정치운동에는 적극적

일본의 종전일(패전일)인 8월 15일 야스쿠니신사에 나타난 우익단체 차량

이지 않다. 기업공갈이나 정치가나 유명인에 대한 공갈 등을 목적으로 하는 이른바 위장 우익단체도 있다. 일본에서는 전후 대부분의 기간, 특히 1955년 자민당 출범 이후로는 2007~2009년의 기간을 빼고는 보수정당인 자민당이 집권했기 때문에 우파들이 활동하기 좋은 나라다.

일본의 우익사상이 확립된 것은 메이지 시대이다. 그 원류는 에도시대 후기의 국학자 일부가 표방한 국수주의나 황국사관 등이다. 일본 우익단체 발호의 기원은 1868년(메이지 원년) 1월3일의 메이지유신이다. 에도

막부 말기에 만들어진 수많은 존황파 지사의 조직들이 활동했지만, 메이지유신 성공 후 공식 정부기구에 들어가면서 소실된다.

우익단체들이 획기적인 전기를 마련한 것은 정한론 사건을 경계로 규슈와 야마구치에서 일어난 일련의 사무라이 반란이다. 세이난 전쟁 때 패배한 사이고 다카모리를 경모해 국학이나 양명학을 실천하는 재야집단이 1881년 결성한 정치단체 겐요샤(玄洋社)다. 이 단체가 일본의 관념우익의 시작으로 평가되고 있다.

1880년대에 자유민권운동이 발생하고 반정부운동도 고조되었다. 메이지 정부는 자유민권운동을 공권력으로 단속하는 동시에, 어용 정치단체를 자주 결성시켜 민권운동가의 활동을 방해·탄압하는 수단으로 했다. 그 후 사회주의운동의 고조와 함께 노동쟁의, 소작쟁의가 널리 퍼지자 정계, 재계의 요청에 의해 어용 정치단체가 운동을 탄압하는 역할을 수행했다. 이 계통을 이어받은 단체를 '폭력단계 우익'으로 부른다.

1910년대가 되어 사회주의사상이 일본에 퍼지자 메이지 정부는 자유민권운동 이상으로 거부 반응을 내보이면서 공권력과 폭력단계 어용 정치단체를 앞세워 단속이나 방해를 했다. 이 폭력단계 우익단체는 메이지 정부 세력과 결탁해 자유주의나 사회주의에 대항하고, 국가를 옹호하는 우익단체를 결성해 뿌리를 깊게 내렸다.

이는 근대화 과정에서 생긴 제 모순의 해결을 목표로 하는 정치단체로서, 평등을 목표로 하는 2개의 흐름이 생기게 했다. 하나는 사회주의혁명에 의한 평등을 목표로 하려는 흐름. 또 하나는 '천황 밑에 만민은 평등하다'를 기치로 하는 흐름이다. 이는 청일전쟁이나 러일전쟁을 배경으로, 중화민국의 성립이나 조선의 근대화에 관여한 대아시아주의의 조류를 탄다. 이른바 국가사회주의라는 복잡한 형태도 띄게 된다.

일본 재계의 요청에 따라 노동운동을 탄압하는 폭력단계 우익도 발호했다. 정통우익을 자처하는 세력도 생겼다. 이들은 이해가 일치하는 재계, 군부로부터 자금 원조를 받아서 활동을 했다. 1930년을 전후한 세계 공황시대에는 우익도 사회주의 영향을 받아 국가사회주의 사상을 가진 그룹이 나타났다. 이것은 혁신우익으로 불렸다. 민족주의적인 관념우익과 육군의 통제파에 가까운 혁신우익은 대립한다.

일본 우익은 대동아전쟁(태평양 전쟁) 직전에 체결된 일본과 독일, 이탈리아 3국 군사동맹에 대해서는 지지하는 입장을 취했지만 이탈리아의 파시즘이나 독일의 나치즘에 대하여는 자유주의나 사회주의와 같은 외래사상으로 받아들일 수 있다며 동방회 등 일부 단체를 제외한 대부분은 무관심 혹은 배척 대상이 되었다.

1945년 일본정부가 항복문서에 조인했다. 이후 많은 우익단체들이 군국주의의 온상으로 간주되어 GHQ(연합군최고사령부)의 탄압을 받았다. 또 우익단체의 후원자였던 군부의 소멸, 재벌의 해체, 농지개혁에 의한 지주층의 몰락에 의해 우익단체들은 자금면에서 어려운 국면에 몰렸다. 이에 따라 혁신우익의 계통을 이어받은 민족파우익(육군계)은 쇠퇴하고, 친미(親美)적인 우익단체가 늘어나게 되었다.

미군을 중심으로 하는 연합군의 점령 아래에서 전후 혼란기에는 GHQ 주도로 위로부터의 민주화가 진행되었지만 전범들에 대한 도쿄재판이 끝나고 나서는 동서간 냉전이 시작되었다. 반공을 기치로 역사의 역류가

167

일어나 전쟁에 대한 책임을 지고 공직에서 추방당한 인사들이 속속 정계에 복귀했다. 그리고 한국전쟁에 대한 일본의 협력으로 옛 군인들이 양지로 나오는 분위기가 형성되었다. 아이러니하게 한국전쟁은 침묵하던 제국군인이나 우익활동가에게 다시 발호하도록 하는 기회를 준 셈이기도 하다.

제국군인의 조직적인 활동은 1951년 8월 대량 추방해제 이후 활발해져 대체로 5개파가 전개되었다. 황도(皇道)파, 정의파, 통제파, 모병파, 해군파가 그들이다. 우익단체들은 우후죽순처럼 생겨나 대일본애국당, 제1회애국자단체친목회 등이 형성됐다. 1952년부터는 우익단체가 속속 결성되었다. 이런 흐름은 냉전에 따른 반공 기지로서 일본 방위에 위기감을 가진 GHQ의 의향에 들어맞아 빠르게 확산되어 갔다.

연합군 점령기가 끝나면서 각 우익단체들은 천황 중심주의·반공주의·반 사회주의·재군비 촉진·헌법 개정 등 각각의 주장을 표방하며 활동을 재개했다. 전후 일본 우익단체의 큰 특징은 '반공친미' 노선을 표방한 것으로 요약된다. 1960년에는 드와이트 아이젠하워 미국 대통령 방일을 환영하기 위해 자민당 안전보장위원회가 전국의 폭력단과 우익들을 조직해서 '아이크 환영 실행위원회'를 만들기도 했다.

이때를 시발로 검은색이나 청색의 가두선전차가 엄청난 음량의 군가를 흘려보내는 전형적인 '가두선전우익'이 등장해 오늘까지 맹위를 떨치고 있다. 1992년의 폭력단 대책법 시행 이후로는 폭력단 조직이 우익단체에 자금을 제공하거나 정치단체로 변신하는 사례가 속출했다. 우익단체가 국가에 대항해 반권력을 주장하는 경우까지 생겼다. 가두선전우익은

'반일(反日)'이라고 단정하면 가두선전을 퍼붓는다.

폭력단계 우익으로는 패전(일본에서는 종전) 직후 해군과 미쓰비시 재벌의 계통을 이어받는 이권에 결부된 야마구치구미계(야마구치구미는 효고 현에 본부를 둔 일본 최대 폭력단체로 야마구치 현과는 관계가 없다) 우익의 활동이 눈에 띄었다. 그들은 해군·미쓰비시와 함께 나가사키부터 배를 타고 히로시마, 고베, 요코하마 등 조선소·항구 도시를 따라 전국으로 확산했다. 천황을 내세운 활동을 많이 해 성격을 애매하게 하는 경향이 있다. 이권정치나 담합에 관여하고, 주주총회의 총회꾼이나 투기자 등으로 암약하는 우익도 있었다.

1960년대 후기부터는 신우익이나 민족파라고 불리는 가두선전차를 이용하지 않고, 일반 차와 같은 모습을 한 가두선전차로 연설을 하는 활동으로 바꾸는 우익활동가들이 나타나기 시작했다. 그들은 소란스러운 반공우익들을 비판하고, 토크 세션에 출연하거나 논단지에 글을 연재하는 등의 논리적인 언론활동으로 일본국가나 민족에게 호소하는 활동을 하고 있다. 기성 우익에 대한 반발과 반성을 기초로 출현했다.

냉전시대에는 폭력단과 연결된 체제에 편파적인 친미우익이 많았지만, 냉전종료 후에 시행된 폭력단대책법이나 각지의 폭력단 배제 조례에 의해 쇠퇴해지고, 반미 우익도 생겨나고 있다. 21세기에 들어서는 한국계 재일동포들의 재일특권을 인정하지 않는 시민의 모임으로 대표되는, 혐중(반중)·혐한(반한)을 축으로 하는 시민운동적 스타일의 '행동하는 보수'가 대두, 배외주의적인 활동을 하며 비판받고 있다.

일본 우익단체의 주된 정치적 주장은 천황제 수호, 반공주의, 자주헌

법제정론, 국기게양·기미가요 제창, 태평양전쟁(대동아전쟁)의 긍정·야스쿠니신사 참배, 국방정책의 강화·강경한 외교정책의 지지 등을 들 수 있다. 정당은 자민당이나 민진당 우파를 지지한다. 대외적으로는 역사문제나 영토문제 등에서 한국이나, 중국, 러시아 등을 비판하는 성향이다.

자민당 간사장

아베 신조는 2003년 9월 고이즈미에 의해 각료 미경험 자이면서도 자민당 간사장에 발탁되었다. 수석부간사장 혹은 외무대신 취임이 유력시 되고 있었기 때문에, 고이즈미의 서프라이즈 인사로 주목받았다. 자민당은 총재와 당의 2인자인 간사장이 다른 파벌을 맡는 원칙이 오래 계속되었다. 그런데 총재와 같은 파벌의 간사장 탄생은 1979년의 오히라 마사요시 총재 시대의 사이토 구니키치 간사장 이래 24년만이었다.

자민당 간사장은 우리나라 정당으로 치면 사무총장으로, 대부분 정치 경력이 20년 안팎인 중견이 맡지만 당시 아베는 불과 경력 10년의 새파란 정치인이었다. 그런데 납치 피해자 문제와 북한에 대한 강경 발언을 거듭해 국민들에게 인기가 높던 아베의 인기가 필요했던 고이즈미 총리가 아베의 인기를 활용하기 위해 깜짝 간사장 인사를 했다. 같은 해 총선거에서 여당은 안정다수의석을 확보했지만, 자민당의 단독과반수는 안 되었다.

간사장이 된 아베는 자민당 내에서 관행화되어 있던 떡값 등을 폐지하고 자민당 후보자의 공모제를 일부 도입하는 등 당내 각종제도의 개혁을 했다. 그런데 참의원선거에서 목표인 51석이 밑돌면 "가장 무거운 책임을 지는 방법으로 하겠다"면서 인책 사임을 시사하고 임했지만 결과적으로 49석으로 패배하자 잠시 동안 현직에 머무른 후에 사임했다. 같은 해 9월부터 당간사장대리에 취임했다.

간사장(幹事長)이라는 직책은 당조직의 직함 중 하나로, 간사집단(간사회, 상임 간사회)의 대표이다. 조직내에 영향을 미치는 직무를 하는 현직 가운데 최고위직이다. '대표 간사' '사무 총장' '사무장' '사무국장' '비서장' '서기장' '총서기' 등으로 호칭된다. 영어로는 'secretary-general'에 상당한다. 일본 자민당에서는 총재 다음 가는 넘버투이다.

일본에서의 간사장의 무게는 어느 정도일까. 대체로 2000년경까지 당을 결성한 일본의 정당에서는 정당 내에 중앙집행위원회, 상임간사회와 같은 최고의사결정기관인 상설 기관이 있고, 간사장은 그 조직의 대표, 혹은 사무총장이라는 위치가 부여되었다.

특히 아베가 소속된 자민당, 60년 가깝게 일본의 집권당을 지낸 자유민주당에서는 간사장이 핵심 요직 중의 요직이다. 2000년 이후에 결성된 일본의 여러 다른 정당들도 간사장의 역할은 유사하다. 간사장은 당수의 직무 집행을 보좌하고, 아울러 당무를 장악한다. 당무 안에는 당의 막대한 자금배분이나 공천 등 선거 총지휘도 포함하는 경우가 많다. 즉 거대

일본의 야욕 아베신조를 말하다

정당의 돈과 인사권을 쥐고 있는 것이다.

진정한 정당의 넘버투이다. 특히 현재의 자민당과 같은 정부여당에서 총재가 내각 총리대신으로 선출되고 있는 경우에는 다사다난한 총리 겸 총재를 대신해 당의 전권을 장악하게 되는 경우가 많다. 그만큼 40대에 간사장에 오른 아베의 파워는 막강했던 것이다. 외국어 표현으로는, 대체로 사회주의 정당이나 혁명지향 정당에서는 간사장이라고 하지 않고 서기장이라고 호칭한다.

내각 관방장관

고이즈미 정권 말기의 이른 시점부터 아베 신조는 자민당 내의 '포스트 고이즈미' 최유력 후보의 한 사람으로 지목됐다. 2005년 10월 31일자로 발족한 제3차 고이즈미 개조 내각에서 아베는 내각관방장관으로 첫 입각하게 된다. 51세 때이다. 고이즈미 총리가 물러날 때인 2006년 9월 1일에 자민당 총재선거전 출마를 표명하고 헌법개정이나 교육 개혁, 서민증세를 억제하는 재정건전화 등을 내세우며 출마한다. 당선되면 소속된 모리(森)파를 이탈하겠다는 생각도 밝혔다.

일본 내각에서 관방장관이라는 자리는 막강하다. 우리나라의 대통령 비서실장과 국무조정실을 합친 것보다 강한 영향력을 가지고 정부와 총리실 대변인 역할까지 하는 막강한 자리인 것이다. 이런 자리에 젊다고 할 수 있는 51세의 아베가 쟁쟁한 선배들을 제치고 앉았다.

구체적으로 살펴보자. 내각관방장관은 내각 관방의 사무를 통할하고,

소관부서의 직원 복무에 대해 총괄 감독한다. 단 내각 관방의 내각법상의 주임 각료는 내각총리대신이다. 내각관방의 사무는 행정의 대부분 모든 영역에 달할 수 있기 때문에 그것을 통괄하는 관방장관의 직무도 지극히 광범위하다고 볼 수 있다.

집무실 위치를 봐도 관방장관의 무게를 느낄 수 있다. 관방장관 집무실은 총리관저 5층에 있어, 특별직의 국가공무원인 국무대신비서관 1명이 할당되어 있다. 또 희망에 따라서 특별직의 각료보좌관 1명을 보좌로 둘 수 있다. 우리식 국무회의인 내각회의에서 진행을 맡는다.

이 외에 내각부 사무의 총 정리도 담당하는 것으로 여겨지고 있다. 구체적으로는 대신관방, 상훈국, 영빈관, 관민인재 교류센터, 재취직 등 감시 위원회, 국제평화협력 본부, 궁내청, 공정거래위원회 등을 관할한다. 총리 집무실의 부지 내에 관방장관공저가 2002년 3월부터 설치돼 있어, 긴급사태가 발생했을 경우에 관방장관이 숙박하면서 신속히 대응해야 할 경우에 활용되어 온 예는 있다. 상주는 하지 않는다.

언론 보도 등에서 내각총리대신과 함께 국민에 대한 노출빈도(인지도)가 높은 중요 직책이며 실무적으로 중앙부처의 재편이나 관저기능의 강화에 의해 시간이 흐르면서 권한이 강해지고 있다. 국가의 중대한 현안 해결에 즈음해서 관방장관의 조정 능력이 성패를 가른다고 여겨질 정도로 내각의 요직이다.

일본의 현행 헌법 아래에서는 당초 천황의 인증 대상이 안 되는 비인증관이었지만, 1963년 당시 이케다 하야토 총리가 총리의 뜻을 받아 각료에게 지시하기 위해서는 각료와 동격으로 할 필요가 있다고 판단, 제2

차 이케다 내각(제2차 개조)인 같은 해 6월 11일부터 인증관이 되었다.

그때까지는 각료보다 낮은 직책이었던 것이 각료대우가 되었다. 이후 텔레비전을 통해 국민에 대한 노출이 현저하게 늘어나면서 거의 매일 행해지는 기자회견이 텔레비전을 통해서 중계되고, 정권의 얼굴로서 화제가 되어 가게 되었다.

최근에는 예전에 비해 중견보다도 중량급의 당 중진이 취임하는 사례가 늘어나고, 현재에는 실질적으로 총리의 오른팔로 간주되기도 한다. 장래 총리후보자의 등용문격인 직책으로서 젊은 유망주가 담당하는 경우도 있다. 아베 신조가 대표적이다.

총리가 관방장관의 정책조정 능력을 중시할 경우에는 베테랑 거물정치인이 취임하기도 한다. 어느 경우에도 총리와 가까운 정치가가 취임하는 것이 통례다. 자유민주당 정권의 경우는 총재 파벌(총리의 출신파벌)로부터 임명되는 사례가 많다.

외신 보도에 '정부고위인사'라고 하는 말은 관례적으로 내각관방장관을 가리킨다. 이것은 취재 기자와의 간담 등 공식적이지 않은 발언(비공식)등에 대해서 이용할 수 있는 표현이다. 또 국정의 운영상 필요할 경우, 내각관방 보상비용을 내각관방장관의 판단으로 지출할 수 있다.

2000년 4월 이후, 내각총리대신 임시대리 예정자를 5명 지정하는 관례가 있음에도, 내각관방장관은 제1위 혹은 제2위로 지정되고 있다. 내각관방장관 이외의 국무대신이 제1위로 지정되었을 경우 그 국무대신은 부총리라고 불리지만, 내각관방장관은 부총리라고는 불리지 않는다.

해외를 포함한 출장이 많은 총리를 대신해 위기관리를 담당하기 때문에 호출을 받고 나서 1시간 이내에 총리관저에 들어갈 수 있는 체제가 바람직하다고 여겨지고 있어, 국외 출장은 대부분 할 수 없다. 또 내각관방장관이 도쿄에서 떠날 경우에는 행정부의 최고책임자인 내각총리대신이 도쿄에 있는 것이 바람직하다고 여겨지고 있다.

제6장
아베의
1차 집권

2006년 9월20일, 고이즈미 준이치로 총리의 임기만료에 따른 자민당 총재선거에서 아베 신조는 아소 다로, 다니가키 사다카즈를 큰 차이로 패배시켰다. 당시 자민당 원로였던 모리 전 총리는 아베는 너무 젊어 장수총리가 되기에는 부담이 너무 크다며 후쿠다 야스오를 먼저 자파 총리로 밀어붙이려 했을 정도로 아베와 후쿠다는 대립했다.

물과 기름 사이 후쿠다 제치고
첫 내각총리대신 취임

2006년 9월20일, 고이즈미 준이치로 총리의 임기만료에 따른 자민당 총재선거에서 아베 신조는 아소 다로, 다니가키 사다카즈를 큰 차이로 패배시켰다. 당시 자민당 원로였던 모리 전 총리는 아베는 너무 젊어 장수총리가 되기에는 부담이 너무 크다며 후쿠다 야스오를 먼저 자파 총리로 밀어붙이려 했을 정도로 아베와 후쿠다는 대립했다.

아베와 후쿠다는 성격도 정책도 물과 기름 관계처럼 어울리지 않는 사이다. 그들은 같은 모리파 소속이었는데도 자민당 내에서도 전형적인 비둘기파요 친중파인 후쿠다와 이념적으로 매파의 대표인 아베는 사고방식 자체가 잘 어울리지 못했다. 성격도 빈정거리거나 다른 사람과 거리감을 두는 후쿠다와 솔직한 아베와는 맞지 않았다.

총리 조정 당시 아베와 후쿠다 두 사람 사이에 끼어있는 고이즈미나, 후쿠다의 아버지이자 총리를 역임한 후쿠다 다케오에 대해 정치적으로 은

일본의 야욕 아베신조를 말하다

인이라고 생각하는 모리 요시로의 복잡한 생각이 엉키면서 자민당 내 차기 총리 선출은 어느 때보다 복잡한 모양새를 띄었다.

모리는 정부 요직을 제대로 맡지 못했던 아베를 관방부장관에 발탁한 은인이기도 했지만, 동시에 아베에게 다음과 같이 말한 적이 있을 정도로 두 사람의 관계는 미묘하다. "나는 야스오 씨의 아버지 다케오 씨와 각별했지만, 아베 군의 아버지 신타로 씨에게는 거리감이 있었다."

모리는 1977년 후쿠다 다케오 개조내각에서 관방부장관에 취임한다. 그런데 내각인사를 연락하는 역할을 맡은 관방장관, 아베 신타로로부터 연락이 없었기 때문에 총리관저에 들어가는 것이 늦어버렸다. 그래도 신타로는 자신이 연락하지 않은 것에 관계없이 늦은 모리를 질책했다. 이런저런 사정으로 모리는 아베보다 먼저 후쿠다를 총리로 만들고 싶었다.

이때 아베는 아버지 신타로의 쓴 기억을 떠올렸는지, 기회가 한 번 보이자 거침없이 인정사정없이 밀어붙여 총리직을 거머쥐었다. 자유민주당 총재에 선출돼 9월 26일 임시국회에서 내각총리대신으로 지명된다. 전후 최연소, 전후 출생 첫 내각총리대신이었다.

모리 요시로 전 총리는 당초에 후쿠다 야스오 옹립을 모색했지만 모리파 내부에도 "후쿠다를 지지하는 의원 수는 한 자릿수이고, 90% 이상이 아베 지지다"라고 어느 간부가 말을 흘릴 정도로 당 내부의 아베 지지 분위기는 강력하기만 했다. 아베의 총리 취임은 이미 거대한 흐름을 형성해 누구도 거스를 수 없게 되었던 것이다.

젊은 총리 취임과
구(舊)체제 대표들의 조롱

아베가 '전후 레짐(체제)에서의 탈피'를 내걸고 최초의 전후세대 총리가 되자 많은 기성언론을 대표로 하는 '구체제 세력'이 벌떼처럼 일어났다. 그들은 젊고 정치적 경륜이 상대적으로 부족한 아베와 대등하거나 이상이라고 생각하는 수구파의 중진의원 등을 내세우고, 아베정권과 일반국민 사이를 어떻게든 이반시켜보려고 전력을 기울였다.

특히 상대적으로 진보적인 아사히신문은 아베 정권에 대해 취임 전날부터 거칠게 공격을 폈다. 헌법개정, 북한에 의한 일본인 납치, 위안부 문제, 교과서문제, 대중국외교, 집단적자위권행사 용인 시비로 대표되는 안정보장문제 등 주요한 주제 거의 다를 놓고 아베와 항시 대립각을 세우던 아사히신문은 아베의 총리 취임 자체가 불유쾌한 듯 비쳐졌다.

다른 신문 상당수도 마찬가지였다. '자민당 인재고갈과 활력 없음을 생각하지 않으면 안 된다', '총리라고 하는 큰 옷에 몸이 맞지 않아 위화감이 계속될 수 있다'는 등 노골적으로 아베 총리를 공격하는 내용들이 많았다. 신정권 발족 후 100일간 민의를 존중, 정권 비판이나 성급한 평가를 피하는 밀월 100일 관행이 아베정권에는 전혀 적용되지 않았다.

아베의 첫 내각에 대한 비판도 거셌다. 역시 조각 문제에 대해서도 허니문(밀월) 기간도 없이 적지 않은 언론들이 아베를 거세게 비판했다. 상당수 언론들은 2006년 9월 아베 총리가 당·정 인사를 통해 출범시킨 '아베 사단'에 대해 거칠게 비판했다. 비꼬았다. 외신도 이와 유사했다. 한국 언론들도 이런 일본 내 분위기의 영향을 받았다.

일부 언론은 당·정 핵심 인물의 여성 편력과 주벽, 사람을 깔아뭉개는 언사 등을 들춰내며 도덕적 해이로까지 몰아붙였다. 야당에서는 자질 문제를 따지겠다고 으름장을 놓았다. 야당이야 새정부 비판을 이해할 수 있지만 언론들이 갓 출범한 정권을 비판한 것은 이례적이다. 아사히신문은 그해 9월 27일 사설에서 내각의 논공행상이 지나칠 정도라며 "아베 총리는 아시아 외교 정상화에 의욕을 보이고 있지만 이번 인사를 보면 과연 진심인지 의심이 든다"고 지적했다.

나카가와 쇼이치 당시 자민당 정조회장을 거론하며 "그는 1997년 '일본의 앞날과 역사교육을 생각하는 젊은의원의 모임'을 결성하고 회장을 지냈다. 이 의원 모임은 일본의 식민지 지배와 침략의 과거를 솔직하게 인정하는 것을 자학사관이라고 비판했다."고 비틀었다.

마이니치신문은 "(그들만의) 단짝친구 내각에 대해 불안의 목소리도 있다"고 지적했다. 같은 당 내에서도 "다양함과 배려가 없다"고 비판한 다니가키 사다카즈 재무상의 발언도 소개하면서 혹평이 적지 않다는 점을 부각시켰다. 다니가키는 아베의 정적이었다.

특히 다수의 언론들은 아베 내각을 '도모다치(친구) 내각' 이라고 비판했다. 당정 요직에 아베와 친구이거나 친구 같은 관계인 인사들이 많아서 나온 비판이다. 전통적으로 자민당 정권은 총리가 각 파벌을 배려해 내각을 구성하는 데 아베는 편한 친구들로 내각을 구성했다는 것이다.

이런 차원에서 한 신문은 "아베 패밀리 일색이란 지적이 있다"면서 단짝친구 내각이라는 비아냥도 있다고 전했다. 다만, 아베 총리가 미국 백악관식 정부를 실현하기 위해 어쩔 수 없는 측면도 있다며 당정구성에 대해 적어도 당분간은 평가를 유보할 필요도 있다고 지적했다.

당시 제1 야당 민주당의 하토야마 유키오 간사장은 "중량감이 떨어진다"며 강경 매파 일색인 점을 우려했다. 공산당은 "매파 단짝 클럽"이라고 깎아내렸다. 사민당은 "개헌 준비 내각"이라며 경계했다. 야당은 나카가와 히데나오 자민당 간사장의 여성 문제, 나카가와 정조회장의 주벽 등을 공세 재료로 별렀다. 시오자키 야스히사 관방장관이 정부 대변인 역을 맡게 돼 말실수가 잦을 것이라는 우려도 많이 나왔다.

누가 봐도 출범 초 치고는 지나치게 비판적인 것이었음을 알 수 있다. 그만큼 50대 초반에 총리직에 오르고, 일본 사회를 주름잡는 도쿄대나 와세다대 등 이른바 명문대 출신이 아닌 아베가 미처 세력을 형성하기 전에 일본사회 범주류세력으로부터 거세게 공격받았다.

집권 3개월이 흘러도 아베 때리기는 그칠 줄 몰랐다. 2006년 12월 일본사회는 우호적 응원 세력이 부족했던, 그리고 비명문대 출신의 아베를 우습게 보는 것이 위험한 수위로 치달았고, 결국은 이 공격을 슬기롭게 극복하지 못한 아베가 1년 만에 물러나는 단초가 됐다.

당시 일본 언론과 정치권의 아베 때리기는 거침이 없었다. 민영방송은 조기 퇴진설까지 내보내며 '아베 이지메'로 돌아선 분위기였다. 그는 취임 직후 10월 8~9일 한국과 중국을 방문, 막혀 있던 주변국 외교의 돌파구를 열었다. 그러나 거기까지였다. 조각 때부터 문제의 씨앗을 잉태했던 것이다. 총리경선에서 자신을 도와준 사람들이나 편한 사람들을 엄격한 검증 없이 각료나 보좌관으로 발탁한 것도 화근이 됐다.

관료사회와 충돌한 것도 문제였다. 보좌관 5명을 신설해 '총리관저 주도'를 시도하며 재무성, 외무성 등 관료사회와 충돌이 잦았다. 내각제인 일본에서는 정권 수반이 관료들의 지지를 얻지 못하면 조기 낙마하는 경우가 많다. 특히 도쿄대 법학부 출신이 주류인 고위관료 사회의 텃세는 상상을 초월할 정도라고 일본 지인들은 소개했다. 자연스럽게 자민당 내에서도 소외세력의 불만이 높아졌다. 그러면서 '아베 사단'은 당과 국민들로부터 점점 고립되어 도쿄 한복판의 '섬' 같은 존재가 되어갔다. '애매한 처신'도 화를 키웠다. 야스쿠니신사 참배나 위안부 문제 등에 대해 주변국을 의식, 어정쩡한 자세를 취했다.

마침내 콘크리트처럼 단단하게 그를 지지하던 보수층까지 흔들리는 요인이 됐다. 위기 때도 인정에 이끌려서 주춤거려 위기관리 능력을 의심받았다. 우정민영화 반대 의원들의 복당을 둘러싼 애매한 태도가 그의 리더십에 커다란 상처를 안기는 요인이 됐다.

아베 총리는 이 문제를 나카가와 히데나오 자민당 간사장에게 위임하다시피 했다가 이들의 복당 뒤 여론의 뭇매를 맞았다. 자신의 관방장관

시절 진행된 국민과의 대화가 여론조작의 무대로 활용된 사건이 터졌을 때도 적절히 대처하지 못했다. 예산편성 과정의 개혁 작업도 자민당 의원들에게 발목이 잡혀 젊은 층에게 '도로 옛 자민당'이란 인상을 줬다. 대언론 접촉 경험이 적은 측근들도 개성이 강하고 친화력이 떨어져 정보교환이 안 됐다. 언론과의 거리도 급격히 벌어졌다. 긴장감도 떨어졌다.

심지어는 각료회의 때 총리가 나타나도 잡담이 계속되는 등 장악력이 약화됐다. 보통 일본에서 각료회의가 열릴 경우 참석자들은 숨소리를 제대로 내지 못하는 경우가 많다. 총리가 들어오면 기립하고, 총리가 앉아야 따라서 앉는 등 무언의 위계질서가 엄격한데 그러지 못했다.

결국 12월 21일 경제전략 사령탑 혼마 마사아키 세조 회장이 낙마하고, 6일 뒤에는 아베 총리가 논공행상식으로 임명한 사다 겐이치로 행정개혁상이 정치자금 문제로 물러나자 여론은 빠른 속도로 식었다. 불과 3개월 만에 주변 인사들로부터 문제가 터지기 시작한 것이다.

이에 당시의 민주, 공산, 사민당 등 야당은 "아베 정권이 3개월 만에 정권말기를 맞고 있다"며 기세를 올렸을 정도다. 일각에서는 정부 고위급 가운데 정치자금 문제에 연루된 인사가 적지 않아 각료들의 '줄낙마' 가능성도 제기됐다. 이는 검찰이나 공안 등 정보를 쥔 곳의 관료들이 아베에 만족하지 못해 언론에 정보를 흘려 빚어진 사태였다.

아베의 지도력은 심각한 타격을 입었다. 구심력이 떨어진 아베 총리는 12월 28일 행정개혁상에 와타나베 요시미 내각부 부대신을 임명하며 전열정비에 나섰다. 언론들은 그래도 싸늘했다. 아베 얕보기가 계속됐다. 그 정도의 땜질식 인사로는 만회책이 보이지 않는다며 싸늘했다.

일본의 야욕 아베신조를 말하다

참의원 의원선거 패배와
돌연한 사임

2007년 7월 29일 제21회 참의원 의원 선거전은 초반부터 여야의 공방이 치열했다. 아베의 약점이 많이 노출됐기 때문이다. 선거전에 자살한 마쓰오카의 후임인 아카기 노리히코 농림수산상(대신)에게도 몇 가지의 사무소비용 문제가 발각됐다. 선거 중에 발생한 니가타현 나카고시 연안 지진이 발생한 당일에는 유세를 중단하고 현지에 가야했다.

참의원선거에서 "야당은 개혁을 할 수 없고, 책임정당인 자민당이야말로 개혁의 실행력이 있다"며 실적을 호소했다. 선거 전 아베는 "그렇게 질리가 없다"고 낙관했지만 결과는 자민당 37의석과 연립여당인 공명당 9의석을 합쳐도 과반수를 밑도는 대패였다. 자민당이 강고하게 의석을 지켜온 도호쿠 지방이나 시코쿠 지방에서 전멸했다.

이런 것들을 배경으로 아베는 2007년 9월, 366일 만에 돌연 사임했다. "테러 특별조치법의 재연장에 대해서 논의하기 위해서 민주당의 오

참의원선거 포스터(2007년)

자와 대표와의 당수회담을 타진했지만 사실상 거절당하고, 이대로 자신이 총리를 계속하는 것 보다 새로운 총리의 밑에서 진행시키는 편이 나은 국면이 될 거란 판단을 했다" "제가 총리인 것이 장애가 되고 있다"는 등의 해명이 있었다. 그런데 오자와는 추후 기자회견에서 "타진을 받은 것은 한 번도 없다"고 부정했다.

24일의 기자회견에서는 본인의 건강문제도 사임의 이유 중 하나인 것을 인정했다. 원래 위장에 지병을 안고 있어 사의표명 당일의 요미우리 신문·특별호외에서도 지병이 언급됐다. 또, 사의표명 전날에는 기자단으로부터 몸 상태 상황에 대해 질문 받고는, 감기에 걸렸다는 취지로 대답했다. 위장의 지병에 대해 아베는 사임 후인 2011년에 게재된 주간현대

일본의 야욕 아베신조를 말하다

인터뷰에서 특정질환인 궤양성대장염이었던 것을 밝혔다.

임시국회가 개막해 내정·외교 모두에 중요 과제가 산적하고 있는 가운데 소신표명 연설 불과 이틀 뒤 돌발적인 퇴진 의사를 표명한 것에 대해 야당 측은 "무책임의 극한"이라고 비판했다. 여당 측에서도 비판의 목소리가 나왔다. 지방의 자민당 간부에게서도 비판이 나왔다. 9월 13일 아사히신문사가 한 긴급 여론 조사에서는 70%의 국민이 '소신표명 바로 뒤의 사임은 무책임'이라고 답변했다.

아베의 돌연한 사의표명은 해외 미디어도 톱뉴스로 '일본의 아베 총리 서프라이즈 사직', '압력을 견디어낼 수 없었다'(미국 CNN)고 보도했다. 구미 제국의 보도에서도 비판적인 내용이 많았다. 한국 언론도 유사한 보도가 많았다. '총리직을 무책임하게 던져버렸다'는 지적이 가장 많았다.

아베의 궤양성대장염 증상은 17세 때 처음 나타났다고 한다. 정계 입문 뒤에는 자민당 국체부위원장이 된 뒤 식사를 할 수 없어 입원, 링거주사를 맞으며 매일 체중이 격감했고 그때가 가장 증상이 심했다고 한다. 이때 "앞으로 남은 생이 길지 않다"는 소문까지 나돌았다.

부인 아키에를 비롯해 주변에서 궤양성대장염이라고 하는 병명을 공표해야 한다고 호소하는 사람도 있었다. 그러나 아베는 관방부장관 시절인 2000년에 증상을 겪은 것을 마지막으로 간사장, 관방장관 등의 격무에도 몸 상태는 완전했기 때문에 충분히 병을 극복할 수 있을 것이라 판단하고 있었다.

아베의 사임에 있어 간사장인 아소 다로와 관방장관 요사노 가오루가 사임을 표명하도록 몰아넣었다고 하는 '아소·요사노 쿠데타설'이 자민당의 의원 일부에 의해 미디어를 통해서 퍼지기도 했다. 아소·요사노 쿠데타설에 대해 요사노 관방장관은 부정했다. 아소 간사장은 "사전에 아베 총리의 사의를 알고 있었던 것은 자신뿐만이 아니다"라고 했다.

아베 신조와
아키에 부인의 약속

　　2007년 9월, 총리를 사임한 직후 다음과 같은 일화가
은밀히 퍼졌다. 당시 신조의 지역구인 야마구치 현 내에서 열린 파티에
출석한 아키에 부인은 한 측근에게 다음과 같은 내용을 토로했다고 한다.
"아베 신조가 총리직을 사임하기 직전에는 정말로 어려웠다. 다시는 그
러한 고생은 하기 싫다"고 말한 것으로 전해졌다. 아키에가 신조의 대소
변 수발, 세탁까지 했다는 내용이다.

　신조는 사임하기 전 달인 8월 중순부터 정부전용기로 인도네시아, 인
도, 말레이시아 등 동남아시아 3국을 순방하고 있었다. 당시는 마쓰오카
농림수산상의 자살(07년 5월)이나 그 후임인 아카기 농림수산상 사무소
비용 문제 등의 영향으로 7월 참의원선거 참패 직후이다.

　아베는 육체적인 피로와 정신적인 스트레스가 겹치면서 체력이 극도
로 피폐해졌다. 당시로서는 뚜렷한 치료약조차 없던 지병 궤양성대장염

도 재발했다. 그러면서 아베의 심신 상태는 최악으로 치닫고 있었다. 도저히 외유를 할 상태가 아니었다.

한 측근은 아키에가 한 말을 언론에 밝혔다.

"아베는 하루에 수십 번 화장실을 들락거렸다. 외유 중에는 기저귀가 필수품이었다. 사용한 기저귀를 담은 통이 무거울 정도였다. 당시는 병상을 숨기기 위해 주위 사람들이 알아차리지 못하도록 기저귀를 갖고 이동했던 것이다"

이런 말을 뒷받침이라도 하듯 신조는 이 외유 당시의 몸 상태에 대해 이렇게 말한 적이 있다. "외유를 계기로 병상이 일거에 악화되었다. 기능성 위장장애와는 별개로 바이러스성 대장염에 걸렸다. 그 이후 무시무시한 설사가 멈추지 않았다. 만찬회에서 좋은 요리가 나와도 외교상 안 먹을 수도 그렇다고 편히 먹을 수도 없었다."

아베 신조의 지병인 궤양성대장염은 후생노동성이 특정질환으로 지정할 정도로 난치병이다. 아베는 다음과 같이 회상하기도 했다. "(궤양성대장염이 발병했던) 그때 충격은 지금도 결코 잊을 수 없다. 거북한 얘기를 할 수밖에 없지만, 엄청난 복통이 엄습해 화장실로 뛰어 들어갔을 때 굉장한 양의 하혈이 있어 변기가 새빨갛게 변해버렸다. 이 병은 정신적으로 나가 떨어져버릴 정도로 심한 병이라고 한다. 하혈에 의해 다소간 빈혈도 생긴다. 무엇보다 화장실에 가서 선혈을 눈으로 볼 때 기분이 너무 좋지 않다. 자가면역질환이라고 하는, 자신의 면역체계가 자신의 장의 벽을 공격해 그 결과 장벽이 박리되어 결국에는 궤양으로 짓물러져 출혈이 되는 것이다. 장벽이 자극받을 때는 30분에 한 번 정도로 변의를 일으킨다. 밤

에도 침대와 화장실을 왕복하느라 도저히 숙면이 불가능하다. 내시경으로 대장 내부를 봤을 때도 커다란 충격을 받고 말았다. 너덜너덜한 장벽의 영상은 상상을 초월한 것이었다. 처음 발증 이래 매년 1회는 이 병으로 고통 받았다. 대체로 2주 정도가 지나면 잦아들기는 했지만 어떨 때는 1개월 이상 계속되는 경우도 있었다."

신조는 궤양성대장염을 치료하기 위해 스테로이드호르몬을 사용하고 있었지만 그 부작용도 심했다. 아키에 여사는 한 언론인과의 인터뷰를 통해 "주치의로부터 '거의 완치에 가깝다'는 말을 들었다"고 말하기도 했지만, 아베 자신은 언제 악화될지 모르는 난치병이라고 생각했다.

아베의 측근은 언론에 "(대변 수발 등의 수고로움에 대하여)아키에 씨의 고생에 마음으로부터 동정한다. 남자가 아랫도리 문제로 신세를 지게 되면, 아내에게 두 번 다시 강하게 나갈 수 없다. 게다가 아키에 씨는 유명 기업의 고명딸로 자랐다. 시어머니 요코 씨도 신조가 최악의 몸 상태일 때 신세를 진 아키에 씨에게 뭐라고 형용하기 어려운 면이 있다"고 말했다.

아키에는 다른 인터뷰를 통해서도 2012년 9월의 자민당 총재선거에 아베 신조가 나가는 것을 반대했다고 밝혔다. 신조가 처음 아키에에게 두 번째 총재선거 출마 의사를 전했을 때 아키에는 "그렇다면 향후 나도 내가 좋아하는 것은 뭐든지 하겠다. 참견하지 말라"고 말하며 우선 이자카야 개점을 교환조건으로 제시해 신조가 이를 받아들였다고 한다.

이것이 신조와 아키에 부부가 교환한 밀약 중의 밀약인 것이다. 이 약속이 있었기 때문에 총리가 되려던(당시로서는) 인물의 부인이 놀랍게도 자신이 좋아하는 이자카야를 개업할 수 있었던 것이다. 이자카야 개점은 물론 원자력발전 추진이나 소비세 증세에 대해 다른 말을 할 수 있는 아키에의 일련의 가정내 야당 행위의 비밀도 여기에 있는 것이다.

좌절한 전후세대의
첫 총리

아베 신조는 자신의 1차 집권이 참담한 실패로 귀결된 것에 대해 2017년 연두에 "한 번 실패하지 않았더라면 지금의 아베 정권도 없다"고 말했다. 그는 1월 1일 방송된 닛폰방송 라디오 대담프로그램에서 2차 집권을 하게 됐을 때 이전과의 차이를 묻자 "좌절을 경험했다는 것"이라며 당시의 실패가 실패 그 자체로 끝난 것이 아니고, 이후 성장하는 거대한 자양분이 되었음을 강조했다.

아베 총리는 첫 번째 집권 때 총리직을 던진 뒤 엄청난 여론의 비난에 시달리며 거대한, 감내하기 어려운 스트레스에 시달린 사실을 과거에 밝힌 바 있지만 "아쉬운 마음을 가슴에 새기고 있었다. '왜 실패했을까, 그때 이렇게 하면 좋았을 텐데' 하고 계속 생각했다. 그것이 새 정권을 운영하는데 큰 양식이 됐다"고 말했다.

총리직을 내던지다시피 했던 것에 대해 아베 총리는 두 번째 총리직에 오른 직후인 2013년 2월 7일의 중의원 예산위원회에서 솔직하게 심경을 밝힌 적이 있다. 그날 아베의 총리 복귀 후 처음으로 중의원 예산위원회가 열리고 자민당 간사장이었던 이시바 시게루가 질문에 나섰다.

아베와 자민당 총재직에서 막판까지 경쟁했던 정적이기도 한 이시바는 "총리는 좌절을 경험했던 인간이기 때문에 이 나라를 다시 세우지 않으면 안 된다. 그러한 강력한 결의로 취임하였다. 지난 5년간(총리직에서 물러나 있던 기간) 총리의 생각, 그 생각에 기반해 새로운 내각을 조각했다. 그 결의를 듣고 싶다"고 정중하지만 솔직하게 질의했다.

아베는 다음과 같이 답변했다. "나 자신 '어어' 하는 사이 총재가, 총리가 되어 있었다. 그리고 내가 추진하고 싶었던 이념이나 정책을 한꺼번에 추진할 수 없었다. 어느 의미로 보면 패했다는 기분도 있었고, 어느 의미에서는 오만했었다. 지금 생각하면 그렇다"고 말한 것이다.

아베는 말을 이었다. "그러나 그 당시는 제대로 직을 수행하지 못했던 것 같다. 1년 만에 건강 때문에 라고 말하기는 뭐하지만 돌연하게 총리직을 사직하게 되는 사태가 되어 국민 모두에게 정말로 커다란 혼란을 안겨드렸다. 그리고 그때 언론을 통해 일본사회 전체로부터 무시무시한 비판도 받았다"고 자신의 심경을 토로했다.

그리고 더 나아갔다. "마치 나 자신에 대한 자부심 등을 (통째로)날려버린 기분이었다. (그런 충격에서 벗어나자면) 무엇보다 스스로를 수습해 가는 것이 필요했다. 그런데 그것은 나 혼자로는 될 수 있는 일이 아니었다. 많은 분들로부터 '아베 씨, 아직 더 해나갈 수 있어요. 당신 혼자만은 아니예요' 라는 말을 들으며 (힘을 냈다) 내 가족을 포함해 그러한 도움이 없었다면 나는 여기에 지금 결코 서있을 수 없을 거라고 생각한다."

설명이 이어졌다. 총리직을 그만둔 결과 자민당은 정권을 잃고 말았다. 실제로 2년 뒤 민주당에 정권을 내주었다. 귀중한 총리직을 내팽겨쳐 버리는 아베 신조라는 인물이 있는 자민당의 집권 능력을 의심해 일본국민들이 자민당을 심판해 버렸다고 자책한 것이다. 그러면서 아베 스스로도 책임을 통감했다고 밝혔다.

그 시절 아베 총리의 모습에 대해 부인 아키에는 "외부에 나가는 것조차 무서워했다"고 말했다. 세상의 눈이 싸늘해서 아베는 정치가로서 자신감과 자부심을 잃어버렸다고 했다. 그의 심경에 대해 한 동료 정치인은 "아베 씨는 지옥을 맛본 정치인"이라고 말했을 정도로 참담함을 경험한 것이다.

다카오 산에 올라
건강에 자신감을 찾고
재기 시동

　　　　사퇴선언을 하고 입원했던 아베는 게이오기주쿠대학
병원에서 임시퇴원하고, 도쿄 도미가야의 사저에서 자택요양에 들어갔
다. 11월 13일에 대테러 특별조치법안의 체결을 하는 중의원본회의에
출석하고 찬성표를 던진 후, 후쿠다 야스오 총리나 공명당의 오타 아키
히로 대표에게 몸 상태가 회복된 것을 전했다.

　2007년말 산케이신문 인터뷰에서 "아름다운 나라 만들기는 이제 막 시
작되었을 뿐"이라고 말하고 2008년부터 활동을 본격적으로 재개해 "서서
히 굳어지고 있는 양질의 보수 기반을 더욱 넓혀 가겠다"며 보수 재건의
의지를 분명히 밝혔다.

　2008년 1월 『문예춘추』에 수기를 기고했다. 2007년 9월의 퇴진에 관
해 몸 상태 악화로 인해서 소신표명 연설에서 원고 3줄 분량을 빼먹고 읽
는 미스를 범했고 "이대로는 총리의 직책을 다하는 것이 불가능하다고

인정하지 않을 수 없었다. 그것이 결정적인 요인 중의 하나였다"고 고백하는 등 사임의 주된 이유는 건강문제였다고 밝혔다.

아베가 총리직을 그만둔 뒤 재기하기까지의 길은 험난했다. 무엇보다 부인 아키에가 강력히 반대했다. 아키에는 총리직 사임 직후 "이제는 정치를 그만두어도 좋아요. 다음 선거에 나가지 않아도 좋아요. 너무나 스트레스를 받는 일이기 때문에 이제 그만두어도 되는 것 아닙니까?"라며 재삼 정계은퇴를 권고했다.

이에 아베는 어떤 표정도 없이 묵묵히 듣고만 있었다고 한다. 그래도 아키에는 아베의 몸 상태에 대한 걱정으로 가득했다. 그때 아베의 체력은 정치인이라는 직업인으로서는 밑바닥에 가라앉아 있는 상태였던 것이다.

퇴임의사 표명 뒤 12일이 지난 2007년 9월 24일 아베는 입원하고 있던 게이오기주쿠대병원에서 기자회견을 열었다. "1개월간 몸 상태는 악화가 계속되어 내 자신의 의사를 관철시킬 체력의 한계를 느꼈다. 더 이상 총리직을 맡을 수는 없다고 결단했다."고 선언했다. 정치인에게 치명적인 건강문제를 만인 앞에 고백하는 그의 얼굴은 창백해졌다.

당초 아베가 밝힌 총리사임의 이유는 이날 밝힌 것과는 다르다. 그 해 7월 치러진 참의원선거에서 자민당은 민주당에 대패, 중의원 참의원에서 다수파가 다른 '비틀린 국회(일본말로 네지레 곳카이)'가 되었다. 인도양에서의 자위대 급유활동을 연장하기 위한 법안 성립을 위해 아베는 "지금의 상황에서 국민의 지지·신뢰를 바탕으로 해 강력하게 정책을 추진해 가는 것은 곤란하다. 물러나 국면을 전환시키는 것이 좋을 것이라

아베 신조 일본 총리가 1차 집권에서 물러난 뒤 체력을 보충해 올라갔던 도쿄 외곽 다카오산 정상에서 본 후지산

고 판단했다."고 말했다.

그리고 예정되어 있던 중의원 본회의에서의 대표질문에 출석하지 않고 사임을 표명한다고 한 이례적인 퇴장극이었다. 아베는 '정권 내던지기' '무책임의 극치'라는 등의 거센 비난을 받았다. 그래서 정치가로서 치명적인 약점인 지병 보유 사실을 병상에서 돌연 밝히는 고백을 한 것이다. 그 시절 실제로 아베는 난치병 가운데 난치병으로 분류된 궤양성 대장염 환자임이 분명했다.

자신의 사퇴에 대한 거센 비난여론으로 실의에 빠진 아베는 2007년 12월 2일 제1차 아베정권에서 내각홍보관직을 맡았던 하세가와 에이이치와 함께 도쿄 외곽 다카오산에 오른다. "다카오산은 무거운 등산화보다는 가벼운 트레킹화 정도가 좋기 때문에 그걸 준비해 주세요." 등산경

일본의 야욕 아베신조를 말하다

험이 많은 하세가와는 아베에게 이렇게 말해 두었다. 그렇게 준비한 가벼운 신발로 아베 신조는 표고 599m의 다카오산을 올랐다.

그 시절 아베는 체력 단련을 위해 맨션 지하에서 3층까지 계단을 오르내리는 것을 반복했다고 아키에 부인이 전했다. 그렇게 체력 단련을 위한 운동을 한 결과 다카오산을 기꺼이 오를 수 있었던 것이다.

필자도 50회 이상 올랐던 다카오산의 12월은 춥다. 다카오산은 그리 높은 편은 아니지만 등산길은 결코 쉽지 않다. 경사도가 있어 만만하게 오르는 산이 아니다.

총리를 그만두자 그의 선거구인 시모노세키 사무실도 조용할 리가 없었다. '국회의원을 그만두어야 한다', '아무리 봐도 무책임하다'는 등의 비판이 쏟아졌다. 열성 지지자들까지 실망에 차 비판에 가세했다. 사임한 후 3개월이 지난 2007년 12월 7일 아베는 불안한 상태에서 고향에 갔다. 1년 3개월만이다. '사과의 행각'으로 첫 방문한 곳이 야마구치 현청이다.

"폐를 끼쳐드렸습니다" 당시 야마구치 현 지사이던 니이 세키나리에게 사임의 건에 대해 아베는 사과의 마음을 전했다. 이어 당시 53세였던 아베는 이렇게 말했다. "니이 씨가 지사가 된 때가 53세였죠" "'쉰셋, 사나이의 전성기죠'라고 말하며 첫 당선되었죠" 니이 지사는 이렇게 말하면서 아베의 발언 진의를 추정했다. '아직 나 자신은 젊다. 다시 도전하려는 기분을 그러한 뉘앙스로 말한 것 같다'고 추정한 것이다. 니이는 재기의 의지로 받아들였다.

아베로서는 고향, 선거구의 반응이 향후 정치활동을 좌우할 문제로 판단됐다. 물론 당시에 아베의 뇌리에는 정치가에서 은퇴하는 안도 포함되어 있었다고 한다. 그러나 그것은 기우였다. 지역구 JR시모노세키 역에는 1천 명 이상의 지역구민이 모여들어 아베를 환영했다.

아베는 당시 심경에 대해 "격려의 말씀들을 듣고, 내가 한 번 더 다음 선거에 모든 것을 던질 결의를 했다"고 한다. 아베는 다음해 새해가 시작된 뒤부터 다음 중의원선거를 향해 선거구 순회를 정력적으로 했다. "아베 신조입니다. 안녕하십니까."

아베는 시간이 나면 아파트단지 등을 방문, 한 집 한 집 인터폰을 눌렀다. 공산당 지지자 집에도 찾아갔다고 한다. 하루 200호 정도를 찾아간 날도 있었다. 잠깐 사이에 구두가 두 켤레나 헐었다고 한다. 집회 인사에서는 "기대를 받았지만 1년 만에 사임해 미안했습니다" 하고 사죄하는 것부터 시작했다. 머리를 최대한 조아리며 선거구를 순회했다.

아베는 2009년 중의원선거에 대비해 자신의 생각을 고교 동급생에게 밝힌 적이 있다고 한다. "다음 중의원선거에서는 전국에서 가장 큰 표차로 당선되겠다. 그러지 않으면 다시 총리를 할 수 있는 희망을 갖지 못 한다"는 결의를 보여준 것이다. 선거 결과 아베는 민주당 후보를 큰 표차로 누르고 당선됐다. 그러나 그 선거에서 자민당은 민주당에 역사적인 참패를 해 야당으로 전락했고, 아베는 그 '전범'의 한명으로 거론됐다.

제7장
아베의
2차 집권

아베의 건강관리에서 빼놓을 수 없는 것이 좌선
(坐禪)이다. 그는 처음 총리직에서 내려온 직후
인 2008년 정신과 육체의 건강을 관리하는 수단
으로 좌선을 했다. 좌선을 통해 쌓여 있던 분노를
다스리기도 했다. 좌선에 몰입하며 당 안팎 사람
들과 교류하고 세를 넓히며 자연스럽게 당내 분
위기를 알아 갔다.

좌선(坐禪)과
2차 집권

아베의 건강관리에서 빼놓을 수 없는 것이 좌선(坐禪)이다. 그는 처음 총리직에서 내려온 직후인 2008년 정신과 육체의 건강을 관리하는 수단으로 좌선을 했다. 좌선을 통해 쌓여 있던 분노를 다스리기도 했다. 좌선에 몰입하며 당 안팎 사람들과 교류하고 세를 넓히며 자연스럽게 당내 분위기를 알아 갔다.

좌선을 통해 정신적인 안정감을 찾은 덕이 컸다. 그는 2008년 4월 17일 도쿄 도심 야나카의 젠쇼안(全生庵)이라는 절을 찾았다. 아버지 신타로가 통산상 재직 당시 비서관이었던 도이 유키오의 권유에 따랐다. 도이는 제1차 아베 내각 때 교육재생회의에서 담당실장대리를 역임했었다.

당시 아베가 건강이 무너졌던 사실을 잘 알고 있었기 때문에 "건강회복에 도움이 될 것"이라고 생각해 아베에게 좌선, 참선을 권했던 것으로 알려졌다. 나카소네 야스히로 전 총리가 건강관리를 위해 참선을 했던 곳이 젠쇼안이었던 점도 참작, 도이가 이 절을 택했다.

건강문제로 돌연 총리를 사임한지 불과 7개월이 지났을 뿐인데 "건강하지 않았었다는 인상이 아니었다"고 당시 젠쇼안 주직(주지) 히라이 쇼슈는 회상했다. 아베는 양복을 참선복으로 갈아입고 참선 자세를 취했다. 그런데 "후-"라고 한숨을 쉰 뒤 자세가 잡히지 않아 집중이 되지 않은 모습이었던 것으로 전해졌다.

그 해 12월, 이번에는 자민당 중의원 의원 야마모토 유지가 정신적 단련으로 참선을 더욱 권장했다. 제1차 아베 내각에서 금융담당상을 역임했던 야마모토는 아베와 가까운 관계였다. 이후 언제든지 참선복을 트렁크에 싣고 다녔다고 한다.

이것을 계기로 매월 세 번째 목요일 참선을 정례화 했다. 참선에 빠져들면서 아베는 "좌선이라고 하는 것은 무념무상(無念無想) 그 자체예요"라고 처음 좌선을 권유한 도이에게 말하곤 했다고 한다. 그런데 두 번째 자민당 총재, 그리고 총리에 도전하기 전인 2012년 1월 한 사람이 더 좌선 대열에 합류했다. 아베의 정적이 된 이시바 시게루 의원이다.

이러한 인연으로 젠쇼안 히라이 주지는 후에 이시바가 결성한 파벌의 이름을 수월회(水月會)라고 작명해 주었다. 야마모토는 이시바와도 가까운 관계였고, 이 시기 이시바는 총재에 대한 야망을 품고 있었다. 이 좌선의 장에서 야마모토는 이시바의 총재에 대한 야망을 읽고, 아베에게 전했다. 결과적으로 2012년 자민당 총재 선거에서 아베와 이시바가 결선투표까지 가는 접전 끝에 아베가 승리할 수 있는 중요한 발판이 되었다.

아베는 좌선, 등산, 골프, 피트니스 등을 통해 건강과 정신적 자신감을 회복한 뒤 2012년 12월 재집권했고, 이후 1차 집권했을 때와는 전혀 딴판의 총리로 자연스럽게 변신하는 데 성공했다는 평을 받았다. 국회 답변에서는 자신감과 여유가 넘쳤다. 자신감을 완전히 되찾은 것이다.

아베는 기득권 세력의 조직적 저항과 비협조 그리고 스트레스로 초래된 건강 문제로 중도 하차한 후 1차 내각의 실패 원인 등을 담은 '반성노트'를 직접 작성, 철저히 재기를 준비한 덕택에 고공지지율을 5년 째 유지하고 있다.

아소 다로 부총리 겸 재무상은 아베가 두 번째 집권한 뒤 "완전히 사람이 바뀐 것 같다"고 주변에 털어놓았다. 아소 부총리는 그러면서 맹우관계인 자신조차도 놀랄 정도로 아베 총리가 딴사람으로 변한 데는 좌선이 한몫했을 것이라고 말했다고 한다. 아베 총리는 좌선의 효과를 확인해주듯이 총리에 재취임한 뒤에도 해외 순방을 빼고는 바쁜 일정 속에서도 젠쇼안을 찾아 좌선을 하곤 했다. 그런데 이 젠쇼안은 공교롭게 메이지(明治)유신 때 순직한 사람들의 명복을 빌기 위해 세워진 곳이기도 하다.

특히 젠쇼안은 1982년부터 5년 간 장기 집권했던 나카소네 야스히로 전 총리가 총리 재임 중일 때 매주 주말에 좌선을 했던 곳이기도 하다. 그래서 그런지 젠쇼안은 일본의 유명 정치인들이 좌선을 통해 평상심을 유지하고 자신감을 찾아가는 장소로 이름이 알려지고 있다.

두 번째의 총재 취임

2012년 9월 12일 아베는 다니카키 사다카즈 총재의 임기만료에 따라 실시된 2012년 자유민주당 총재 선거에의 출마를 표명했다. 세이와회의 회장인 마치무라 노부다카의 출마가 이미 거론되고 있었지만, 이를 무시했다.

이런 사정 때문에 세이와회의 전 회장인 모리 요시로 총리로부터 출마에 대해 신중한 대응을 요구받기도 했지만, 두 번째 총리를 향한 아베의 욕망은 식을 줄 몰랐다. 전 회장과 현 회장도 외면한 상태에서 총재에 도전하게 된 것이다.

이런 분위기에다 5년 전 총리직을 던져버리듯이 물러나 당의 이미지를 악화시킨 원죄 때문에 당원들로부터 아베는 좋은 평판을 받지 못했다. 그래서 당시에 밑바닥 당원들로부터 인기가 좋았던 이시바 시게루의 인기에 비해 한참이나 뒤진 상태였다.

일본 총리 집무공간인 총리관저

　이시바는 필자가 도쿄특파원을 하던 시절 한국 특파원 일부와 일본 언론인, 기업인 등이 주최한 공부모임에 연사로 참석해 일본 정치와 한국 문제 등에 대해 전반적인 생각을 1시간여 밝힌 적이 있으며, 언론인 등과의 교류에도 적극적인 대중정치인이라는 인상을 주었다.

　당시 총재선거에 당내중진의 지원을 받아 출마한 이시하라 노부테루(이시하라 신타로 전 도쿄도지사의 아들)도 있었다. 그런데 아베에게는 커다란 운이 따랐다. 개인으로서는 불행이지만 최대의 장벽이었던 마치무라가 선거전 초반에 뇌출혈로 쓰러진 것이다.

　이후 아소파, 다카무라파가 속속 아베 지지를 표명한 것 등이 순풍이 되어 9월 26일에 행하여진 총재 선거에 첫 번째 투표에서는 이시바에 이어 2위를 했지만 결선투표에서는 역전, 89표이던 이시바에 비해 108표

일본의 야욕 아베신조를 말하다

를 얻어 총재로 선출되었다.

아베의 승리에는 자민당 총재선거 제도의 문제점도 있었다. 이시바는 중앙이나 지방 일반 당원들에게 인기가 매우 높았다. 1차 투표에는 당원들도 참석했지만 2차 투표는 국회의원들만 참석해 파벌의 합종연횡을 통해 의원들 사이에 인기가 높던 아베가 당선됐다. 아베는 이때 자신의 몸 상태에 관해 총리대신 사임 후에 시판된 특효약에 의해 거의 완치되었다고 설명했다.

2012년 12월 16일, 제46회 중의원의원총선거에서 자민당이 압승하며 다시 집권여당으로 복귀했다. 같은 해 12월 26일 자민당 총재인 아베가 제96대 내각총리대신으로 선출되고 제2차 아베 내각이 발족했다. 한번 사임한 내각총리대신의 재취임은 요시다 시게루 전 총리 이래 2명 째다.

총리 재등판 후 대담한 금융완화, 기동적인 재정 투입, 구조조정을 통해 민간투자를 환기하는 성장 전략을 3개의 화살이라고 칭한 일련의 경제 대책이 아베노믹스(아베+이코노믹스)라고 칭해진다. 아베노믹스는 2013년 새로운 언어·유행어대상의 톱 텐에 입상, 아베가 수상했다.

투명하게 공개되는
총리 아베의 일정

　　일본 조간신문들은 아베 신조 총리의 전날 일정을 세세한 것까지 보도한다. 박근혜 대통령이 이른바 세월호 7시간 문제까지 불거질 정도로, 보안을 이유로 일정 자체가 비공개인 것과는 대비된다. 일본은 총리의 공간이 업무공간인 관저와 사생활공간인 공저로 나뉘어져 있다. 두 공간은 바로 옆에 있다. 관저와 공저는 부지가 같다. 필자도 몇 차례 확인했지만, 불과 몇 백 걸음 떨어져 있다.

　관저에는 총리 외에도 관방장관 등의 집무실이 있고, 각료 회의 등 국가의 중요한 회의가 열린다. 공저는 아베 총리와 부인 아키에 여사 등 가족이 생활하는 공간이다. 일본 조간신문들은 총리의 일정을 아주 세세하게 게재한다.

　예를 들면 2016년 11월 1일의 경우 '오전 8시 9분 공저를 출발, 11분 관저 도착했다', 11월 9일에는 '9시 21분 걸어서 공저를 출발해 22분 관저에 도착했다'고 보도한다. 숙소인 공저에서 직무공간인 관저로 가는 것을 명확하게 출근 개념으로 해서 보도한다.

아베는 퇴근할 경우 공저나 혹은 도쿄 시내의 개인 사저(총리 취임하기 전의 자택)로 하는 경우가 많다. 2016년 10월 3일의 경우 오후 6시 25분 공저로 퇴근한 뒤 연립정권을 구성하고 있는 공명당 인사들과 공저 내에서 식사를 했고, 8시 20분 노벨 의학생리학상 수상자인 오스미 교수와 전화통화를 통해 격려한 사실이 공개됐다.

아베 총리는 취임 때 "24시간 근무체제로 일을 하겠다"고 밝혔다. 강한 업무 의욕을 보인 것이다. 출퇴근이라는 개념이 없이 일을 하겠다는 의지의 표현이다. 그런데도 출퇴근 개념은 명확하다. 업무는 대부분 업무 공간인 관저에서 처리한다.

예를 들면 2016년 11월 10일에는 오전 7시 30분 도쿄 시내 사저를 출발, 관저에 도착한 직후인 7시 42분 도널드 트럼프 미국 대통령 당선인과의 전화통화를 했다. 공무인 미국 대통령 당선인과의 전화통화를 생활 공간에서 하지 않고, 평소보다 일찍 출근해 관저에서 한 것이다.

총리의 당일 일정은 사전에 공개하지는 않는다. 경호 문제 등이 있기 때문이다. 돌발적인 민원을 방지하려는 소지도 있다. 그렇지만 전날 일정만큼은 전혀 다르다. 총리관저 뿐 아니라 관저 밖에서의 회의, 만남, 식사, 운동 등까지 모두 기록이 된다. 골프를 칠 경우 대기업이나 언론사 회장과 했을 경우라도 공개한다. 총리 행적을 향후 쉽게 검증할 수 있게 식당 이름이나 골프장 이름도 공개된다.

다만 공개된 일정 사이사이에 아베 총리가 비공개 일정을 수행할 수도 있다. 그럴 경우에는 기록을 하는 기자나 사관 등을 피해서 해야 한다. 우리나라 대통령의 경우는 주말 일정 같은 경우는 거의 공개되지 않는다. 휴가기간도 나중에 사진이나 배포할 정도다. 어느 날은 아베가 미용실 '헤어게스트'에서 이발을 했다는 일정도 공개가 된다. 건강검진을 받을 경우라도 병원 이름 등까지 알린다.

일본과 같이 국정 최고책임자의 일정을 일일이 공개하는 나라는 많지 않다. 일본이 총리의 일정을 지나칠 정도로 공개하는 이유는 분명하다. 투명하게 일정을 공개해 국민들에게 밀실 의혹을 없애고, 추후에 문제가 불거졌을 경우 검증작업이 쉬워진다. 그래서 일본 정치부 기자 사이에는 총리관저에서 들고나간 사람, 총리의 행적만을 지켜보며 기록하는 전담 기자가 있을 정도로 철저히 기록한다.

일본에서는 국민의 신뢰를 잃어버린 정권은 내각 해산이 불가피하고, (대부분의 경우 지지율이 20% 선으로 떨어지면 국회를 해산하고 총선거를 치른다), 밀실행정을 하면 국민의 지지를 잃어버리기 때문에 투명하게 일정을 공개하고 있는 것이다. 권력의 부정 소지를 사전에 차단하기 위한 효과적인 수단이 총리 일정의 공개이다.

물론 완벽한 장치는 없다. 일본에서도 다나카 가쿠에이 전 총리가 재임 중 록히드 사건으로 통칭되는 뇌물 사건으로 검찰수사를 받는 일이 있었다. 다나카 전 총리가 재판이 진행 중인 가운데 숨져 진상은 밝혀지지 않았지만, 일정이 공개되어도 새 나갈 빈틈은 많은 것이다.

일본의 야욕 아베신조를 말하다

기자 직접 접촉 대신
SNS 활용하는 아베

　도널드 트럼프 미국 대통령이 사회관계망서비스(SNS)의 일종인 트위터를 활용해 유권자와 직접 접촉, 대통령에 당선된 뒤에도 트위터 정치를 지속하고 있다. 트위터를 통해 주요 법안·정책에 대한 의견을 개진한다는 것인데 한편으론 트위터 정치가 일방통행식 정치라는 논란도 거세다.

　선거 때 "언론에 의해 메시지가 왜곡되는 것을 막기 위해 트위터를 활용한다"고 밝혔던 그는 당선 뒤에도 트위터를 통해 중요한 메시지를 쏟아냈다. 북핵 문제, 러시아의 미 대선 해킹 의혹, 포드, 도요타자동차와 같은 기업들의 실명 비판 등 정치, 외교, 경제 전방위다.

　트럼프의 트위터 정치는 뉴욕타임스나 워싱턴포스트, CNN 등 기존 언론매체에 대한 불신 때문이다. 트럼프는 대선 기간 줄곧 이들 매체에 대한 강력한 불만을 표시했었다. 선거기간 중 유력 매체들이 트럼프 캠프를 제대로 취재하지도 않고 왜곡해서 보도했다는 불만이 컸다. 대선 뒤에도 역시 마찬가지다.

일본 아베 총리도 사회관계망서비스 정치에 열을 올리고 있다. 1차 집권 때는 매일 한 두 차례 기자들과 총리관저나 국회에서 이동하다가 멈춰서 10분 가까이 기자들의 질문에 응했던 '부라사가리(원뜻 매달리다·즉석의) 취재'를 끊고, 이제는 트위터와 페이스북 등을 이용한 SNS 정치를 하고 있다.

아베는 민주당(현 민진당) 정권에서 기자와 직접적인 접촉을 최소화시키는 것을 참고했다. 이는 자민당 고이즈미 준이치로 총리 시절 시작돼 이후 총리들도 계속 그랬다. 역시 고이즈미 다음이던 아베 총리도 그랬지만 처음부터 그렇게 기자들과의 접촉을 자제하지는 않았다. 2006년 취임했을 때는 잦은 접촉을 가졌다. 국민의 대표가 기자들과 접촉, 국정을 홍보하는 것은 당연한 일이다.

그런데 2009년 민주당이 집권한 뒤 2011년 3·11동일본대지진이 발생한 뒤에 간 나오토 총리가 바쁘다는 이유를 들어 중지했는데, 그의 후임인 노다 요시히코 총리도 출입기자단의 재개 요청에 응하지 않음으로 고착되고 말았다. 다음 총리인 아베도 역시 재개를 하지 않았다.

아베 총리는 1차 집권 때 특정언론(아사히신문) 이름을 거명하며 "부라사가리는 1사 1인이어도 충분한데, 아사히는 기자를 4명도, 5명도 보내 여러 가지 각도에서 질문을 쏟아낸다. 나로부터 무언가 실언이나 잘못된 발언을 끌어내려는 것 같다"고 불만을 쏟아낸 적이 있었다.

이런 이유를 배경으로 아베는 1차 집권 당시 도중에 질문자인 기자를 향해서가 아니라 TV 카메라를 보고 정책 내용을 말하는 것으로 대신했다. "TV 화면을 보고 말하는 쪽이 국민 여러분들을 향해 직접 얘기하는 것이 되니까"라는 설명을 붙였다. 이 또한 언론의 비판을 받았다.

이러한 경험을 가진 아베는 부라사가리 대신 최근 들어 발달한 트위터와 페이스북 등 사회관계망서비스를 활용하면서 따로 개별 언론사와의 인터뷰 방식으로 대국민 발언을 하고 있다. 이는 일본 사회에서 비교적 강력하게 발달한 '기자클럽'의 영향력을 전략적으로 약화시키려는 의도로 읽힌다.

특히 최근 들어 동서양을 막론해 사회관계망서비스를 활용하는 것은 정치인에게 필수항목이 되었다. 이는 까탈스러운 기자단이나 기자들과의 접촉을 줄이고 대신 트위터나 페이스북 등을 활용해 대국민 메시지를 직접 전달하겠다는 것이다.

아베도 트위터와 페이스북을 활용하고 있다. 아베의 트위터 팔로워는 2017년 2월말 현재 70만8천여 명이다. 최근 들어 팔로워가 빠르게 늘어나고 있다. 페이스북도 비슷한 규모의 친구를 보유하고 있다. 그는 하루 한 개 혹은 그 이상 메시지를 날린다. 팔로워나 친구들의 댓글도 수백개씩 달리고, 답글도 자주 단다.

아베는 트위터나 페이스북을 통해 과거 부라사가리에 의존하던 때 보다 더 일본국민들과 잘 소통하고 또한 지지율 관리도 잘 되고 있다는 판단을 하는 것 같다. 트위터는 2011년 11월, 페이스북은 2013년 1월부터 시작해 지금까지 지속적으로 활용하고 있다.

그는 사회관계망을 중시해 스스로 적극적으로 활용하는 모습을 보여주고 있다. 즉 기존 거대 미디어에 의존하는 대신 인터넷을 활용해 대국민 메시지를 직접 던지는 것이 자신의 생각을 왜곡시키지 않고 효과적으로 전달할 수 있는 수단으로 생각한다는 것이 분명해졌다.

아베의 외할아버지 기시 노부스케의 동생인 사토 에이사쿠 전 총리가 1972년 6월 총리직 사임 의사를 밝혔을 때 "저는 국민과 직접 대화하고 싶다. 신문은 (진의가)달라진다. 편향적인 신문은 싫다"라고 말하고 신문 기자를 퇴석시켜 TV 카메라를 향해 말한 것도 그런 유형에 속할 것이다.

사토의 행위는 보도의 자유를 경시했다고 비판 받았지만, 정보발신 수단을 거의 독점했던 당시 미디어 측의 편향 문제 시비도 있었다. 현재는 정치인도 일반시민도 매스미디어를 통하지 않고 인터넷을 통해 자신의 주장을 펼 수 있는 시대다. 정치와 보도의 관계도 크게 변하고 있다.

미국에서는 현재 트럼프의 트위터 정치가 커다란 논란을 일으키고 있지만, 일본에서는 아베의 트위터나 페이스북 정치가 사회적 논란이 되고 있지는 않다. 일본에서는 자연스럽게 거대 미디어를 통한 정치에서 인터넷을 통한 직접 메시지 발신 시대로 변하고 있는 것이다.

미국의 트럼프나 일본의 아베가 기존 미디어 대신에 트위터 등 사회관계망 서비스 이용을 중시하는 성향을 보이면서 기존 미디어 측도 새로운 시대에 대응하는 변화를 요구받고 있다. 국가수반 등 정치인들이 기존 미디어를 통한 국민 접촉을 줄이면 기존 미디어의 영향력은 하락한다.

물론 논란의 소지는 크다. 특히 트위터 메시지를 올렸다가 논란을 초래한 적이 많은 트럼프가 기성 미디어들을 거치지 않고 140자 플랫폼 트위터로 자신과 관련된 속보나 주장을 전하는 습관은 트럼프 시대 미국 백악관이나 행정부의 주된 흐름이 될 것으로 분석된다.

그것은 때론 정제되지 않아 논란을 부르기도 하지만, 곧바로 해명 메시지를 통한 시정이 가능하기 때문에 굳이 언론매체를 거치는 이중의 전달 방식보다 직접적이고 효과적이라는 것이다. 이에 따라 정부와 여론의 중간자 역할을 수행했던 기성 언론들은 역할이 점점 축소될 수밖에 없는 처지에 놓이고 말았다. 이제 전문가들의 역할도 변하고 있다.

즉 주요 정치인들에게 있어 기성 언론에 홍보를 대리하는 전문가보다는 온라인 소통과 광고 업무를 맡는 '디지털 참모'들의 비중이 더 커질 것으로 전망되고 있다. 정치인들이 온라인상에서 유권자와 지지자를 모으고 그들과 의사소통하는 일이 점점 더 중요해지기 때문이다.

아베와 트럼프의 인터넷 활용을 보면 빅데이터를 활용한 디지털 정치가 더욱 위력을 떨칠 것이라는 사실도 예고해 준다. 양측의 디지털 참모들을 보면 선거 캠페인은 물론 온라인광고·소통뿐만 아니라 데이터를 수집해 선거유세 스케줄을 짜는 등 복합적인 역할을 수행해 왔다.

인터넷 활용이 강화되면 사회적 분열상이 더 심화될 수 있다는 문제도 지적된다. 인터넷 상에서는 사용자들이 매우 분파적이고 편파적으로 움직이는 성향이 기존 미디어 시대보다 강화되고 있어서다. 인터넷상에서의 유사한 성향 사용자끼리만 의견교류가 빈번하게 이뤄지기 때문이다.

경제 · 종교 · 정치 인맥

아베 총리의 경제계 인맥에서의 핵심은 전통적인 제조업이다. 정보기술(IT) 등 신흥기업 경영자와의 인맥은 약하다는 것이 일반적인 평가다. 사쿠라회 회원이나 경제단체를 중심으로 한 경제인들이 아베 내각의 산업경쟁력회의나 경제재정자문회의에 참여했다.

사쿠라회는 가사이 요시아키(JR도카이 회장), 고지마 요리히코(미쓰비시상사 회장), 스도 후미오(도쿄전력 회장, JFE홀딩스 상담역), 고모리 시게다카(후지필름홀딩스 사장), 구로야나기 노부오(미쓰비시도쿄UFJ은행 상담역), 쓰쿠다 가즈오(미쓰비시중공업 회장), 고토 다카시(세이부홀딩스 회장), 나카니시 히로하키(히타치제작소 사장), 기무라 게이지(미쓰비시사지소 회장·이상 2016년말 현재) 등이 참여한다.

아베 정부에서 주목받는 주요 경제인들이 있다. 우시오 지로 우시오전기 회장은 99년 경제동우회 특별고문 및 종신 간사다. 아베 총리와는 친척 관계로 얽혀 있다. 가사이 요시유키 JR도카이 회장은 아베 총리의 경제계 후원회인 사쿠라회의 핵심 인물이다. 06년 아베의 1차 내각에서 교육재생회의 위원으로 활동했다.

고바야시 요시미쓰 미쓰비시화학홀딩스 사장은 07년 NHK 경영위원장으로서 아베 총리가 열정적으로 추진했던 환태평양경제동반자협정(TPP) 적극 찬성파이다. 고지마 요리히코 미쓰비시상사 회장은 03년 경제동우회 부회장을 지냈고, 에너지 확보 정책에 대해 한국과 협력을 주장한다.

고모리 시게다카 후지필름홀딩스 사장은 아베 총리의 경제계 후원회인 사계회, 사쿠라회의 핵심 인물이다. 2007년 NHK 경영위원회 위원장을 지낸 인물이다.

하세가와 야스치카 다케다약품 사장은 게이다렌 평의원회 부의장이다. 글로벌경영을 강조하며, TPP에 찬성한다. 사카네 마사히로 고마쓰 회장은 01년 적자 회사로 전락한 고마쓰 사장으로 취임한 뒤 2003년 330억 엔의 브이(V)자 회복을 달성한 경영인이다. 이 밖에 아베의 인맥은 일본 사회 곳곳에 거미줄처럼 뻗어 있다.

연립여당인 공명당의 기반인 창가학회 실력자와도 교류했다. 아베가 첫 번째 총리에 취임하기 직전 2006년 9월 22일에 극비리에 도쿄도내의 창가학회 시설에서 창가학회 이케다 다이사쿠 명예회장과 회담을 가졌다. 아베는 이케다에게 아버지와의 생전의 교류에 대해서 감사의 뜻을 표하고 참의원선거에서의 공명당이나 창가학회의 협력을 요청했고, 이케다는 "협력을 약속했다"고 전해지고 있다.

총재선거 직전 2006년 7월 19일에는 자신의 정치신조를 적은 자필 『아름다운 나라에』를 출판했다. 당시 10쇄, 51만부 이상의 베스트셀러가 되었다. 아베는 정권 슬로건도 '아름다운 나라 일본을 만든다'로 해서 자신의 정권을 '아름다운 나라 만들기 내각'이라고 명명했다.

정권에 대한 성격은 "전후 레짐(체제)으로부터의 새로운 출범"이라고 위치를 부여했다. 현행 헌법을 정점으로 한 행정 시스템이나 교육, 경제, 안전 보장 등의 틀이 시대의 변화에 붙어 갈 수 없다며 그런 내용을 대담하게 손질하겠다는 의지도 명확히 밝혔다.

2차집권 이후에도 이 정신은 이어져 2014년 4월 총리관저 홈페이지에는 '기업활동의 국경을 없앤다' '다국적기업은 관세의 장벽 등 국내외의 시장에 거쳐 제도면의 장애를 없앰으로써 보다 자유롭게 활동할 수 있게 된다'고 강조했다. 일본을 미국과 같이 벤처 정신이 넘치는 '창업대국'으로 만들어 나가고 싶다고도 밝혔다.

공명당과 연립이 정권의 안정적인 운영을 위한 포석이라면 오사카를 기반으로 하는 일본유신회와 밀월관계를 형성한 것은 중의원, 참의원에서 3분의 2의석을 확보해 개헌을 하겠다는 의지의 발로다. 아베는 두 번째 총리에 오르기 전인 2012년 2월 26일 일본유신회의 기반인 오사카 시내 일식점에서 당시 오사카유신회(일본유신회의 전신) 마쓰이 이치로 등과 모임을 가지며 우의를 다졌다.

그 자리에서 아베는 맥주잔을 기울였다. 이례적이었다. 궤양성대장염으로 고생했던 사실을 안 참가자들이 "괜찮습니까"라고 걱정하자 "먹을 수 있게 되었죠. 한잔 뿐이지만요."라고 환하게 웃으며 답했다. 이날은 아베와 유신회의 첫 상견례였다. 이후에 이 날 모임은 '2·26 모임'으로 불리는 경우가 많을 정도로, 지금도 이어지고 있는 아베와 일본유신회 밀월의 원류로 회자되고 있다.

측근 집단

아베의 인맥은 기본적으로 일본의 우익 인맥이 핵심을 이룬다. 창생일본이나 일본회의 등 일본 우익의 핵심세력들이 자리하고 있다. 2016년 8월 단행한 개각에서도 창생일본 소속 정치인들이 대거 중용됐다. 이들이 아베 인맥을 이루는 핵심 동지들인 셈이다.

아베 신조 내각에는 아베 총리가 회장을 맡고 있는 보수성향 초당파 의원연맹 소속 정치인이 약 70%에 달한다. 각료 19명 가운데 13명(68%)이 아베가 회장인 초당파 모임 '창생일본'(創生日本)에 소속돼 있다. 창생일본이 아베 정권의 기둥인 셈이다.

처음 입각한 각료 8명 중 세코 히로시게(世耕弘成) 경제산업상(창생일본 부회장), 마쓰노 히로카즈(松野博一) 문부과학상, 이마무라 마사히로(今村雅弘) 부흥상, 마쓰모토 준(松本純) 국가공안위원장 등이 창생일본 소속 대표적인 인물들이다.

창생일본은 아베와 친했던 고(故) 나카가와 쇼이치(中川昭一) 전 재무상이 2007년에 만든 '진정한 보수정책연구회'가 전신으로, 일본의 역사와 전통, 공공질서를 중시하는 것이 활동 목적이다. 사상이나 신조가 가까운 동지의 결집을 최우선시하는 의도를 보인 것으로 해석된다.

개헌 논의 본격화 등 자신이 목표로 하는 정책 실현을 위해 내각이 일치단결하게끔 하려는 목적이 있어 보인다. 최고령은 75세로 아소 다로(麻生太郎) 부총리 겸 재무상, 최연소는 45세인 마루카와 다마요(丸川珠代) 올림픽담당상이다.

개각에서 새롭게 입각한 각료 중 야마모토 고이치(山本公一) 환경상, 야마모토 유지(山本有二) 농림수산상, 야마모토 고조(山本幸三) 지방창생담당상 등 성(姓)이 '야마모토'인 사람이 3명이어서 일본 언론은 이들을 '야마모토 트리오'로 부르고 있다.

아베 정권을 지지하는 또 다른 단체는 일본 우익세력의 본산으로 지목되는 일본회의이다. 아베 신조 총리는 취임 후 처음인 2014년 9월 3일 당정 개편을 단행했다. 내년 9월 자민당 총재 선거에 승리해 임기 말인 2018년 8월까지 장기집권을 노리는 포석이다.

이때 출범한 '아베 2기 내각'의 전체 각료 19명 중 일본 최대의 보수세력 모임은 '일본회의' 산하 '국회의원 간담회(이하 일본회의 간담회)'에 속해 있는 인사가 15명에 달했다. 중앙일보가 일본회의의 내부 기관지 '일본의 숨결'을 분석하고 일본회의 회원들을 직접 취재한 결과다.

일본회의는 "'신헌법'을 통해 천황제를 부활시키고 자위대를 군대화해 동아시아의 패권을 잡아야 한다"는 목표 실현을 위해 모인 일본 우익세력의 사령탑이다. 이 같은 일본회의와 뜻을 같이하고 응원하는 여야 의원들이 국회 안에 만든 조직이 '일본회의 간담회'다.

각료 80%가 그러한 일본회의에 속해 있는 아베 2차 내각은 이른바 '일본회의 정권'이라고 해도 과장이 아닐 정도이다. 2007년 제1차 아베 내각 말기 때만 해도 각료 18명 중 일본회의 소속은 7명(39%)이었다. 일본회의 소속 비율이 급속하게 증가한 것을 알 수 있다.

일본회의는 개헌과 일본의 핵무장을 주장하는 보수 인사들이 결집한 '일본을 지키는 국민회의'와 신토(神道)계 종교단체들의 모임인 '일본을 지키는 모임'이 1997년 5월 합쳐져 탄생했다. 정·재계, 문화계 등 우익 인사들을 하나로 묶어 일본의 극우 대본영(大本營)이라 불린다.

당시 유임된 아소 다로 부총리는 아베와 함께 일본회의 간담회의 특별 최고고문을 맡고 있다. 스가 요시히데 관방장관, 시모무라 하쿠분 문부과학상은 부회장이다. 개각에서 새롭게 기용된 12명의 각료 중에는 9명(75%)이 일본회의 소속이다.

특히 아베 총리가 자랑하는 여성 각료 5명(역대 내각 최다) 중 3명도 아베와 사상적으로 같은 일본회의 소속이다. 지난달 자민당 정조회장으로 있을 당시 "고노 담화를 취소하라"고 정부에 건의한 다카이치 사나에 총무상은 일본회의 부회장이다.

위안부와 독도 관련 망언을 일삼는 야마타니 에리코(山谷えり子) 납치담당상은 일본회의 간담회의 정책심의회장을 맡고 있다. 일본회의는 일본 안팎 언론들로부터는 우파·우익 총본산, 혹은 대본영이나 보수계, 민족주의적 단체, 내셔널리스트 조직이라고 보도·분석되고 있다.

일본의 야욕 아베신조를 말하다

아베 총리의 고공 지지율 행진이 5년째로 접어들면서 그의 측근 그룹들은 단단한 지지율의 원천이다. 측근들이 아베사단의 근거지가 되면서 점차 지지집단을 확산하고 있다. 특히 높은 지지율은 기존의 지지기반을 더욱 넓혀주는 또 다른 동력이 되고 있다.

도쿄 신주쿠 살롱 인맥

2015년 1월 15일 밤 도쿄도 신주쿠구 교엔(御苑)을 내려다보는 빌딩의 한 방에 50명 정도의 사람들이 담소를 하며 화기애애한 분위기에 젖어 있었다. 가부키배우인 오노에기쿠노스케와 그의 모친이자 배우인 후지 스미코가 모습을 드러내자 박수소리가 크게 울렸다.

『이 나라를 흔드는 남자』라는 책에 따르면 총리인 아베 신조는 스시 만드는 사람이 있는 카운터 앞에 앉아 있었다. 후지의 모습을 보자 "(TV드라마인) 오리엔트 급행, 봤습니다"라고 웃으며 말했다. 이날 파티의 주재자는 평론가인 김미령이었다.(일본식 발음 긴 비레이)

같은 해 5월 12일 김이 개최한 파티의 사진을 후루야 규시가 페이스북에 투고했다. 아베가 와인잔을 들고, 옆에는 후루야, 이나다 도모미 방위상 등이 건배하는 장면이다. 후루야는 이렇게 썼다. "아베 총리를 둘러싸고, 늘상 하는 것처럼 김미령 댁에서의 간담회. 총리도 리랙스타임"

일본의 야욕 아베신조를 말하다

이 파티에는 지금까지도 시모무라 하쿠분이나 야마타니 에리코, 다카이치 사나에 등 국회의원 집단 창생일본의 회원들이 출석한다. 김은 초대한 정치가들을 "좋을 때나 나쁠 때나 아베 상으로부터 멀어지지 않았던 인물"이라고 평한다. 아베와 가까운 정치가로서는 살롱이라고 불리는 김의 파티에 출석하는 것은 지위를 상징하는 것들 중 하나이다.

김은 대만 출신이다. 20대에 일본으로 가 도쿄도내 일본어학교를 창설했다. 대만독립파의 운동가로서 국민당 정권의 블랙리스트에 올라, 30년간 귀국이 허용되지 않았다. 2009년에는 일본국적을 취득했다. 김은 자신을 '아베씨의 바아야(나이먹은 하녀)'라고 부를 정도로 아베 지원자다.

전 주 태국 대사인 오카자키 히사히코로부터 아베와 함께 하는 식사회에 초대받아 출석한 것을 계기로 교류가 깊어졌다. 김은 아베가 2006년 처음 총리가 되었을 때 "외무성으로부터 대만독립파로 분류된 나는 더 이상 식사를 함께 하지 않겠지"라고 생각했다. 그러나 아베는 "저는 신경 쓰지 않아요" 라며 김을 초대해 인연이 이어졌다.

또 하나 아베의 강력한 지원자가 있다. 김이 '아베 상의 늙은 하인'이라고 부르는 정치평론가 미야케 히사유키(2012년 사망). 마이니치신문 정치부기자 출신의 미야케는 아버지 신타로 대부터 아베가와 교류했다. 미야케는 2011년 7월 아베를 총리에 재등판시키기 위한 지원단체 '아베 신조 재생 프로젝트'를 만들었다.

2012년 9월 자민당 총재선거 직전 미야케가 대표 발기인이 되어 '아베 신조 총리대신을 원하는 민간인 유지에 의한 긴급성명'을 만들었다. 발기인에는 김이나 오카자키를 시작으로, 사이타마대학 명예교수 하세가와 미치코, 작가 햐쿠타 나오키, 전 항공막료장 다모가미 도시오 등이 이름을 올렸다. 성명문은 "지금 우리나라는 대내외의 위협에 휘둘려 막부말기와 같은 국가적 위기에 처해 있다. 이것을 뛰어넘기 위해서는 아베 신조 총리대신의 재등판 밖에 없다"며 아베를 열렬히 지지했다.

아베의 한국 인맥

아베 신조 일본 총리의 한국 인맥의 핵심은 롯데가다. 롯데는 신격호 전 회장과 신동빈 현 회장 등의 사업기반이 일본에 있지만 한국인 인맥으로 분류할 수 있다. 아베의 한국 인맥 중심에는 자연스럽게 롯데가 자리잡을 수밖에 없는 구조다. 실질적인 사례도 있다.

2015년 11월 28일 아침, 일본 도쿄도 지요다구 우치사이와이초에 있는 데이코쿠 호텔 주변에는 아침 일찍부터 경관들이 호텔 주변 교통을 통제했다. 검은 양복을 입은 건장한 경호원들이 곳곳에 자리 잡았다. 낮 12시 10분쯤 이날 행사의 주인공이 등장했다. 아베 신조 일본 총리였다. 아베 총리는 승용차에서 내려 데이코쿠 호텔의 대연회장인 구자쿠노마로 걸어 들어갔다. 신동빈 롯데그룹 회장의 장남 시게미쓰 사토시(重光聰·30) 씨 결혼식 피로연장이다.

아베 총리는 피로연 참석 1시간 전 도쿄 시부야의 단골 미용실 '헤어 게

스트(Hair Guest)'에 들러 이발과 면도를 했다. 총리의 도착을 전후해 정계의 거물들이 속속 등장했다. 스가 요시히데 관방장관, 시오자키 야스히사 후생노동상 등이다. 모리 요시로 전 총리도 보였다.

아베 총리는 그냥 얼굴만 내민 것이 아니다. 일본에서는 결혼식에 참석하는 것은 매우 적극적인 의미를 지닌다. 축의금은 일반 시민의 경우도 한국보다는 단위가 하나 더 다르며, 혼주는 자신의 특별한 교류관계인 사람들만을 선별해서 초대한다.

아베 총리는 실제 이날 축사를 하는 등 2시간 가량 자리를 지킨 뒤 자택으로 돌아갔다. 아베 총리는 신동빈 회장과는 오랜 친구 사이라고 한다. 신동빈 회장은 2014년 6월 아베 총리 자택으로 직접 찾아가 초대한 것으로 알려졌다. 이처럼 일본에서의 결혼식 초대는 각별하다.

롯데가의 화려한 결혼 피로연은 일본에서도 화제였다. 현직 총리가 재계 총수 자녀의 결혼식 피로연에 참석하는 일은 정·경 유착의 뿌리가 깊은 일본에서도 흔한 일은 아니다. 이날 피로연에는 일본 롯데 임원들이 아침 일찍부터 자리를 지켰다. 이들도 아베의 한국 인맥인 셈이다.

이날 신 회장 장남의 결혼식 피로연에는 아베 총리와도 교류를 하는 한국 재계의 거물들이 많이 나섰다. 이재용 삼성전자 부회장, 김윤 삼양홀딩스 회장, 이웅열 코오롱 회장이 참석했다. 롯데가의 일본 정계 인맥은 일본 재계에도 잘 알려져 있다.

재일 한국인 고학생 출신의 롯데 신격호 총괄회장이 편견을 딛고 일본에서 대그룹을 일으킬 수 있었던 비결은 광대한 일본내 정치 인맥 덕분이라고 여겨진다. 2015년 11월 신동빈 회장 장남의 결혼 피로연에 참석한

일본의 야욕 아베신조를 말하다

일부 인사들은 30년 전 신동빈 회장의 결혼식을 떠올렸다.

신동빈 회장과 시게미쯔 마나미(57·重光真奈美)씨의 결혼식은 1985년 6월 일본 도쿄 번화가의 아카사카프린스호텔 신관에서 열렸다. 결혼식 주례는 후쿠다 다케오 전 총리가 맡았다. 현직 총리였던 나카소네 야스히로, 기시 노부스케 전 총리 등 전·현직 총리 3명이 참석했다.

물론 아베 총리의 한국내 인맥은 두터운 편이 아니다. 한일간에 물밑 인맥이 중요하던 시절에는 그가 정계에서 비중 있는 역할을 맡지 않았었기 때문이다. 그렇다고 약하다고는 할 수 없다는 것이 일반적인 평가다. 적지 않은 인맥을 구축했다.

한국 정계에서는 지금은 고인이 된 이정일 민주당 전 의원이 아베와 교류가 깊었으며, 비슷한 연배인 국민의당 정동영 의원과 교류하기도 했다. 송영선 한나라당 전 의원과도 교분이 있고, 나종일 전 주일대사도 아베 인맥을 형성하고 있다.

박동선 씨, 한일경제인협회 회장을 역임한 조석래 효성그룹 회장, 한일경제인협회 상임 부회장을 역임한 이종윤 전 한국외대 교수 등도 아베와 연결되는 한국의 인맥이다. 아베는 기본적으로 한국 정치인·관료 등과 접촉할 기회가 많지 않았다.

그렇다고는 하지만 친한파였던 외할아버지 기시 노부스케, 역시 친한파로 분류되는 부친 아베 신타로 전 일본 외상의 생존 시절에 맺었던 한국과의 인연의 일부가 신조의 자산으로 물려졌다. 신타로는 외상과 자민당 간사장을 오래 역임하면서 한국 유력 정치인들과 교분이 많았다.

아베는 신타로가 외상 등으로 근무하는 10년 동안 아버지의 비서생활을 하면서 한국 방문 등에도 동행, 적지 않은 교분을 형성한 것으로 알려졌다. 이 과정에서 인연을 맺게 된 대표적 인물이 '코리아게이트'의 로비스트 박동선 씨다.

아베 총리는 자신의 한국과의 인연에 대해 2015년 10월 21일 한일친선협회와 일한친선협회, 재일민단 중앙본부가 서울 소공동 롯데호텔에서 공동 주최한 '한일친선우호의 모임 in Seoul' 행사에 영상 축하 메시지를 보냈다.

아베는 메시지에서 "저의 고향인 시모노세키는 에도시대에 조선통신사가 상륙했던 곳이다. 시모노세키는 부산시와 자매도시 결연을 맺고 있으며, 매년 11월에는 '리틀 부산 페스티벌' 축제가 개최된다. 이런 지방교류도 여러분의 협력 속에 더욱 발전시켜 나가고자 한다"고 말했었다.

아베와 가왕 조용필의 인연도 있다. 1994년 서울 63빌딩에서 조용필과 전 부인 고 안진형씨(2003년 별세) 결혼식에 잘 나가던 일본 정치인으로, 현직 의원이었던 아베가 하객으로 참석했다. 아베가 결혼식에 왔던 인연은 알려진 바가 없어 두 사람의 관계를 가늠하기는 쉽지 않다.

일본의 야욕 아베신조를 말하다

제8장
아베의 정책

일본경제는 한국경제나 한국인들의 생활에 무척
중요하다. 1960년대 한국 산업화 과정에서 일본
의 각종 자금과 기술은 한국경제에 핵심적 자원
역할을 했다. 일본의 기술은 지금도 마찬가지로
한국 첨단기술 개발이나 상품 개발에 없어서는
안 될 요소다. 일본경제가 기침을 하면 한국경제
가 감기가 걸릴 정도인 시절도 있었다.

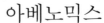

아베노믹스

일본경제는 한국경제나 한국인들의 생활에 무척 중요하다. 1960년대 한국 산업화 과정에서 일본의 각종 자금과 기술은 한국경제에 핵심적 자원 역할을 했다. 일본의 기술은 지금도 마찬가지로 한국 첨단기술 개발이나 상품 개발에 없어서는 안 될 요소다. 일본경제가 기침을 하면 한국경제가 감기가 걸릴 정도인 시절도 있었다.

지금도 전자나 자동차, 조선, 석유화학 등 양국의 핵심 산업은 경쟁과 협조관계다. 환율 변동에 양국의 수출이 웃고 우는 상황이 되풀이되고 있다. 원화와 일본의 엔화 환율이 어떻게 움직이느냐에 따라 양국 경제 상황이 바뀐다는 '환율 결정론'이 있을 정도로 긴밀하게 연결되어 있다. 지금은 아베노믹스의 시대다.

아베노믹스는 아베 총리가 2012년 12월 두 번째 집권한 뒤 내건 일련의 경제정책을 통칭하는 말이다. 지난 4년 이상 아베노믹스가 비교적 잘

일본의 야욕 아베신조를 말하다

작동하면서 일본경제는 모처럼 활기를 찾았다. 주창자인 아베 신조 총리의 성(姓)과, 경제학·경제이론의 총칭인 이코노믹스(economics)를 합성해 만들어진 용어가 아베노믹스이다.

아베노믹스라는 용어는 아베나 그의 정치세력이 만들어낸 용어는 아니다. 언론들이 만들어냈다. 2016년 기준 발행부수 700만부가 넘는 일본 최고의 정론지로 평가되는 아사히신문이 만들어냈다. 아사히신문은 아베에 비판적이다. 그런 아사히가, 2012년 아베가 자민당 총재선거에 나서기로 하며 발표한 일본경제 부흥 정책이 1980년대 미국 레이거노믹스(레이건 대통령의 경제정책)를 모방했다며 비판적 입장에서 지어낸 용어이다. 그것이 긍정적으로 많이 쓰이는 것은 아이러니다.

아베노믹스라는 용어는 지금 아베 자신을 포함하여 한국을 포함한 전 세계에서 자연스럽게 쓰이고 있다. 이른바 '세 개의 화살'이 견인하는 정책이다. 첫 번째 화살은 대담한 금융양적완화(돈 풀기), 두 번째 화살은 기동력 있는 재정정책(선제적 재정투입), 세 번째 화살은 민간부문 투자를 부를 성장전략(신산업, 일자리 창출)이다.

그런데 이 '세 개의 화살'이라는 용어는 앞서도 언급한 아베의 고향 조슈 번의 사실상 창시자 모리 모토나리(毛利元就)의 교훈에서 따왔다고 한다. 즉 모리 모토나리에게 많은 아들이 있었는데, 그 가운데 장남, 차남, 삼남의 역량이 뛰어났다고 한다. 모리는 어느 날 이 세 아들을 불러 각각 화살 한 대 씩을 주고 부러뜨려 보도록 시켰다.

세 아들이 화살 한 대 씩을 쉽게 부러뜨리자 이번에는 모리 모토나리가 세 개의 화살을 주면서 한 번에 꺾어보도록 시킨다. 세 아들 모두 화살 세

개 묶음을 부러뜨리지 못했다. 이에 모리 모토나리는 "하나의 화살보다 세 개의 화살이 더 강하다. 너희 셋이 힘을 합치면 천하에 대적할 자가 없을 것"이라는 말을 남겼다는 고사가 전해진다.

이런 류의 이야기는 세계 어느 나라에나 있다. 그런데 이 세 개의 화살 얘기는 일본에서 아베의 고향 조슈 번의 얘기가 유명하다. 아베노믹스도 이처럼 세 개의 화살을 융합적으로 펼쳐야 잘 가동되어 효과를 낼 수 있다는 의미를 지닌다. 그런데 첫 번째 화살만 제대로 가동될 뿐, 두 번째나 세 번째 화살은 미진하다는 지적을 받는다.

이 정책은 다분히 정치적인 면이 있다. 경제학적 측면에서 보면 이들 세 가지 정책은 모순된다. 하나를 가동하면 하나를 가동시키기 어려운 측면이 있는 것이다. 아베노믹스에 대해 비판적인 이들은 자연스럽게 정합성을 가졌거나 일관성 있는, 경제학적 의미가 있는 경제정책은 아니라고 비판한다. 아베의 no+economics라고 비꼬기도 한다.

아베노믹스를 쉽게 설명하면 아베 총리가 주체가 되어 일본의 경기 회복, 20년 가까이 이어져 온 장기간 디플레이션(경기침체 속 물가하락)과 엔고 탈출을 위해 모든 정책 수단을 동원하겠다는 아베정권의 정책을 뜻한다. 엔화가치 하락을 통해 제조업 수출경쟁력을 높이고, 제조업체 경기를 살려 임금을 올리고, 오른 임금을 통해 소비를 늘리고, 또 생산을 늘리는 선순환을 만들겠다는 정책이다. 주식시장 활성화는 부수효과다.

1991년께 일본의 거품경제가 붕괴된 이후 일본은 '잃어버린 20년'이라는 장기불황의 늪에 빠져들었다. 2000년대 중반 고이즈미 준이치로 총리 정권 때 강력한 각종 규제 해제를 핵심으로 하는 신자유주의 정책을

아베신조 총리의 결연한 모습

펼 때 잠시 회복하는 모습도 보였다. 그러나 기본적으로 20년이 넘어서
도 일본의 장기불황은 지속되었다. 일본인들은 고통스러웠다.

　게다가 2011년 3월11일 동북지역 대지진과 후쿠시마 원자력 발전소
폭발사고라는 전대미문의 재앙까지 겹치면서 일본이 휘청거렸다. 여기
에 이른바 슈퍼엔고까지 겹치면서 일본의 경상수지는 날이 갈수록 나빠
졌고 전자업계를 위시한 수많은 수출기업들이 가격 경쟁력을 상실해 줄
초상을 치렀다. 그러나 당시 집권 일본 민주당, 초보 여당은 이런 난국을
타개하는 리더십을 보여주지 않으면서 민심은 등을 돌렸다.

일본인들은 거의 기가 죽어있었다. 자신감을 잃어버렸다. 자존감도 크게 상실됐다. 강력한 지도자의 출현을 간절히 원했다. 기를 살려주고 경제를 살려낼 강한 지도자를 원한 것이다. 이런 상황에서 2012년 12월 중의원 선거에서 2009년 당시 54년 만에 민주당에 내주었던 정권을 아베 신조 총재가 이끄는 자민당이 재탈환했다. 완전히 풀이 죽어있던 일본인들이 아베 신조를 다시 구세주로, 간절한 눈으로 쳐다봤다.

기죽어 있는 일본경제에 기를 불어넣기 위해 실행한 것이 아베노믹스다. 엔화를 마구마구 푸는 정책이었다. 양적완화를 통해 인위적으로 엔화의 가치를 급속하게 떨어뜨렸다. 시중에 돈을 풀기 위해 중앙은행인 일본은행이 정부가 발행한 국채나 민간 채권을 거의 무한대로 매입하면서 엔화를 풀자 엔화가치가 뚝뚝 떨어졌다.

엔화가치가 급격하게 떨어지자 세계 시장에서 일본 제품의 가격 경쟁력은 올라가게 되어 수출이 더 늘어났다. 일본경제에서 수출은 여전히 중요한 요소다. 아베노믹스는 이런 인위적인 엔저 현상을 통해 일본 기업의 수출을 증대시켜서 경기를 활성화하는 정책이다. 실제로 아베노믹스가 본격적으로 가동되면서 일본경제는 활기를 찾았다.

일본 기업의 수출은 늘어났고 오랜만의 호황에 일본 기업들은 반색했으며 일본 주식시장의 주가도 하늘 높은 줄 모르고 상승했다. 반작용으로 원유나 식량을 포함한 수입 물가도 급등하는 사태가 벌어졌다. 중소기업이나 서민들의 생활을 어렵게 만들었다. 결국 일본 국민들의 실질 소득이 늘어나지 않으면 아베노믹스는 벽에 부딪힐 가능성이 높을 수밖에 없다. 이러한 우려는 현실이 될 수 있다는 지적도 있다.

일본의 야욕 아베신조를 말하다

특히 2016년 1월 벽두부터 중국 주식시장 폭락을 계기로 촉발된 급격한 엔고 전환은 막 살아나려던 일본경제에 직격탄을 날렸다. 1달러당 120엔선 중반까지 떨어졌던 엔화가치는 그해 초 달러당 100엔선을 돌파하고 수직상승하기도 했다. 근 1년간 엔고 현상이 진행되면서 간신히 활력을 찾았던 일본경제는 다시 주춤하게 된다. 2016년 1월말 마이너스 금리정책까지 도입했지만 효과는 충분하지 않았다.

현재 아베노믹스에 대한 평가는 엇갈린다. 전체적으로 양적완화, 재정투입, 성장전략 마련 등 세 가지 화살을 동력으로 해서 추진된 아베노믹스는 양적완화에는 성공했지만 재정투입이나 성장전략 마련을 적절하게 해내지 못했다는 지적도 받는다. 그러나 일본 국민들의 기를 살려냈다는 점에서는 크게 평가를 받는다. 일본국민들이 "이제 우리도 할 수 있다"는 자신감을 갖게 된 것이 아베노믹스의 가장 큰 성과다.

아베노믹스
추진기구는

아베 신조 총리는 경제정책을 관료에게 맡겨두지 않고
자신이 주도, 즉 총리관저 주도로 정책을 추진하고 있다. 그래서 총리실
산하에 각종 자문기구 등을 두고 자신의 아베노믹스를 추진하고 있으며,
상당한 효과를 내고 있는 것으로 안팎의 평가를 받는다.

주요 주체는 일본경제재생본부, 경제재정자문회의, 일하는방식개혁실
현회의, 규제개혁추진회의, 국가전략특구 등이다. 이들 대부분의 정책을
아베 총리 자신이 직접 이끄는 형태를 취하고 있다. 특히 경제재생본부는
성장전략을 실현하는 것을 목적으로 내각에 기획, 입안, 종합조정을 담당
하는 사령탑으로서 설치된다고 밝히고 있다.

아베 총리 스스로가 본부장을 맡는 이 본부는 세 가지 주요 프로젝트를
수행한다. 첫째, 경제재정자문회의를 운용한다. 자문회의는 아베 총리의
자문에 응하여 경제재정정책에 관한 주요한 사항에 대해 조사 및 심의한

다. 둘째, 산업경쟁력회의 운용이다. 총리관저와 재계의 협조를 통해 산업경쟁력 강화 방안을 마련한다. 일본 재계 대표들이 참여한다. 셋째, 국가전략특구의 지정과 운용이다. 국가전략특구는 각종 규제를 파격적으로 완화, 일본 도쿄와 오사카, 니가타 등 전국에서 운용한다.

2016년 첫 번째 회의를 열어 한 달 정도의 간격으로 열리고 있는 일하는방식개혁실현회의도 각광을 받는 기구다. 이 회의도 아베 총리가 직접 주재하며 이끌고 있다. 2017년 1월 4일 아베 총리는 연두기자회견을 통해 "올해는 새로운 나라 만들기에 본격 시동을 걸겠다"며 2017년을 '일하는방식개혁실현 원년'으로 선포하기도 했다.

재계 인사들도 일하는 방식 개혁 실현에 보조를 맞추고 있다. 일본 최대 경제단체인 게이단렌 회장을 역임한 미타라이 후지오 캐논 회장은 1월 5일 신년행사에서 "노동시간을 제대로 관리하는 것은 경영자의 책임"이라고 강조했다. 경영자들이 일본사회의 고질인 장시간 노동에 의한 과로사 발생 등 부작용을 없애 국제경쟁력을 높이자고 제안했다.

2017년 초부터 일본에서는 노동개혁 바람이 뜨겁다. 아베 총리는 2016년 9월부터 한 달에 한 번 꼴로 '일하는방식개혁실현회의'를 직접 주재하고 있다. 일본에서는 최근 1주일이 멀다 하고 일하는 방식 개혁 관련 정책이 쏟아지고 있다. 재택근무 확산, 장시간 노동 개선 같은 단순한 근무 형태의 변경만이 아니다. 겸업·부업 허용과 비정규직 처우 개선, 여성이 일하기 쉬운 환경 조성 등 다양하게 추진된다.

모두 일할 의욕을 고취시키고 생산성을 향상시키기 위한 방안을 포괄한다. 일과 관련한 총체적인 노동시장 혁신이다. 1월 20일 개회한 정기

국회에 상정될 세제 개편안과 예산안도 일하는방식개혁실현을 뒷받침하는 내용이 많다. 10년간 인구감소 시대가 진행되면서 일손이 부족하자 모자라는 일손을 보충하기 위해 집안에 있는 여성들을 일자리로 불러내겠다는 취지다. 아베노믹스의 활성화를 위한 노동시장 개선조치다.

아베 총리가 일하는 방식 개혁 실현에 열을 올리는 사건이 있었다. 일본 최대 광고회사인 덴쓰 신입 여직원이 2015년 과로사한 뒤 기업들 사이에도 장시간 근로문제를 개선하려는 시도가 이어지고 있다. 특히 이 여학생이 일본 최고 명문 도쿄대 출신인 점도 이 문제가 사회적인 이슈로 부각된 배경으로 작용했다고 일본 언론들은 지적한다. 일본은 역시 도쿄대 출신을 각별하게 대접하는 분위기가 여전하다.

파장은 광범위하다. 근로자들의 과로를 초래하지 않기 위해 일정 시간 휴식을 보장하는 '근무 간 인터벌제도'나 '주 4일 근무제' 등이 속속 도입되려 하고 있다. 게이단렌은 2017년 춘계 노사협상용 경영계 지침에 노동시간 단축과 여성 근로 촉진을 위한 배우자수당 축소를 권고했다. 기업의 재고용 연령 상한을 70세로 올리거나 사회·경제적으로 65세인 노인 연령기준을 70세로 조정하려는 움직임도 강하다.

아베 총리가 일하는 방식 개혁에 열을 올리는 이유는 지속적인 경제성장을 위해 더 이상 미룰 수 없는 과제라고 인식하고 있기 때문이다. 일본의 생산가능인구(15~64세)는 2015년 7천628만 명으로, 최고였던 1995년(8천659만 명) 대비 1천만 명 이상 감소했다. 20년 이상 추세적으로 줄어들고 있는 것이다. 우리나라가 2017년부터 생산가능인구가 줄어들 것으로 보이기 때문에 일본이 우리보다 20년 앞서 진행됐다.

일본의 야욕 아베신조를 말하다

아베 총리에게 경제성장은 염원인 개헌을 실현하고 장기집권을 위해서는 반드시 달성해야 할 숙제다. 잠재성장률이 떨어지면 아베 총리가 목표로 한 2020년 일본 국내총생산(GDP) 600조엔 달성은 공염불에 그칠 수 있기 때문이다. 저출산·고령화를 해결하는 데 적잖은 시간과 비용이 들어가는 만큼 우선 일하는 방식부터 뜯어고쳐 기반을 만들겠다는 계산이다. 현재로서는 이 정책에 제동을 거는 세력은 없다.

　2017년부터 우리나라도 생산가능인구가 줄어든다. 고령화 속도는 일본을 능가한다. 일본의 10년, 20년 전을 보면 한국의 현재가 보이고, 일본의 현재는 한국의 10년, 20년 뒤를 보여준다는 말이 있다. 일본은 1996년부터 생산가능인구가 감소했고, 10년 전부터 인구가 감소했다. 생산인구가 감소하면서 일본의 잃어버린 20년이 이어졌다. 한국도 일본의 현재를 보고 다양한 준비를 미리 해야 할 듯하다.

아베노믹스 창안자
하마다 고이치 교수

아베노믹스는 하마다 고이치(浜田宏一·81) 미국 예일대 명예교수가 설계하고, 구로다 하루히코 일본은행 총재가 보조하고, 아베 신조 총리가 실행한다는 얘기를 들을 정도로 하마다 고이치가 핵심인물이다. 그는 아베 총리의 경제 멘토로 널리 알려져 있다. 아베 총리를 돕는 공식 직함은 내각관방참여이다. 경제고문 격의 자리다. 국제금융론과 게임이론을 전공했으며 일본을 대표하는 경제학자이기도 하다.

일본 최고명문 도쿄대 법학부 출신으로 도쿄대 재학중에 사법시험, 외교관시험, 국가공무원상급직시험 등 우리나라식으로 하면 사법고시, 외무고시, 행정고시 3관왕을 차지한 수재 중의 수재이다. 그런데 도쿄대 법학부 졸업 뒤에 동대학 경제학부로 학사 편입해 경제학도로 변신한 뒤 도쿄대 대학원에서 석사를 마치고 예일대로 가 경제학박사가 된다.

그는 현재도 일본과 미국, 그리고 전세계를 오간다. 한국 경제에 대해서도 한국이 일본처럼 잃어버린 20년을 겪고 싶지 않으면 아베노믹스처럼 금융완화와 재정투입, 그리고 성장전략을 마련해 가동해야 한다고 조언하다. 금융정책으로 원화가치를 하락시켜 수출을 증대하면 기업의 생산이 늘면서 고용과 임금이 좋아진다고 주장한다.

하마다 교수는 아베노믹스를 설계한 이론적 지주다. 일본 경제학계에서 노벨경제학상에 가장 가까운 일본인으로도 불리고 있다. 그가 창안한 아베노믹스를 통해 일본경제는 리플레이션(Reflation·디플레이션은 벗어났지만, 인플레이션에는 이르지 않은 상태)을 도모했다. 그러나 아직은 미완의 경제정책이라는 평판이 대체적이다. 특히 2016년 갑자기 진행된 급격한 엔고는 낮은 엔화가치를 핵심으로 하는 아베노믹스를 뿌리째 흔들어버렸다. "환율의 향배는 신도 알 수 없다"는 말을 실감시켰다.

하마다 교수는 한국이 일본처럼 잃어버린 20년을 경험하지 않으려면 아베노믹스에서의 금융정책을 시행하는 것이 좋다고 연합뉴스 등과의 인터뷰를 통해 조언했다. 그는 아베노믹스를 통해 일본은 경기가 침체된 가운데 물가는 내리는 디플레이션에서 아직 빠져나오지 못했지만, 고용이 개선됐고 저생산성 단계에서는 탈출한 상태라고 진단한다.

하마다 교수는 한국에 긴축정책은 펴지 말라고 강조한다. 한국이 과거처럼 긴축경제정책을 펴거나 지나치게 긴축 재정을 실시하면 안 된다는 것이다. 장기간 침체됐던 일본경제에 활력을 불어넣은 것만큼은 분명한 아베노믹스의 핵심 정책인 양적완화를 한국에 적용하지 않는다면 오히려 이상한 일이라고 여러 자리에서 강조하고 있다.

그는 한국이 아베노믹스를 시행하면 다른 통화에 대비해 원화가치가

하락해 한국의 수출은 늘어나고 자동차나 전자, 조선, 철강 등 경쟁 산업이 많은 일본의 수출에는 부정적인 영향을 줄 수 있지만, 결과적으로는 두 나라 모두의 경제에 도움이 되는 윈윈 현상을 초래할 것으로 전망하면서 아베노믹스 핵심 정책 도입을 적극 추천하고 있다.

하마다 교수는 아베노믹스의 효과에 대한 논란에 대해서는 적극 방어한다. 그는 현재 아베노믹스가 2016년 급격한 엔고로 인해 상황이 변했다며 수정이 필요하다는 사실은 솔직하게 인정한다. 그러나 도쿄시내 곳곳에 마천루 빌딩들이 속속 들어서고 젊은 실업자가 거의 사라졌다며 아베노믹스의 성과라고 강조한다.

아베노믹스는 아베 총리가 두 번째로 집권한 다음해인 2013년부터 실시됐다. 초반에는 금융 완화 조치가 먹혀들면서 소비가 빠르게 증가했고, 실업률은 저하하는 등 긍정적인 효과가 여러가지로 나타났다. 그런데 2016년 1월 이후에는 급격한 엔고(円高)와 국제유가 하락 등의 영향으로 주춤하고 있다. 엔고에 그만큼 영향을 받는다.

특히 목표인 '2% 물가 상승률' 달성이 요원한 상황이 된 것은 비쌀 때보다 반 이하로 떨어진 국제유가의 영향이 컸다. 사용하는 유류의 거의 전량을 국외에서 수입하는 일본에서 유가의 하락은 수많은 물품의 가격을 하락시키는 요인이 되어 연쇄적으로 물가를 하락시킨다. 그러니 2% 물가상승률 달성은 국제유가 하락 때문에 어렵게 됐다.

일본경제의 상황이 이처럼 변해있기 때문에 하마다 교수는 아베노믹스의 첫 번째 화살인 금융정책에 더해 두 번째 화살인 재정정책을 적극적으로 펼쳐야 한다고 얘기했다가, 언론으로부터 "아베노믹스의 창시자도 변

일본의 야욕 아베신조를 말하다

절했다"는 식의 비아냥을 듣기도 했다. 이에 하마다 교수는 "금융정책이 2015년 중반까지는 잘 먹혀들었다"고 평가했다.

하지만 이후가 문제였다. 국제유가가 급격히 떨어지면서 엔저가 예상만큼 지속하지 못했다. 금융정책의 효과는 약해졌다. 중국에서의 주식시장이 폭락하며 세계 금융시장이 휘청한 것도 영향을 주었다. 따라서 아베노믹스도 일부 정책의 변화된 상황에 맞추어 수정이 필요하기는 하다는 취지의 의견을 비치고 있다. 그러나 일부 언론의 보도처럼 아베노믹스에 대한 본인의 기본 생각이 달라진 것은 아니라고 했다.

하마다 교수는 금융정책 효과가 약해진 상황에서 이제부터는 거기에 더해 재정정책도 고려해야 한다는 생각을 하고 있지만, 지금까지의 금융정책이 틀렸다고는 생각한 적 없다고 강조한다. 2019년 하반기 일본의 소비세(한국의 부가가치세)가 다시 인상되면 소비 심리가 위축될 수 있으니 그에 앞서 선제적으로 재정 투입 정책을 적극적으로 펴 소비 위축을 미리 방지하는 것이 상책이라는 설명이다.

일본 정부는 아베노믹스의 일환으로 소비 증진을 위해 당초의 인상 계획을 두 번이나 연기하면서 낮은 소비세율을 고수하는 정책을 편다. 그런데 선진국 중에서는 국내총생산(GDP) 대비 국가부채 비율이 가장 높을 정도로 재정 건전성이 취약하다는 지적을 받는 상황이기 때문에 계속 소비세율을 낮은 수준으로 고수할 수 없는 상황이다. 이에 2015년 10월 소비세율을 현행 8%에서 10%로 올릴 계획이었지만, 경기회복이 지연되면서 두 번째 연기해 2019년 10월 소비세율을 인상할 계획이다.

아베노믹스 창시자이자 조율자인 하마다 교수는 결론적으로 아베노믹스가 적중했다고 평가하고 있다. 그리고 얼어붙어 있는 한국과 일본 두 나라 상황에 대해 한일 국민들이 서로 협력하면 좋은 결과가 나오겠지만 각 나라의 정치적 문제 때문에 제대로 진행되지 않고 있어 안타까운 상황이라고 말한다. 하마다 교수는 최근 동아시아 3국인 한국과 중국, 일본 사이의 긴장이 높아지고 있는 것에 대해서는 낙관론을 폈다.

근거는 세 나라 국민들이 상당히 높은 교육을 받고 근로 의욕이 세계 어느 나라보다 높다는 점을 들었다. 따라서 한·중·일 3국은 세계에서 향후 경제발전이 가장 기대되는 지역이라고 전망했다. 3국이 협력하면 좋은 결과가 나오겠지만 정치적 갈등 때문에 잘 안 된다며 우려한다. 정치적 갈등을 풀기 위한 노력을 요구하기도 한다.

아베노믹스에서 두 번째 중요한 인물은 구로다 하루히코 일본은행 총재이다. 그가 일본은행 총재 5년 임기를 채운다면 2018년 3월까지 일본 중앙은행인 일본은행(BOJ)을 이끈다. 그는 일본은행을 지휘하면서 아베노믹스가 원활하게 작동하도록 물가정책 등을 이끌면서 2020년 도쿄올림픽에 대비한 일본의 금융정책도 책임지게 된다.

구로다 하루히코 총재 역시 일본 최고 명문 도쿄대학 재학중에 사법시험에 합격했지만 법조인의 길을 가지는 않았다. 대학 졸업 뒤 우리나라 재정경제부 격인 대장성에 들어가 국제금융 분야 등에서 일하다 관료로서는 최고의 자리인 재무관을 3년 반에 거쳐 지낸 후 퇴직, 히토쓰바시 대학원 교수로 갔다. 그 후 2005년 아시아개발은행 총재로 취임했다가 2013년 3월 물러나 31대 일본은행 총재로 취임했다.

일본은행 총재 취임의 길은 비교적 순탄했다. 취임 찬반을 묻는 국회의 결의 경우 중의원에서 과반수의 찬성으로 통과했고, 상원 격인 참의원에서는 85%라는 압도적인 다수의 찬성으로 가결되었다. 이러한 높은 찬성률과 아베 총리의 높은 신임을 바탕으로 그는 일본 금융정책을 펴고 있다. 특히 2016년 1월 29일 전격적으로 도입한 마이너스 금리정책은 구로다 총재의 상징적인 정책이 되고 있다.

아베노믹스는
미국의 중국 견제 산물인가

아베노믹스는 일반인들에게는 아베 총리의 경제정책으로 인식되고 있다. 단순한 경제정책이라는 시각이다. 그러나 다른 해석도 있다. 바로 정치경제적 해석이다. 아베노믹스는 미국의 세계 지배전략이라는 시각에서 분석하는 이들이 적지 않다.

핵심은 재정상태가 좋지 않은 미국이 일본의 경제력을 활용해 아시아 방위를 해보겠다는 계산이 작용했다는 것이다. 일본의 경제력을 활용하기 위해서는 일본, 특히 자주 노선을 걷고 있는 아베에게 일본의 재무장이라는 선물을 주어 동북아시아 안보를 책임지게 하려는 것이다.

요점은 이렇다. 중국의 시진핑 정권은 지금 팽창 노선을 걷고 있다. 그런데 1월 임기가 끝난 미국 버락 오바마 정권은 아시아 회귀(Pivot to Asia)로 상징되는 외교정책을 통해 동아시아 질서를 유지하려 했다. 동북아 안보질서의 재편 물결이 몰아친 것이다.

미국이 일본에게 동북아 안보의 중요한 책무를 부여하기 위해서는 20년 장기불황에 시달린 일본경제에 힘이 생기도록 해줄 필요성이 있었다. 경제와 안보, 외교가 정교하게 맞물려 돌아간 것이다. 미국이 핵심수단으로 동원한 것이 아베노믹스라는, 경제로 포장된 외교정책이다.

미국은 급부상하려는 중국을 견제하기 위해 한편으로는 인도의 핵무장을 공식화해주었다. 대신 중국과 영토분쟁 등을 하며 앙숙관계인 인도가 미국 편에 서기를 원했다. 물론 도널드 트럼프 대통령 당선 뒤에는 미국의 동아시아 정책이 어떻게 변해갈지 아직 가닥이 잡히지 않았다.

오바마 행정부 때만 해도 미국은 한편으로는 일본을 재무장시키고, 미국·일본·호주·인도 4개국 연합을 통해 중국을 견제하겠다는 구상을 가동했다. 일본에 재무장하라고 하니까 역대 총리들은 다 거부했는데 아베는 받아들였다. 재무장을 하려면 돈이 필요하다.

이를 위해, 시들어가던 일본 경제를 다시 일으키기 위한 수단으로 내놓은 게 아베노믹스이다. 아베노믹스는 철저히 미국과 일본의 이익을 위해 가동되었다고 보는 것이다. 한국과 중국의 산업은 찌그러뜨려도 된다는 것이다. 미국이 부담을 덜기 위해 일본을 살리려 한다는 논리다.

그래서 미국은 아베노믹스를 지탱해 온 핵심 기제인 엔저(엔화 가치 하락)를 통한 일본 수출제조업의 부흥을 용인하면서도 한국에는 외환시장이 흔들릴 때 조금만 개입해도 보복조치 으름장을 놓았다. 지난 4년 가까이 아베노믹스는 미국의 의도대로 엔화가치가 20% 정도 하락하면서 일본 제조업의 수출이 늘어나며 기업 실적이 올랐고, 임금을 인상했으며, 소비가 늘고, 제조업이 생산을 늘리는 경제의 선순환 구조가 형성됐다.

일본 정부는 법인세 수입이 늘어 재정 운용에 숨통이 트였고, 5년간 방위비를 계속 올려 미국이 노렸던 동북아 안보 구도를 재구성하는 가장 중요한 수단으로 작용했다. 이 정책은 비공식적으로 작동했기 때문에 지금도 대부분의 사람은 아베노믹스를 경제정책으로만 본다.

이처럼 아베노믹스가 단순히 경제정책이 아니라 미국의 핵심 외교안보정책, 동북아 정책이라는 사실은 지식경제부장관을 지낸 최중경씨의『워싱턴에서는 한국이 보이지 않는다』라는 저서 등에서 소개되고 있다. 이런 주장에 대해 반대하는 의견이 많다. 아베노믹스는 그야말로 아베 총리가 하마다 고이치 예일대 명예교수의 자문을 받아 시행하는, 일본경제를 살리기 위한 순수 경제정책이라는 주장이다.

최근 도널드 트럼프 미국 대통령의 일본경제 비판으로 상황이 어떻게 될 지는 미지수다. 물론 리버럴한 민주당 소속인 버락 오바마 전 대통령 시절과 보수적인 공화당 소속인 트럼프 대통령은 환율 정책 등에서 확연히 다르다. 따라서 트럼프 정권 초기에 미국과 일본의 환율을 포함한 경제·통상 정책을 예단하기에는 이르다. 적어도 6개월 또는 1년은 지나가야 아베노믹스와 미국과의 정치경제학이 판가름날 것으로 보인다.

아베노믹스와 일본 방위비의 상관관계를 살펴보는 것도 필요할 듯하다. 최근 통계에서는 지난 4년 이상 아베노믹스가 일본의 재무장, 방위력 증강으로 연결됐음을 잘 입증해 준다. 일본의 2017년도 방위비는 5조1천억엔(약 52조5천억원)에 달해 역대 최대치를 5년째 경신했다. 이는 미국이 동아시아 방위 부담을 일본에 떠넘기기 위해 엔저를 토대로 하는 아베노믹스를 지원했다는 해석을 그럴싸하게 해 준다.

아베가 2012년 재집권한 뒤 꾸준히 방위비가 늘어 일본의 재무장을 위한 기초 작업이 착착 진행됐음을 수치로 보여준다. 아베의 집요한 정책집행에 의해 전쟁할 수 있는 나라로 탈바꿈한 일본이 중국의 팽창과 북핵·미사일 대응을 빌미로 군사대국화를 착실히 진행하고 있다. 아베의 팽창정책은 한국과는 독도 문제로, 중국과는 댜오위다오(일본명 센카쿠열도) 영토 분쟁으로 나타나고 있다.

아베의 2차 정권 5년차에 증액된 방위비는 미사일 방어시스템을 강화하는 데 집중 투입됐다. 센카쿠열도와 동중국해 중국의 해양 팽창을 견제하기 위한 신형 잠수함 건조와 지대함 미사일 개발에도 예산이 책정됐다. 미군 재편관련 비용도 증액됐다. 미군은 현재 오키나와 해병대를 괌에 이전하는 등 전력 재편을 진행하는 중이며, 관련비용의 일부를 일본에 부담시키고 있다. 비용 부담에 대한 논란도 여전하다.

아베 정권이 다시 들어서면서 매해 최고수준의 방위비를 책정하는 것은 중국 팽창을 견제하기 위해 미일 동맹 수준을 한 차원 높이는 것이 필요하다고 보고 있기 때문이다. 미국과 일본의 이해가 일치하기 때문에 가능한 것이고, 이를 경제적으로 뒷받침하는 것이 아베노믹스다. 미군을 대신해 자위대의 활동범위를 넓히려는 목적도 있다.

바로 아베가 최종적으로 지향하는 '전쟁을 할 수 있는 보통국가화'를 위한 착실한 한 걸음이다. 미국으로서도 일본이 미국의 군수무기를 수입해 동아시아 미군 전력을 보완해 주는 셈이니, 일석이조인 셈이다. 누이 좋고 매부 좋은, 이른바 윈윈하는 정책인 것이다. 그러나 도널드 트럼프 대통령이 취임하면서 미일관계에 변화가 일어날 수도 있다.

아베 필생의 과제
헌법 개정과 한국

　　1945년 일본이 2차 대전에서 패전한 뒤 일본 정치세력,
특히 1955년 자민당이 창당된 뒤에는 두 가지 정치세력이 당의 큰 줄기
를 형성했다. 한 분파는 미국에 안보를 의지한 채 경제를 살려 일본을 부
강하게 하자는 편이었고, 한 분파는 미국의 영향력으로부터 벗어나는 일
본의 실질적인 독립을 해야 한다는 주장을 했다. 이른바 자강파와 자주
파로 대별된 것이다. 자주파가 오늘 일본의 우파를 대표한다.

　자주파들은 일본 헌법 9조에 '전쟁할 수 있는 권리'를 포기하는 대신
미군의 핵우산이라는 선물을 받았는데, 헌법을 개정해 자주성을 확보하
는 것이 시급하다고 주장한다. 자주파의 태두 격은 아베 신조 총리의 외
할아버지 기시 노부스케 전 총리다. 그는 1958년 10월 "일본이 헌법 9
조(전쟁포기를 규정한)를 버릴 때가 되었다"고 과감하게 주장했다. 그 후
거의 2년간 이를 저지하기 위한 시위에 수백만의 일본인들이 참여했다.

급기야 1960년 6월 19일 33만 명의 시위대가 일본 국회를 둘러싼 가운데 미국과 일본 사이에 '신안보조약'이 체결되었다. 이 조약을 맺으면서 미국과 일본은 집단적 자위를 약속하고, 두 나라 가운데 어느 한 쪽이 무력공격을 받을 경우에는 미국과 일본의 자위대가 공동으로 군사행동을 한다고 규정했다. 이 조약이 성립되고 수일 뒤에 기시 노부스케는 사명을 다했다며 총리직에서 스스로 물러났다.

그로부터 60년이 가까이 흘렀다. 아직까지 일본의 직접적인 군사행동은 없었다. 일본의 현 헌법은 군사행동을 금한다는 해석이 지배해 왔기 때문이다. 그럼에도 불구하고 일본 내 우파를 중심으로 자주적인 군을 보유하고, 스스로의 힘으로 나라를 지킬 수 있는 보통국가가 되자고 하는 움직임은 지속적으로 추구되어 왔다. 특히 아베 신조 총리는 외할아버지 기시의 뜻을 이어 보통국가화에 속도를 내고 있다.

일본 평화헌법 9조는 전쟁을 포기한 조항이다. 일본 헌법 제2장은 전쟁의 포기를 규정했고, 제9조는 '① 일본국민은 정의와 질서를 기조로 하는 국제 평화를 성실히 희구하고, 국권의 발동에 의거한 전쟁 및 무력에 의한 위협 또는 무력의 행사는 국제분쟁을 해결하는 수단으로서는 영구히 이를 포기한다. ② 전항의 목적을 성취하기 위하여 육해공군 및 그 이외의 어떠한 전력도 보유하지 않는다. 국가의 교전권 역시 인정치 않는다'고 규정하고 있다. 이 조항들이 문제가 되고는 한다.

아베 신조 총리는 일본의 평화헌법을 개정해야 한다는 소신을 명확히 밝히고 있다. 그는 2006년 총리에 처음 취임한 뒤 국회에서 "현행 헌법은 일본이 점령되어 있던 시대에 제정된 뒤 60년 가까이 경과해서 현실에 어울리지 않는 것이 되고 있으므로, 21세기에 어울리는 일본의 미래 모습 혹은 이상을 헌법으로서 조목조목 써 가는 것이 필요하다고 생각하고 있다"라고 말하며 분명한 개헌 의지를 밝혔다.

아베 총리는 아울러 국회의원이 된 당시부터 개헌론자이다. 그는 세 가지 점에서 헌법을 개정해야 한다고 주장해 왔다. 첫 번째 이유는 현행 헌법은 점령군의 손에 의해서, 그리고 헌법 전문가가 아닌 사람들에 의해 2주일 정도 사이에 기초되었다는 역사적 사실을 든다. 둘째, 제정 후 반세기 이상이 지나 몇몇 조문은 시대에 맞지 않게 되었다는 이유를 든다. 그 전형이 제9조라고 생각한다. 셋째, 새로운 세기를 맞아 일본인의 손으로 새로운 헌법을 만들자고 주장하고 있다.

이러한 기본 정신에 따라 아베 총리는 개헌에 대한 의지를 집요하게 피력하고 있다. 정공법에 의한 개헌이 어렵자 해석개헌을 동원해 개헌의 취지를 달성하려고 한다. 2017년 들어서는 좀 더 구체적으로 개헌에 대한 의지를 피력했다. 1월 20일 개원한 정기국회 시정연설을 통해 개헌에 대한 의지를 명확하게 드러냈다.

아베 총리는 중·참의원 본회의에서 "일본국 헌법이 시행된 지 올해로 70년이 되었다. 새로운 70년을 위한 헌법 개정을 위해 헌법심사회에서 논의를 심화시켜 나가자"고 제안했다. 현행 평화헌법 개정에 적극적인 집권 자민당은 물론 연립 여당인 공명당, 제1야당인 민진당 등 야당까지 모두 개헌을 위한 논의에 적극적으로 나설 것을 주문하고 나섰다.

아베 총리가 2016년보다 적극적인 자세로 전환한 것은, 2016년 7월 참의원 선거 승리로 중·참의원 양원 모두에서 개헌 찬성 세력이 각각 3

열병하고 있는 자위대

분의 2 이상으로 개헌 발의에 필요한 의석수를 확보하게 되자 개헌 발언 수위를 한껏 높일 수 있게 된 것으로 해석된다. 그러나 일본 여론이 개헌에 적극적이지 않다. 그래서인지 아베 총리는 작년 9월 "개헌을 정하는 것은 정부가 아니라 국민이다. 안을 제시하는 것이 국회의원"이라고 말했었다.

아베 총리는 궁극적으로 헌법9조를 개정해 일본을 전쟁 가능한 국가로 만드는 것을 목표로 하고 있다. 아베 총리가 2017년 시정연설을 통해 개헌 논의를 구체화할 것이라며 노골적인 개헌 행보를 예고했지만, 아직 구체적인 움직임은 보여주지 못하고 있다. 그러나 아베가 노골적인 개헌 논의를 할 경우 주변국들의 반발이 예상된다. 일본 국내에서도 정치권과는 달리 일반 국민들은 개헌 찬성 여론이 아직은 높지 않은 편이라 개헌을 밀어붙이는 것이 부담인 상황이다.

그러나 아베 총리는 개헌을 위해서는 무리수도 마다하지 않고 있다. 그는 작년에 생전 퇴위할 의사를 밝힌 아키히토 일왕의 퇴위 방식을 놓고도 국민 대다수의 의견과 달리 특별법 제정 방식을 무리하게 추진하고 있는 것으로 평가되고 있다. 퇴위 문제를 속히 해결해 정치 이슈가 자신의 숙원인 헌법개정에 집중되도록 하려는 의도로 보인다. 평화주의자인 아키히토 일왕은 아베 총리의 개헌을 마뜩치 않아 하는 것으로 전해진다.

아베 총리는 사적 자문기구인 '천황(일왕)의 공무 분담 경감 등에 관한 전문가 회의'(이하 전문가회의)는 '퇴위를 현재의 일왕에 한정하는 것이 바람직하다'는 내용의 논점정리를 발표했다. 일왕의 퇴위 방식으로는 현재의 아키히토(明仁) 일왕뿐 아니라 이후 일왕에 대해서도 생전에 중도 퇴위할 수 있도록 하자는 황실전범(皇室典範) 개정파도 있다. 두 방식이다.

전문가 회의는 논점 정리를 통해 두 방식의 장단점을 제시하는 형식을 취하면서도 특별법 제정에 무게를 뒀다. 국민 대다수가 황실전범 개정 방식을 지지하는 것과 반대된다. 한 신문사 여론조사에서 일본 국민들은 '특별법 제정'(22%)보다 '황실전범 개정'(65%) 방식을 지지하는 목소리가 3배 가까이, 압도적으로 많았다. 총리와 국민여론에 괴리가 있다.

아키히토 일왕도 황실전범 개정을 통해 제도 자체가 바뀌어야 한다는 희망을 밝히기도 했다. 아키히토 일왕은 작년 8월 생전 퇴위 의사를 국민에게 직접 알린 이후 이와 관련한 발언을 삼가고 있다. 그렇지만 기본적으로는 장래를 포함해 자신 이후의 일왕도 생전에 양위가 가능한 황실전범 개정을 희망하는 의지를 간접적으로 내비치고 있다.

그런데도 아베 총리가 자신의 자문기구를 통해 특별법 방식을 추진하자 야당은 물론 일본 언론들도 비판의 목소리가 높다. 아베 총리가 특별법 제정을 통한 일왕 퇴위를 서둘러 추진하는 것은 국민이 큰 관심이 있는 일왕 생전 퇴위 이슈가 자칫 자신이 필생의 과제로 추진하는 헌법 개정에 걸림돌이 될까 우려하기 때문으로 해석되고 있다.

실제로 아베 총리는 60% 안팎의 높은 지지율을 유지하고 있지만 개헌에는 만만치 않은 반대의 목소리가 있기 때문에 이를 뚫고 헌법 9조를 개정하기 위해서는 국민과 정치권의 시선을 개헌 논의에 집중시키는 것이 중요하다고 판단한 듯하다. 일왕의 퇴위 문제가 오래 쟁점이 되는 것은 개헌에 유리하지 않다는 계산에 따라 특별법 제정 방식을 추진하는 것으로 보인다. 황실전범을 개정하게 되면 퇴위한 일왕에 대한 대우, 호칭, 거처 등 다양한 사안에 대해 논의를 오랜 기간 진행해야 한다. 이에 비해 특별법 제정 방식은 지금 일왕에 대한 사안만 결정하면 돼 소요되는 시간이 비교적 짧다. 아베가 시간을 벌게 된다.

일본에서는 작년 일왕이 TV를 통해 국민에게 직접 생전 퇴위에 대한 심경을 털어놓자 "지난 전쟁에 대한 반성과 헌법 준수 등을 중요하게 생각해 온 일왕이 아베 총리의 개헌 구상을 저지하기 위해 퇴위 뜻을 밝힌 것이 아닌가"라는 관측이 나왔다. 이후에도 이러한 해석이 계속 제기되자 아베 총리는 2017년 1월 23일 국회 대표질문에서 "일왕 퇴위 문제를 정쟁의 도구에 이용하지 말라"고 응수하기도 했다.

일본 정부는 현 아키히토 일왕에 한해 조기 퇴위를 가능하게 하는 특례법을 중심으로 검토하고 있지만, 아베 총리는 구체적인 법 정비 방안은 언급하지 않고 있다. 이처럼 일왕 퇴위와도 맞물려 있는 개헌은 좀처럼 풀기 어려운 고차방정식이다. 수많은 변수들을 정리하고 진행해야 한다. 아베는 개헌을 위해 사립고교 무상화 등 포퓰리즘적인 공약도 주저하지 않고 있다. 개헌에 우호적인 세력들을 늘리기 위해서다.

아베 총리는 기회가 있을 때마다 여러 가지 수단을 총동원해 강하게 개헌 논의에 드라이브를 걸고 있다. 아베 총리는 일본이 전쟁과 무력행사를 포기하며 육·해·공군과 여타 전력을 보유하지 않는다고 규정한 헌법 9조를 바꿔 일본을 전쟁을 할 수 있는 보통국가로 변신시키려 하고 있다. 그러면 외국과의 전쟁 도발도 합법적으로 가능해지게 된다.

이렇게 되면 35년간 식민지 지배를 경험했던 한국이나 북한, 동남아 여러 국가로서는 엄청난 위협이 아닐 수 없다. 그래서 일본의, 아베의 개헌 추진은 한국인들에게는 엄청나게 민감한 문제일 수밖에 없다. 한반도를 침략할 당시에 일본은 침략이란 용어를 사용하지 않고, '진출'이라는 용어를 사용했다. 그만큼 명분마련에 집착했던 것이다.

무엇보다 20세기에 한반도를 침략할 당시 일본은 '유럽의 식민지 진출에서 아시아 국가들을 보호하고, 해방시키기 위한 진출'로 묘사하고 있었다. 교묘한 말장난을 통해 조선이나 동아시아 국가들에 침략전쟁을 가한 것이다. 그런 일본의 군국주의화를 막기 위해 미국이 주도해 일본을 전쟁할 수 없는 나라로 규정한 것이 현재의 평화헌법이다.

그런데 만일 일본이 헌법 9조를 바꾸어 전쟁을 할 수 있는 보통국가화를 실현하면 일본이 군대를 보유할 수 있게 된다. 지금 일본은 군대가 아닌 자위대를 보유하고 있다. 아베가 최장 2021년까지 집권하며 임기 내에 전쟁할 수 있는 보통국가로 전환하면 아시아 주변국과의 갈등이 증폭될 수 있다. 합법적으로 국제분쟁에 개입할 수 있기 때문이다.

군국주의 일본 군대가 세계 평화를 내세워 아시아는 물론 세계 각국에 진출할 수 있는 상황이 되면, 헌법 9조의 제약을 받아 극히 제한적으로 이루어지는 현재보다는 훨씬 자유롭게 국제 분쟁지역에 파병할 수 있는 길이 열린다. 아울러 집단적 방위는 물론 방어를 명분으로 한 침략 전쟁도 합법적으로 일으킬 수 있게 되니 헌법 개정은 무시무시한 일이 된다.

현재 아베의 자민당과 공명당 연립정권은 미국의 상·하 양원에 해당하는 참의원과 중의원에서 개헌에 필요한 3분의 2의석을 모두 확보한 상태이지만 국내 여론과 외국 눈치를 보며 속도조절을 하고 있다. 속도조절을 하면서 아베와 일본 우파들은 개헌을 위한 정지 작업을 한시도 포기하지 않고, 치밀하게 준비해 갈 것으로 보인다. 결코 포기하지 않겠다는 분위기다.

그러나 일본 국회에서 헌법 개정안이 발의되기 위해서 넘어야 할 산은 적지 않다. 우선 개헌안은 여야 의원으로 구성된 헌법심사회를 통과해야 한다. 이후 국회 표결과 국민투표에서 가결돼야 한다. 야당의 협조를 얻지 못하거나 국민 동의를 구하지 못하면 개헌 작업은 무산되게 된다. 개헌을 밀어붙였다가 실패하면 총리는 돌이킬 수 없는 정치적 타격을 입게된다. 그래서 아베 총리는 집요한 가운데 신중을 기하는 것이다.

한·중·일 분란의 씨앗 야스쿠니 신사

　　야스쿠니신사(靖國神社)는 일본 도쿄 시내 한복판인 지요다구 언덕길에 세워져 있다. 주변에는 일왕(천황)의 궁궐과 국회, 그리고 정부 각 부처의 청사, 각 정당의 당사들이 위치한 그야말로 핵심 요지다. 야스쿠니신사의 위치만 봐도 일본의 중요 시설임을 알 수 있다.

　야스쿠니에는 메이지유신에서 태평양전쟁 때까지 '일본국을 위해 전사한 전몰자' 246만6천여 명(야스쿠니 홈페이지 2017년 3월 기준)의 위패가 있다. 안치자격은 일왕의 명령을 받들었는지가 조건이다. 침략전쟁을 일으켜 300만 명 이상을 희생시킨 전쟁의 직접 책임자인 A급 전범 판결을 받은 도조 히데키 전 총리 등 14명이 합사된 근거다.

　안치자들의 면면을 보자. 메이지유신 과정 희생자 7천751명. 이들을 위해 1869년 메이지일왕의 지시에 의해 도쿄초혼사를 건립했고, 10년 후에 야스쿠니신사로 개칭했다. 그밖에도 메이지 시절 세이난전쟁 희생자 6천971 명, 청일전쟁 1만3천619 명, 대만침략 1천130 명이다.

북청사변 1천256 명, 러일전쟁 8만8천429 명, 제1차세계대전 4천850 명, 제남사변 185 명, 만주사변 1만7천176 명, 중일전쟁 19만1천243 명, 태평양전쟁 213만3천885 명 등이 안치되어 있다. 태평양전쟁에 동원됐다가 숨진 것으로 돼있는 2만1천 명의 한국인 명부도 이곳에 있다.

야스쿠니신사는 애초부터 신성시됐다. 1867년 집권한 메이지정부는 일왕의 군대를 조직해야 했던 상황에서 전몰자에 대한 배려가 필요했고, 이의 일환으로 전사자 3,588 명을 위한 합동초혼제를 초혼사에서 거행했다. 야스쿠니신사로 변경된 뒤 안치자 모두 '신(神)'으로 모셔졌다.

19세기말 메이지헌법에서 일왕은 신으로 받들어지는 정교일치 국가였다. 침략전쟁 추진의 정신적 지주가 되었다. 다른 신사와는 지위가 달랐다. 전쟁 중 일반 신사는 내무성 소관이었으나 야스쿠니만큼은 육해군성 소관의 특별한 종교 시설이었다.

태평양전쟁 후 야스쿠니의 헌법적 지위는 바뀐다. 1946년에 공포된 평화헌법에서는 영구평화와 신앙의 자유, 정교분리의 원칙과 더불어 야스쿠니 신사가 국가의 보호를 벗어나 하나의 종교법인으로 변했다. 그렇지만 우익 정치가들은 특별한 지위의 야스쿠니 수호를 외친다.

특히 1978면 도조 히데키 전 총리 등 2차 대전 A급 전범 14명의 위패가 야스쿠니신사에 합사되면서 총리나 각료의 참배여부가 관심사로 부각되며 전세계의 뜨거운 감자가 됐다. 특히 일본의 정치경제력이 커지면서 총리나 각료의 참배가 결국 이루어지며 주변국과 충돌하게 되었다.

1985년 8월15일 나카소네 야스히로 총리가 공식 참배, 한국과 중국이 거세게 항의한 뒤로 잠잠하다가 1996년 7월 하시모토 류타로 총리, 2001년 8월13일 고이즈미 총리가 참배했으며, 고이즈미 총리는 이후 매년 참배했다. 아베 총리도 기습 참배한 바 있다.

일제의 침략을 경험한 주변 국가들은 '총리가 전범의 위패 앞에 고개를 숙여 참배하는 것은 전쟁책임을 부인하는 것이고, 국제적인 분쟁이 생기면 전쟁으로 해결할 수도 있다고 시위하는 것이나 마찬가지'라면서 반발하고 있는 것이다. 지금도 잊을만 하면 되풀이된다.

특파원이던 2004년 8월15일 야스쿠니신사에 가 직접 취재한 결과 이런 특징이 잘 보였다. 전몰자 단체나 참전인사들, 우익인사들의 목소리가 컸다. 국회의원 58명이 한꺼번에 참배하고, 각료 4명이 참배했다. 당시 고이즈미 총리는 그해 1월 1일 참배했기 때문인지 꽃다발을 바쳤다.

유권자들, 일본 국민의 표를 의식하는 정치인들이 주변국의 반대를 무릅쓰고 야스쿠니 참배를 강행하는 것은 국민들이 이를 용인 혹은 지지하기 때문인 사실도 큰 영향을 미치고 있다. 이것이 일본 국내의 분위기다. 2016년 말 이나다 도모미 방위상이 국제여론의 비판 속에 참배한 배경이다.

2004년 8월 15일에는 일본인 6만여 명이 야스쿠니를 찾았다. 그 전해보다 1만 명 정도 늘어난 수치다. 공식 참배가 개시된 오전 6시부터 오후 7시까지 개인과 단체 참배 행렬은 계속됐다. 일본 국민들은 경건했다. 다수는 "성묘다. 이웃나라에서도 이해해 주어야 한다"고 말했다.

A, B, C급 전범이나 무명용사가 나라를 위해 숨졌다는 점에서 차이가

일본의 야욕 아베신조를 말하다

일본의 종전일(패전일)인 8월 15일 야스쿠니신사에서 참배하는 옛 일본군 복장의 우파 인사들

없다고 했다. 한국이나 중국, 타이완 등이 일본 총리나 각료, 국회의원들의 야스쿠니 공식 참배에 문제를 제기하는 것에 대해 많은 일본인들은 전통과 문화에 대한 간섭으로 받아들인다.

종교색을 뺀 별도의 추도시설을 건립해 분란의 소지를 없애야 한다는 소리도 분명 일본에 있다. 일본 정부도 2002년 12월 별도의 추도시설을 만들겠다고 하더니 한숨을 돌렸는지 지금은 감감 무소식이다. 야당과 연립여당인 공명당이 요구해도 여론을 살피고 있다는 입장이다.

그해 8월 15일 야스쿠니에서는 '야스쿠니를 지키는 모임' 소속 회원들이 천막치고 참배객들을 상대로 '전몰자가 전범이라니. 중공(중국공산당의 줄임말)의 압력에 굴하면 안 된다'는 취지의 서명활동을 했다. 옛 일본 군복을 입은 노인 등이 나팔을 불며 행진하고 위력을 과시했다.

'평화로운 나라, 편안한 나라'라는 뜻의 야스쿠니(靖國)를 둘러싼 일본과 주변국의 불편한 관계는 당분간 지속될 듯하다. 가해자인 일본이 과거사 문제를 진정으로 사과하고 정리한 뒤, 미래를 향해 동아시아 국가들과 함께 나아가려는 노력은 보여주지 않고 있다.

일본인들은 '사죄, 사과 요구 피로증후군에 걸렸다'는 말을 하며 되풀이되는 한국이나 중국의 역사문제 사죄 요구를 귀찮아한다. 대표적으로 아베 신조 총리가 이런 여론을 활용한다. 1945년 8월 15일 당시 히로히토 일왕이 조서에서 '미국과 영국 2개국에 선전포고를 한 까닭도 실로 제국의 자존과 동아의 안정을 간절히 바라는 데서 나온 것이며, 타국의 주권을 배격하고 영토를 침략하는 행위는 본디 짐의 뜻이 아니었다.'고 말한 그대로의 분위기다.

일본의 야욕 아베신조를 말하다

제9장
2차 집권 후
아베의 대외정책

도널드 트럼프 미국 대통령이 2017년 1월 20
일 취임한 뒤 보호무역주의가 중심을 이루는 미
국 제일주의를 실행하면서 전세계 정치외교 관계
가 '불확실성의 시대'로 돌입하고 있다. 대통령선
거전 때부터 예측불허의 언행을 거듭한 트럼프가
대통령 취임 뒤에도 럭비공식 정책을 구사하고
있기 때문이다. 아베의 일본도 트럼프 정책 탐지
에 분주하다.

끈질긴 아베 외교

　도널드 트럼프 미국 대통령이 2017년 1월 20일 취임한 뒤 보호무역주의가 중심을 이루는 미국 제일주의를 실행하면서 전세계 정치외교 관계가 '불확실성의 시대'로 돌입하고 있다. 대통령선거전 때부터 예측불허의 언행을 거듭한 트럼프가 대통령 취임 뒤에도 럭비공식 정책을 구사하고 있기 때문이다. 아베의 일본도 트럼프 정책 탐지에 분주하다.

　불확실성의 시대, 아베 외교의 핵심은 '끈기' '끈질김' '기다림'으로 요약되고 있다. 실례로 블라디미르 푸틴 러시아 대통령이 2016년 12월 15일 아베 총리의 고향인 일본 서부 야마구치 현을 방문하면서 예정된 시간보다 2시간 이상 늦게 도착했을 때 보여준 아베 총리의 끈기가 세계적으로 주목을 끌었다. 일본 언론들은 푸틴의 지각에 대해 "정치적 승강이" "기선 제압용 심리전"으로 평가했다.

푸틴은 두 사람 가운데 누가 갑(甲)인지, 말 대신 행동으로 아베 총리에게 보여줬다. 아베가 일본의 북방 영토(러시아명 쿠릴 열도) 문제에서 푸틴의 양보를 받아내기 위해 장시간 기다리는 것쯤은 문제가 아니라는 듯이 끈질긴 투혼을 발휘했다. 아베의 집념에는 일본 외무상을 지낸 아버지 신타로에 대한 염원도 작용했다. 신타로는 외상을 지낸 뒤 숨지기 직전까지도 미하일 고르바초프 당시 소련 대통령과 북방영토 반환을 위한 협상에 공을 들이다 빛을 보지 못하고 숨을 거두었다.

근본적으로는 일본이 1945년 2차 세계대전의 패전으로 인해 그 북방 4개 섬을 러시아에 잃었다며 전후 레짐 체인지(정권교체), 완전한 주권국가로 다시 거듭나는 상징으로 이 4개 섬 반환에 공을 들이는 것이다. 그러니 푸틴을 오래 기다리는 것쯤은 문제도 아닌 셈이다.

푸틴이 외국 국가 원수나 정상을 만나는 자리에 지각한 것은 어제오늘 일은 아니다. 외국 정상들은 대개 30분~1시간 정도를 기다렸다. 엘리자베스 영국 여왕은 2003년 14분을 기다렸고, 버락 오바마 미국 대통령은 2012년 40분, 프란치스코 교황은 2013년 50분을 기다렸다. 1시간 정도 늦는 건 존경(respect)의 표현이라는 비아냥이 있을 정도로 푸틴의 정상외교 지각 출석은 다분히 정치적 의도가 엿보인다. 정시에 나타나면 그 자체가 뉴스라고 평가될 정도다. 아베만 새삼 골탕먹인 것은 아니다.

2003년 푸틴이 요한 바오로 2세 교황을 제시간에 방문했을 때, 러시아 일간지 이즈베스티야는 '대통령이 늦지 않았다'를 제목으로 뽑을 정도이니 푸틴의 지각 출석은 오히려 정상이 되어 있다. 푸틴이 1시간 이상 기다리게 한 사람들은 더 많다. 타르야 할로넨 핀란드 대통령은 2009년 두

시간, 율리야 티모셴코 우크라이나 총리가 2009년 세 시간, 빅토르 야누코비치 우크라이나 총리는 2012년 네 시간이다. 존 케리 미국 국무장관은 2012년 세 시간, 앙겔라 메르켈 독일 총리는 2014년 네 시간 식이다.

푸틴 대통령이 지각했을 때 러시아 정부가 설명하는 이유는 구차하다. "푸틴 대통령께서는 자료를 몇 번씩 살피는 성격이라 출발이 늦어졌다"고 해명하곤 한다. 2013년 방한 당시 박근혜 대통령과 정상회담을 했을 때는 무도인들과 나누는 대화가 길어졌다면서 30분을 지각했다.

예전 러시아 왕국의 황제인 차르식 행동이라는 평이 나오는 이유다. 아베와의 정상회담에서는 아베 총리가 약속보다 일찍 나가 대기 시간이 더 길어졌다. 아베는 푸틴 도착 예정 시각(오후 4시)보다 3시간이 이른 오후 1시에 야마구치 현 나가토 온천 료칸 회담장에 도착했다. 푸틴이 회담장에 들어선 때는 오후 6시가 넘었다. 두 정상은 15~16일 이틀간 진행된 회담에서 "쿠릴열도 네 개 섬에 특별 제도를 만들어 양국이 공동 경제 활동을 한다" 라는 합의내용을 발표했지만 구체적 반환 약속은 없었다.

아베는 푸틴이 일본을 방문하기 전 쿠릴 4개 섬 반환 가능성을 크게 부각시키며 자신의 외교적 노력을 강조했다. 그렇기 때문에 용두사미격으로 푸틴과의 정상외교가 마무리되자, 좀처럼 그에게 불만을 드러내지 않던 일본 여론도 심상치 않게 돌아가기도 했다. 아베가 푸틴에게 유도의 한판승을 당했다는 평도 나왔다. 일본 국내에서 비판여론이 쏟아졌다. 여당인 자민당과 공명당은 물론 일반 국민들까지 푸틴과의 외교 성과에 대해 '아베 외교의 실패'라고 지적했을 정도다.

일본 측이 2차 대전 패전 뒤 각 정부가 들어설 때마다 가장 중요하게

일본의 야욕 아베신조를 말하다

여겨온 러시아와의 영토문제에서 사실상 아무런 성과도 올리지 못한 채 '돈을 퍼주는 식'으로 러시아와 대규모 경제협력 약속만 한 꼴이 됐기 때문이다. 아베로서는 할 말이 없어진 꼴이 되고 말았다. 여론이 비등하자 자민당 간부들마저도 여론을 민감하게 살폈다.

　야당의 평가는 혹독했다. 평소 아베에게 우호적인 보도가 적지 않은 요미우리신문 마저도 푸틴 대통령의 강경함을 일본이 잘못 읽었다며 아쉬워했다. 아베로서는 러시아 외교에서 얻은 게 없는 꼴이 되고 만 셈이다. 러시아는 회담을 외교적 승리라고 만족감을 드러냈다. 러시아 언론들은 쿠릴 4개 섬을 양보하지 않았는데도 일본으로부터 우리 돈 3조원대의 경제협력을 얻어내 러시아의 외교적 승리로 평가했다.

미국, 중국, 북한과 아베

　　　　아베는 2012년 12월말 재집권 한 뒤 5년째인 2017년 초에도 지지율 60% 안팎으로 고공행진을 했다. 일본에서는 진보적 색채인 아사히신문이나 마이니치신문 조사에서는 50% 안팎, 보수적인 산케이신문이나 중립적인 니혼게이자이신문 등의 조사에서는 60% 안팎을 기록했다. 5년차의 지도자로서는 대단히 높은 기록이다.

　아베가 이렇게 높은 지지율을 기록하는 원인은 무엇일까. 여러 가지가 있다. 경제적인 면이 제일 크다. 아베노믹스가 시행되면서 특히 일본 엔화가치를 크게 떨어뜨리는 대규모 양적완화가 계속 시행되면서 3년여 간 엔화가치가 20% 정도 떨어졌고, 이는 자동차나 전자 등 일본 수출기업의 경쟁력을 높이는 결과로 이어져 기업실적이 매우 좋아졌다.

　그러면서 일본 국민들의 소득이 늘었다. 일자리가 늘어나 실업률은 3% 안팎으로 거의 완전고용 상태를 보였다. 일자리가 생기며 국민들의 소득이 늘고, 늘어난 소득으로 소비를 해서 소비가 늘면 기업이 생산을 늘리고, 실적이 좋아진 기업이 임금을 올리고 일자리를 늘리는 경제의 호순환이 어느 정도 달성되면서 아베를 지지하게 된 것이다.

전문가들은 아베의 높은 지지율의 동력으로는 또 하나, 심리적인 요인에서 일본인들이 자신감을 회복한 것을 꼽는다. 일본인들은 1991년 이른바 거품경제의 거품이 붕괴된 뒤 '잃어버린 20년'으로 호칭될 정도로 장기불황에 시달렸다. 고이즈미 준이치로 총리가 잠깐 안정적인 지지율로 5년 이상 장기집권하기도 했지만, 이후 1년 안팎 총리가 이어졌다. 자민당에서 민주당으로 정권이 교체되고도 역시 단명정권이 이어졌다.

일본인들의 자존심은 무참하게 짓밟혀 기업이나 국민들이 자신감을 상실, 활력 없는 일본이 이어졌다. 그런데 아베가 두 번째 총리에 오르면서 아베노믹스를 기치로 과단성 있는 정책들을 구사, 수출과 경제가 살아나고 국제사회에서의 아베의 발언력도 높아지면서 일본 기업과 일본인 전체가 자신감을 회복해 고공지지율로 연결됐다.

아베는 여기에서 멈추지 않고 있다. 높은 지지율을 무기로 대기업들을 어르고 압박해 종업원들의 급여를 올리고, 비정규직 직원들을 정규직으로 전환하도록 하고 있다. 비정규직이 정규직이 되면 소득이 오르고, 소득이 오르면 소비를 늘려 기업 생산을 늘리게 하는 경제 호순환 국면을 연출할 수 있다고 보는 것이다. 일본은 지난 20년간 중산층이 크게 무너지고 양극화가 심화되며 거리에는 노숙인(일본식 표현은 홈리스)이 넘쳐나는 등 사회의 안정성도 약화된 측면이 있다.

주변국들도 아베 정권 지지율 고공행진을 도운 것으로 평가된다. 외부에서 일본 내부를 자극, 일본 국민들이 아베를 중심으로 뭉치는 것을 선택하도록 한 것이다. 미국은 아베 집권 기간에 일부 정책적 변화가 있기는 했지만 재정상태가 좋지 않아 아베 정권을 지지, 아시아의 안보 비용을 일본이 대신 치르게 하도록 아베 정권 안정화를 도왔다.

중국 시진핑 국가주석의 정책도 아베의 국내 지지로 연결됐다. 시 주석은 팽창주의라는 지적을 받을 정도로 해양 진출을 강화, 일본과는 수시로 센카쿠열도 영유권 분쟁을 촉발했다. 중국의 전투기가 발진하고, 선박들이 일본령이라고 주장하는 이 섬을 자주 도발해 일본인들의 애국심에 불을 질러 우파인 아베의 지지를 키웠다.

한국이나 북한의 움직임도 아베에게는 호재로 작용했다. 한국의 박근혜 전 대통령은 취임 뒤 국제 외교무대에서 아베 총리를 견제하거나 비판하는 발언을 자주 해 "박 대통령이 촉새처럼 아베 총리를 헐뜯고 다닌다"는 일본 언론들의 반발을 사, 이것이 아베의 국내 지지를 오히려 공고화시켜주는 역할을 하게 됐다. 외부의 위협에 내부가 결속한 것이다.

북한은 그 어느 나라보다도 아베의 집권에 도움이 되었다. 김정은은 일본인들이 가장 큰 위협으로 느끼는 핵과 미사일을 속속 개발, 위기의식을 고조시켰다. 일본인들은 강경파인 아베총리가 2006년 집권할 때 기반이 되었던 일본인 납북자문제 해결을 포함해서 북한의 위협을 해결해 줄 것으로 기대하며 아베에 대한 지지를 보내준 것이다.

2차 세계대전에서 패한 일본은 패전 직후에도 북한의 도발로 잿더미에서 일어설 수 있는 기반을 마련했다. 당시 김정은의 할아버지 김일성 전 북한 주석이 38선을 넘어 남침, 한국전쟁을 촉발하면서 일본은 미국과

연합군의 군수기지로서 눈부신 발전을 이루면서 일거에 산업화 성공으로의 발판을 마련했다. 도요타자동차도 이 때 재기했다.

역설적이게도 북한 김일성-김정일-김정은 3대 부자는 일본과 아베 정권에게 결정적인 도움을 주는 역할을 하고 있는 셈이다. 김정은의 아버지 김정일 전 주석은 앞서 언급한 바도 있지만 아베가 고이즈미 전 총리를 수행해 북한에 들어갔을 때 납치 문제를 인정, 아베의 강경 노선에 응답하는 모양새를 취해주어 아베의 첫 집권에 결정적 역할을 했다.

블라디미르 푸틴 러시아 대통령은 아베에게 약을 주는 듯 하다가도 김을 빼는 역할을 하고 있다. 아베는 취임 뒤 열정적으로 푸틴에게 접근, 외교전을 펼쳤다. 특히 일본의 북방영토(러시아명 쿠릴열도) 반환에 끈질기게 공을 들였다. 푸틴은 줄 듯 말 듯 뜸만 들이고 있다.

결정적으로는 이 영토를 반환해 주기는 어려울 것으로 분석되고 있다. 러시아는 보리스 옐친 전 대통령 때 북방영토 4개 섬 가운데 두 개를 일본에 돌려주겠다는 듯한 제안을 했는데, 일본이 이를 빠르게 받아들이지 않아 원천적으로 해결될 길을 잃었다는 지적도 있다.

지금은 홍콩식 공동개발이 거론되고 있다. 북방 4개 섬을 일본 자본과 기술이 러시아와 함께 개발해 국제적인 중립지 비슷하게 만든다는 내용이다. 이는 지금 현재 아이디어 차원으로 공식 거론된 적은 없다. 경제자유구역 비슷한 지역으로 만들어 편하게 오가게 되면 러시아는 영토주권을 지키고, 일본은 회복하는 듯한 효과를 받을 수 있는 것이다.

트럼프 시대의 미일 관계

　사업가 출신 도널드 트럼프 미국 대통령은 사업가식 '거래 외교'를 하고 있다. 협상의 달인이라는 트럼프 대통령은 일본과의 관계에서도 거래외교의 전형을 보여주고 있다. 아베 신조 총리와의 정상회담을 앞두고 도요타자동차를 콕 집어 '미국과 일본의 자동차 무역이 불공정하다'며 직접 일본을 강하게 압박한 뒤 일본의 양보를 이끌어내는 전략을 폈다.

　아베 총리 또한 결코 녹록치 않은 인물이다. 지는 듯 하면서도 결코 자신과 일본의 이익을 내주려하지 않는다. 겉으로는 트럼프 대통령의 미국에 '조공 외교'라는 비아냥을 받지만, 대미 외교 약세를 보일 때는 거세게 공격하는 야당과 언론도 결정적으로 궁지에 몰아넣지는 않는다. 일본의 야당과 언론은 국익 앞에서는 힘을 모으는 경향이 강하다.

　2017년 2월 10일(미국 시간)부터 2박3일간 워싱턴과 미국 대통령전용기 에어포스원, 그리고 플로리다 등지에서 열린 도널드 트럼프 미국 대통령과 아베 신조 일본 총리 사이의 미일 정상회담은 표면적으로는 큰 이견 없이 끝났다. 서로 안보 및 경제 분야의 공조를 확인했다. 팽팽한 신경전이 펼쳐진 것 또한 사실이다.

외부적으로는 일본이 경제적인 측면에서 적지 않은 손해를 감수한 회담으로 평가되고 있다. 그러함에도 아베 일본 총리는 대만족한 모습을 보였다. 일본 쪽으로서는 회담 결과에 만족해하는 모습을 보였다. 회담 전 아베 총리가 미국 내 일자리를 대거 창출하려는 투자 선물 보따리를 안겨 '조공 외교'라는 비난도 있었지만 불협화음은 없었다.

아베 총리는 작은 것은 과감하게 미국에 양보하고 큰 것을 취하려는 전략을 구사, 나름대로 성과를 거두었다고 자평하는 기류다. 트럼프 대통령이 주일미군 주둔비용 분담 증가 요구나 일본의 자동차· 대미 무역흑자, 엔화 환율 정책에 대한 언급을 정상회담에서 공개적으로 요구하지는 않았기 때문에 아베 측으로서는 만족하게 된 듯하다.

트럼프 대통령은 사업가 출신이다. 현 시점에서 필요한 말을 꺼내지 않았거나 발표하지 않은 미공개 '밀고 당기기'가 있을 수 있다. 자동차나 환율 문제에 대해 불공정하다는 생각을 완전히 지웠을 리는 만무하다. 아베 총리, 일본이라는 큰 손님을 처음 불러들여 직접 돈이나 안보 문제를 꺼내들 만큼 미국이라는 나라가 스케일이 작을 리도 없다.

문제는 다음이다. 일본은 첫술에 공개적으로 공격당하지 않았다고 긴장을 푸는 기류는 아니다. 트럼프의 미국이 때를 골라 미일 사이에 불균형하다고 여기는 환율이나 자동차 무역, 주일 미군 주둔 비용 등 민감한

트럼프 미국 대통령 당선자를 만나 발빠른 외교 행보 보이는 아베

사안에 대해 기습적으로 문제를 제기할 가능성이 높다는 관측이 일본 조야에서 많이 나돌기도 한다.

특히 트럼프 미 대통령과 아베 일본 총리 사이의 정상회담 후 공동성명에 일본은 극구 반대해 왔지만, 미국이 밀어붙인 논의가 포함된 점을 주목해야 한다. 미국은 일본이 피하려 했던 미일 자유무역협정(FTA) 체결을 염두에 둔 것으로, 자동차 산업과 환율 분야에 대한 미국의 일본 몰아붙이기 신호로 볼 수 있다는 해석도 나온다.

정상회담에서는 미일 두 나라가 재정이나 금융·인프라투자·양자무역협의 등 3개 분야 논의를 진행하기로 합의함에 따라 향후 트럼프 행정부는 아베 일본 정부에 대해 세부 항목별로 하나씩 압박을 가할 것으로 해

일본의 야욕 아베신조를 말하다

석되고 있다. 트럼프식 큰 승부 외교의 시작인 셈이다. 자동차 문제와 엔저 현상에 대한 일본의 시정을 요구할 수도 있다.

아베 총리의 일본으로서는 이번 정상회담에서 4년 이상 민주당 버락 오바마 미국 대통령과의 순항했던 미일 관계에 근본적인 변화를 각오하기는 했다고 한다. 오바마 정부는 중동이나 유럽 외교안보에 집중하느라 동아시아 외교안보의 상당부분을 일본에 떠넘겨 엔저를 통한 일본의 수출 회복 등 일본의 성장을 밀어주는 역할을 한 것으로 평가된다.

그런데 공화당 소속 트럼프, 그것도 방향을 예측할 수 없는 트럼프 대통령 시대에 일본의 대처는 복잡한 수읽기를 하지 않을 수 없다. 그렇지만 아베 총리도 협상에서 가장 중요한 기는 죽지 않은 채 트럼프 대통령과의 회담에서 양자의 이해가 일치하는 카드를 논의하는데 집중, 최대의 성과를 이끌어내는 데 주력했다.

아베 총리는 트럼프 대통령과의 첫 공식회담에서 북한의 핵과 미사일 위협 대처라는 공통의 문제와 미일 동맹 강화 등을 논의하는 데 집중했다. 주일미군의 핵과 강력한 재래식 전력을 통해 미국의 일본 방위를 확실히 약속받고 아시아태평양 지역에서의 미국의 영향력 강화 약속을 이끌어냈다. 미국의 핵우산을 강화한 것이다. 북한이 2월 12일 중거리탄도미사일 발사 실험을 했을 때 두 정상은 만찬을 하다가 긴급 기자회견을 열어 "북한의 미사일 발사는 용납할 수 없다"고 경고하기도 했다.

중국도 견제했다. 일본의 최첨예 전략적 이해관계지로 중일이 분쟁하고 있는 센카쿠(중국명 댜오위다오·釣魚島) 열도가 미일 안전보장조약 제5조 적용 대상임을 확인하는 성과를 거두었다. 센카쿠열도 문제와 관련해 오바마 대통령에 이어 트럼프 대통령의 강한 지지를 얻어낸 데 만족해하고 있다. 일본 만으로는 버거운 외교 사안이기 때문이다.

2017년 2월 4일 제임스 매티스 미 국방장관의 이나다 도모미 방위상과의 회담에서 아베 정부가 추진하는 일본의 방위비 확대에 대해 올바른 방향이라고 평가한데 이어 트럼프 대통령도 센카쿠열도 문제 지지를 확보, 더욱 고무된 것이다. 이는 일본 국내에서의 지지율 확대로 연결되는 중요한 변수이기도 하다. 아베 총리는 트럼프 행정부의 지지를 배경으로 군사력 강화 행보를 계속해 갈 것으로 전망된다.

2017년 1월 20일 시정연설을 통해 전쟁 가능한 일본으로의 헌법 개정 의지를 분명히 밝혔던 아베 총리는 2월 미일 정상회담 결과를 바탕으로 헌법 개정을 위한 움직임에 속도를 강화할 것으로 예상된다. 2012년 12월 두 번째로 총리 취임한 이후 군국주의 행보를 강화한 아베 총리는 국내총생산(GDP) 1% 이내 국방비 산정 원칙을 깨 버린 만큼 앞으로는 미국 새 행정부의 지지를 업고 군사력 강화 노골화 행보가 예상된다.

문제는 아베의 우파 노선이 강화되면 중국과의 갈등이나 대립이 고조된다는 점이다. 이는 한국의 외교행보를 제약하는 요인이 되기 때문이다. 일본이 미국의 응원을 내세워 중국과 분쟁중인 센카쿠열도 영유권 강화 제스처를 할 것으로 보이기 때문에 중국과의 갈등이 더 높아질 것으로 전망되는 상황이다. 또한 일본이 미국과 함께 남중국해 영유권 문제에도 개입할 가능성도 있어 한국의 지지 선택을 압박할 수도 있다.

아베 총리는 아시아태평양 지역에서 중국의 해양국가를 위한 팽창을 저지하면서, 미국과의 공조를 통해 동북아시아의 헤게모니를 움켜쥐려는 의도를 숨기지 않을 것으로 보인다. 이럴 경우 동북아의 평화와 안정이 크게 위협받을 수 있고, 한국을 포함한 주변국들의 부담도 늘어나면서 반발과 충돌이 발생할 소지가 충분히 있다.

트럼프 대통령과의 미일 첫 정상회담은 아베 총리로선 개인적인 정치적 목적을 충분히 달성한 이벤트였다는 평가도 받는다. 미국 대선 기간인 2016년 9월 힐러리 클린턴 후보와 만나 친밀감을 과시함으로써 사실상 지원하는 행보를 한 아베 총리에게 트럼프가 앙심을 품었을 것이라는 관측이 남아 있는 상태에서, 아베 총리는 그해 말 트럼프 대통령 당선인을 만나러 뉴욕으로 달려가 마음을 푸는 데 주력했었다.

아베 총리는 트럼프 대통령의 싸늘했던 마음을 돌려 지원군으로 만듦으로써 자신의 입지를 확고하게 구축했다고 자평하는 기류다. 세계의 대통령이 된 트럼프가 취임한 뒤 혈맹국인 영국의 테리사 메이 총리에는 뒤졌지만, 손가락 안에 드는 순위로 정상회담을 함으로써 일본이라는 국가의 위상을 트럼프 대통령의 미국도 높게 평가하고 있음을 전세계적으로, 그리고 일본 국내에도 보여준 측면이 강한 것이다.

아베의 일본과 트럼프의 미국 사이 관계는 당분간 밀고 당기는 국익 우선 외교가 전개될 것으로 보인다. 세계 1위와 3위의 경제규모를 가진 양국이 미일동맹이라는 공동의 방패를 내세워 중국과 북한의 팽창이나 도발에 맞서려 할 것이다. 러시아와는 견제와 균형이 작용할 수도 있다. 그러나 이해관계가 최우선인 국제관계에서, 미일관계를 우호적으로만 볼 수도 없을 것이라는 관측이 더 우세하다.

미일관계는 일본이나 미국에게 있어서는 여전히 최우선 외교 관계이다. 아베 신조 일본 총리나 도널드 트럼프 미 대통령 둘 다 인식은 같다. 특히 미국의 세계 전략에서 일본은 동아시아 안보나 경제 전략에서 핵심적인 위치를 부여받는다. 최근의 외교 일정을 살펴보면 미국이 얼마나 일본을 중시하는 지 쉽게 알 수 있다.

껄끄러운 일본-중국과
동아시아 패권

일본과 중국은 국내총생산 규모 세계 2, 3위의 강국이다. 두 나라 GDP를 합하면 미국에 버금가는 규모다. 두 나라가 협력하면 미국을 위협할 수 있는 동아시아의 파워가 될 수 있지만 현실적으로는 일본이 미일동맹을 형성하고 있고, 미국도 중국과 세계 1, 2위 자리에서 치열한 경쟁관계를 보이기 때문에 양국 관계는 평화보다는 긴장관계가 많은 편이다.

일본과 중국은 동아시아에 자리잡은 국가이며 역사적으로 오랜 기간 중국은 일본과 문화 교류를 해 왔다. 16세기 일본의 도요토미 히데요시는 명나라를 침략하는 전단계로 조선을 침략했다. 중일의 근대적 외교관계는 청나라와 일본 사이에 19세기 말 시작되었으나, 중일전쟁으로 단교되었다가 중화인민공화국과 일본은 1972년 외교관계를 복원했다.

당시 다나카 가쿠에이 일본 총리는 오히라 마사요시 외상과 함께 1972

년 9월 중화인민공화국을 방문, 중국 최고 지도부와 회견한 뒤 중화인민공화국을 승인하는 것을 통해 외교관계를 수립했다. 이로써 기존에 외교관계를 맺었던 현재 대만으로 통칭되는 중화민국과는 외교관계를 단절해버렸다. 국익을 앞세운 비정한 국제외교 현실을 상징적으로 보여줬다.

국교정상화 때 양국 사이에 공동성명이 발표되었는데, 일본 측은 "전쟁을 통하여 중국 국민에게 중대한 손해를 끼친데 대하여 책임을 통감하고, 깊이 반성한다"고 하였다. 반대급부로 중국 측은 1937년 발발했던 중일전쟁에서의 일본에 대한 전쟁 배상 추구 포기를 선언했다. 윈-윈이다. 양국이 형식적으로는 과거사에 대해 청산한 것이다.

아베 신조 총리가 첫 집권했던 2006년 10월에는 아베 총리가 중국을 방문했을 때 일본과 중국 두 나라 사이에 '전략적 우호관계'를 목적으로 하는 내용이 합의되었다. 공통의 전략적 이익에 기초한 호혜관계 구축 노력이다. 전략이라는 표현이 처음으로 사용되었다는 것은 특기할 만하다. 일중 양국관계에 그치지 않고, 장기적이고 대국적인 관점에서 양국관계를 구축하고자 하는 표시로 해석됐다.

두 나라가 양국관계를 넘어 아시아와 세계 평화를 위해 함께 건설적으로 공헌하는 것을 통하여 공통 이익을 확대시키고 양국 관계를 발전시키려는 것이 목적이다. 전략적 호혜관계는 2007년 당시 원자바오 중국 총리의 방일, 후쿠다 야스오 일본 총리의 방중, 2008년의 후진타오 중국 국가주석의 방일에서도 이어지며 중일관계의 기본축이 되고 있다.

2017년 현재 일본과 중국 관계는 중립적 표현인 전략적 호혜 관계가 유지되고 있기는 하지만, 시진핑 중국 주석의 태평양 진출 전략이 본격

일본의 야욕 아베신조를 말하다

가동되면서 평화보다는 긴장이 지배하는 것이 현실이다. 센카쿠열도 갈등이나 중국의 남중국해 인공섬 건설로 인한 중국과 미국·일본 동맹 세력이 수시로 신경전을 전개하는 국면으로 비쳐지고 있다.

경제적인 면에서는 일본과 중국이 여전히 중요한 파트너임은 분명하다. 그러나 일본에게 있어서 중국시장의 중요성은 축소되고 있다. 여전히 13억 6천만 명이라는 거대 시장 중국의 중요성은 결코 무시할 수 없지만 중국으로 제조업 거점을 옮겼던 많은 일본 제조업체들은 이제 중국 중심의 투자를 베트남이나 인도, 미얀마로 돌리고 있다.

일본과 중국은 기본적으로 이웃나라이다. 그래서 긴장 속에서도 평화를 유지하려는 노력을 계속하고 있다. 양국 간 고위급 대화도 끊이지 않는다. 최근에도 이러한 움직임은 계속되고 있다. 정치인들은 물론 양국 경제인들이 상호 교류하면서 전략적인 호혜관계를 유지하는 노력을 게을리하지 않고 있다. 서로에게 외면할 수 없는 존재이기 때문이다.

중국 측은 일본과의 관계에 대해서 지금도 적극적이기는 하다. 2017년은 중국과 일본이 수교한 지 45주년이 되며, 2018년은 일본과 중국이 평화우호조약을 체결한 지 40주년이 된다. 양국 관계가 역사적으로 성숙단계에 이른 것이다. 아베 신조 일본 총리와 시진핑 중국 주석은 양국 관계 개선을 위해 함께 노력하겠다는 입장을 계속 밝히고 있다.

중일관계에는 앞서도 언급했지만 센카쿠열도를 둘러싼 영유권 갈등이 있다. 오키나와 본섬에서 멀지 않은 이 섬들에 대해 일본은 실효적으로 지배하고 있다는 입장에 있으며, 이에 맞서 중국과 대만은 영유권을 주장하며 마찰을 빚고 있다. 이 섬들은 동중국해 남서부에 위치한다.

센카쿠열도는 일본 오키나와의 서남쪽 약 410km, 중국 대륙의 동쪽 약 330km, 대만의 북동쪽 약 170km에 있다.

동중국해상에 위치한 8개 무인도(우오쓰리시마·댜오위다오, 기타고지마·베이샤오다오, 미나미고지마·난샤오다오, 구바지마·지우창다오, 다이쇼토· 따쩡다오 등 5개 도서와 도비세·페이라이, 오키노기타이와·베이옌, 오키노미나미이와·난옌 등 3개 암초)로 구성되어 있다. 면적은 6.32㎢이다. 이 열도가 일본과 대만, 중국 갈등의 씨앗이 됐다.

영유권분쟁은 인근해역에서 석유매장 가능성, 배타적 경제수역 및 대륙붕 경계선 미획정, 중동과 동북아를 잇는 해상교통로이자 전략요충지 등의 쟁점을 지니고 있다. 영국 해군 지도에는 'The Pinnacle Islands'라고 표기해 둔 것을 일본이 메이지유신 이후 국제법에 대한 지식으로 무장하며 센카쿠(尖閣)라는 이름을 붙였다. 중국과 대만은 열도의 상징으로 거론하는 섬 이름 댜오위다오(釣魚島)의 이름으로 부른다.

이 섬들은 위치상으로는 중국이나 대만 쪽이 더 가깝다. 그런데 일본이 영유권을 주장하는 데는 역사적인 근거를 들이댄다. 일본은 오키나와 류큐왕국을 19세기 말 복속시키면서 센카쿠를 지배하게 된다. 그리고 1972년 류큐왕국은 가고시마에 편입할 때 센카쿠가 류큐왕국에 함께 속해있는 것으로 처리했다. 특히 1894년 청일전쟁에서 이기면서 센카쿠에 대한 지배권을 확고하게 했다고 주장한다.

일본정부는 청일전쟁 뒤에는 실효지배를 확실하게 하기 위해 그 섬들에 일본인들을 이주시키는 정책도 썼다. 일본정부의 이주 정책에 따라 한때는 200명 이상의 일본인들이 살기도 했으나 1940년대 미국과의 태평

일본의 야욕 아베신조를 말하다

양전쟁을 발발시키면서 모두 귀환시켰다고 한다. 그 이후는 무인도가 되어 있다. 사람이 살지 않게 되면서 영유권 분쟁 소지를 키웠다.

1945년 이후 일본 오키나와의 부속도서로 분류된 센카쿠열도는, 일본 영토로서의 지위는 유지하고 있었지만 1951년 샌프란시스코 조약이 맺어지면서 오키나와와 함께 미국의 지배하에 놓이게 된다. 미국이 영유권 갈등에 개입하는 배경도 된다. 1972년 미국이 오키나와 반환 조약을 실행하며 일본이 다시 실질적으로 지배하게 된다.

1978년 중일 양국 정상이 평화우호조약을 체결하면서 센카쿠열도 문제는 책장 위에 올려둔 '미해결 보류' 상태로 잠정적인 해결 상태를 맞이한다. 이는 정부 차원의 합의였고 이에 반대하는 각국 내의 정치세력 및 민간 차원의 상호 도발은 이어졌다. 그래도 미해결 보류 원칙은 센카쿠열도 문제 및 중일관계 유지 차원에서 기본틀이 된다.

그러나 중국은 1992년 2월 남사군도, 서사군도 및 댜오위다오를 포함하는 영해법을 발표한다. 영해법은 영해를 '육지영토에 인접하는 일정한 해역'이라고 규정하고, 제2조에서 육지영토는 '대륙 및 그 연안 도서, 대만 및 댜오위다오를 포함하는 대만에 부속하는 각 섬, 팽호제도, 동사군도, 서사군도, 중사군도, 남사군도, 그리고 그 밖의 일체의 중국 도서'라고 규정해 분쟁을 키우는 요인이 된다.

중국의 영해법 선포는 댜오위다오에 대한 주권을 명시한 것으로 일본은 외교적으로 반발한다. 중국은 영해법을 통해 영해범위에 대한 기준선으로서 직선기선(直線基線)을 채택한다고 선포했다. 중국 근해와 원해에 산재하는 수많은 섬들을 기점으로 해 이 섬들을 잇는 선을 기준으로 하며, 이 섬들로부터 12해리를 자국의 영해로 규정했다.

그래도 중국은 댜오위다오에 대해서는 영해법상 선언적으로 명시하기는 했지만 국제적으로 통용되는 지도상에는 명확히 국경표기를 하지 않았고, 1996년 영해기선을 발표할 당시에도 기점으로서 댜오위다오를 포함시키지는 않았다. 1997년 양국의 어업협정 체결 때도 센카쿠열도 영유권 문제는 거론하지 않았다. 배타적 경제수역의 중첩 부분을 잠정조치 수역을 설정하는 방식으로 해 영유권 갈등을 소강상태로 두었다.

2010년 9월 센카쿠 주변 해상에서 발생한 일본 해상보안청 순시선과 중국 어선의 충돌 사건은 센카쿠열도, 댜오위다오 분쟁의 새로운 국면을 야기했다. 일본은 선박의 중국인 선장을 구금함으로써 이를 외교문제화했다. 중국은 희귀금속인 희토류의 대일 수출을 금지하는 것으로 맞섰다. 2012년 일본정부가 센카쿠열도 중 세 개 섬을 매입함으로써 동 지역을 둘러싼 군사적 충돌 가능성이 거론될 만큼 사태가 악화되었다.

2013년 4월 중국은 댜오위다오가 자국의 핵심 이익임을 공식화하면서 긴장감을 높였다. 중국은 핵심 이익을 지키기 위해서는 군사력 사용도 배제하지 않겠다는 입장이다. 이에 맞서 2012년 말에 출범한 2차 아베 정권은 일본의 영토는 일본 스스로의 힘으로 수호하며, 힘에 의한 현상 변경 시도를 용납하지 않을 것임을 수차례 천명했다.

2014년 일본은 센카쿠열도에 속하는 각 무인도에 이름을 부여하는 등 실효지배를 강화하려는 정책을 전개했다. 중국도 이를 무력화하려는 동시에 동 도서에 대한 영유권 주장을 강화하고 있다. 2017년 현재까지 중국 선박이 일본이 주장하는 영해로 진입하는 일이 자주 발생하고 있으며,

일본의 야욕 아베신조를 말하다

일본도 이에 즉각적인 반응으로 전투기를 긴급 발진시키는 등 군사충돌 가능성도 거론되고 있다.

무엇보다 중국과 일본 사이의 가장 큰 문제는 동북아시아 시대 이 지역 패권을 둘러싼 싸움이 본격화되는 것이다. 중국과 일본은 1592년 임진왜란을 도발했던 도요토미 히데요시의 전쟁의 궁극적 목적이 중국 명나라 침략이었을 정도로 양국 패권경쟁의 뿌리가 깊다. 1894년에는 청일전쟁에서 일본이, 1937년 중일전쟁에서도 일본이 이겼다.

1945년 2차 대전 종전 뒤 양국의 위상 경쟁은 지속됐다. 중국은 공산당이 1949년 중화인민공화국을 수립한 뒤 죽의 장막으로 불리면서 몸집을 키웠다. 일본은 1960년대 도쿄올림픽 특수를 신호로 세계 2위의 경제대국으로 부상했다. 그러나 중국은 2010년께 국내총생산(GDP) 규모가 일본을 추월, 세계 2위 규모가 되면서 갈수록 격차를 벌려가고 있다.

중국과 일본은 지금 본격적으로 동아시아 지역 패권 경쟁을 벌이기 시작했다. 양국간의 극한적인 충돌은 상호 이익이 되지 않기 때문에 피하면서도 치열한 신경전과 힘겨루기를 하고 있다. 분야는 전방위적이다. 경제와 영토 분쟁은 물론 국제외교무대에서, 그리고 동남아시아나 아프리카 등 전 세계에서 경제와 외교 주도권 경쟁을 한다.

최근 들어서는 중국군이 자체 항공모함을 우리나라의 서해에 이어 일본의 안보와 경제(수출입품의 주요 유통 통로인)에 결정적인 이해가 걸려 있는 서태평양까지 진출시키며 잇단 무력시위를 벌이게 되자 일본 자위대가 촉각을 곤두세우기도 했다. 때로는 양국 공군이나 해군이 일촉즉발 충돌 위기로 치닫는 상황을 연출해 심상치가 않다.

치킨게임 양상도 보인다. 아베 총리가 우경화 행보를 가속하는 일본 정부 내에서는 "GDP 1% 정도의 방위예산으로는 방위에 한계가 오고 있다"는 소리가 수시로 나오면서 중일 양국의 군비 확충이나 군사력 강화 경쟁이 벌어지는 양상도 보이고 있다. 중국은 자체 개발 항공모함도 개발하는 등 패권 경쟁에 본격 뛰어들고 있다.

아베 총리의 공세적인 외교 노선은 바뀌지 않을 것으로 보인다. 역사인식 문제가 센카쿠열도, 동중국해, 남중국해 문제 등에서 미국에 친화적인 입장을 보이는 아베 신조 총리의 노선은 그대로 유지될 것으로 보인다. 아베 총리는 버락 오바마 전 미국 대통령에 이어 도널드 트럼프 대통령을 업고 계속 중국과 겨루는 노선을 걸을 전망이다.

근본적으로 식민지배와 침략전쟁에 따른 중국과 일본 양국간 과거사 인식에서 비롯된 신경전은 수많은 물밑 조정 노력과 공개적인 협력 모색에도 불구하고 외교안보, 경제 분야의 경쟁에 이어 두 나라 국민 사이의 감정 싸움으로까지 번지면서 극단적인 양상도 보여준다. 2012년 중국에서는 센카쿠 갈등으로 일본제품 불매운동이 일기도 했다.

문제는 앞으로다. 세계에서 강한 지도자들이 위세를 떨치면서 중국과 일본도 배타적 민족주의가 득세한다. 우익세력이 목소리를 키우면서 해양과 지역패권 분쟁이나 천연자원 확보를 위한 경쟁 등으로 대치전선이 확대될 수 있다. 설사 잠시 잠복하더라도 수백 년 이어지는 양국의 지역패권 경쟁은 언제 폭발할지 모르는 휴화산과 같다.

집단자위권을 인정한 안보법을 본격적으로 시행하기 시작한 일본은 벌써부터 미일 동맹을 축으로 하는 미국과의 결속을 선택했다. 중국과 일본의 외교전도 숨가쁘다. 세계 경제 2위 대국 중국과 3위 대국 일본의 패권 경쟁이 강해질수록 두 나라 사이에 끼어 있는 한국이 선택할 수 있는 입지는 갈수록 좁아질 수밖에 없다. 미국이 갑자기 아시아에서 발을 빼 버리면 양국은 정면충돌할 수도 있어 큰 문제다.

북한은 아베 최대의 원군인가

아베 신조 총리 정권에 있어서 북한은 강경 우파 노선을 걷게 하는 매우 유효한 이웃이라는 평이 많다. 북한이 핵실험을 하거나 장거리 탄도 미사일을 발사하면 일본은 북한을 즉각 비난하며 유엔에서의 국제 북한 제재 조치를 주도한다. 그러면서 방위력을 늘리는 등 북한이 강경파 아베 일본의 재무장에 확실한 방패막이가 되어주고 있다.

아베 총리가 일본 정치무대에서 일약 스타로 부상한 것 역시 앞에서 언급한 대로 북한에 의한 일본인 납치 문제다. 아베가 대중정치인으로 떠오르기 전 북한을 방문한 당시 고이즈미 준이치로 총리를 수행, 일본인 납치 문제 해결 방안에서 초강경론을 내세우며 일본인들, 특히 우익들의 폭발적인 지지세를 얻게 됐고 그것이 오늘의 아베로 연결됐다.

북한 카드는 아베에게 매우 유용하다. 아베는 북한에서 문제만 터지면 한 치의 망설임도 없이 강경한 목소리를 내고는 한다. 2017년 2월 12일

북한이 대륙간탄도미사일(ICBM) 실험을 했을 때도 마찬가지였다. 도널드 트럼프 미국 대통령과 방미 일정을 수행 중이던 아베 신조 일본 총리는 즉각 한 목소리로 북한 미사일 발사를 강력하게 규탄했다.

2월 11일(현지시간) 아베 대통령은 트럼프 대통령과 미국 남부 플로리다 팜비치 마라라고 리조트에서 기자회견을 열었다. 아베 총리는 "북한의 미사일 발사는 용납할 수 없는 것"이라고 비난하면서 "북한이 유엔 안전보장이사회 결의를 준수해야 한다"고 촉구했다. 트럼프 대통령은 "미국은 일본을 100% 지지한다"고 짧게 말했다. 짤떡궁합이다.

이처럼 김정은 북한 노동당 위원장 체제의 북한과 아베 신조 일본 총리체제의 북일관계는 외형적으로는 북한이 핵실험을 강행하고 미사일을 발사하면서 최악의 상태에 빠져 있는 것으로 비쳐지고 있다. 대치 일색인 것처럼 보인다. 그렇지만 양국이 이처럼 첨예하게 대치하는 것은 서로에게 도움이 되지 않는다는 것을 잘 아는 것 같다.

그래서 "전쟁을 하는 와중에도 외교적 접촉은 한다"는 외교의 기본원리에 입각한 듯 양 측은 물밑접촉이 활발한 편이다. 특히 일본 정부는 북한 노동당 국제부 측과 2016년 9~11월 3개월간 중국 지방도시에서 적어도 3회에 걸쳐 비공식 접촉을 했다고 한다. 겉으로는 대치를 하면서도 국익에 도움이 되면 무엇이든지 다 하는 아베 외교의 특색이다.

작년 북한과 일본의 비공식 접촉에 대해 '일본에서는 외무성 담당자가 참석한 듯하지만, 북한에서는 김정은 노동당 위원장에 가까운 노동당 국제부 담당자를 파견, 기존의 외무성 사이 협의와는 다른 경로로 양국 접촉 재개를 꾀하려 한 것으로 보인다'는 해석이 나오고 있다. 거의 완벽하게 닫혀있는 남북한 관계와 대비되는 대목이다.

양 측은 2016년 9월 북한의 핵실험 이후에도 접촉을 계속했다. 국익을 위해서라면 뭐든지 하는 것이 아베와 일본외교의 속내다. 양국 비공식 접촉에서는 교착상태에 빠져 있는 일본인 납치문제의 타개를 모색했을 가능성이 있다. 북한에 의한 일본인 납치문제는 아베 총리에게는 정치 거물 반열에 올린 일등공신 격이기 때문이기도 하다.

북한과 일본은 작년 9월 초 북한과 가까운 편인 중국 동북부 내륙의 도시에서 접촉했다. 심지어 북한이 같은 달 9일 5차 핵실험을 강행한 직후인 10월 초와 11월 초에도 중국 남부 항구도시에서 접촉했다. 일본 외교를 보기 위해서는 겉이 아닌 속을 봐야 하는 이유가 된다. 양 측이 겉으로는 상극처럼 서로를 비난하는 가운데 접촉을 계속하는 것이다.

그리고 10월 접촉시 일본에서는 아베 신조 총리의 의향을 잘 감지하는 외무성 고위 관계자가, 북한에서는 김정은 위원장의 의중을 잘 전달할 수 있는 당 고위 인사가 참석해 쌍무 협상 레벨이 격상되었다는 정보까지 흘러다닌 바 있다. 일본과 북한 양쪽 다 고도의 외교적 노림수를 숨기고, 국제무대의 상식을 깨는 접촉을 계속하는 셈이다.

북한 노동당 국제부가 일본과의 외교 협상에 직접 나선 것은 지난 2004년 평양에서 열린 제2차 북일 정상회담 이후 처음이라는 분석까지 나돌았을 정도로 북한이나 일본의 태도가 매우 전향적인 것은 분명해 보인다. 북한이 목표하는 외교적 노림수를 가지고 일본과 접촉하고 있는 셈이다. 이러한 접촉은 2016년 만이 아니다. 일본은 북한에 대한 직접 제재를 하는 시기에도 비공개 접촉을 계속 해 왔다.

김정은 북한 국방위원회 제1위원장

　2016년 5월 36년 만에 노동당 대회를 개최, 김정은 위원장 체제 정비를 마친 북한이 자민당과 노동당 간에 외교를 부활시키려 할 가능성도 있다. 노동당 국제부는 공산권 국가 등 다른 나라의 정당을 상대로 협상과 교류를 주로 담당하는 조직이다. 북한과 일본이 접촉, 어느 순간 외교성과를 내면 한국만 고립되는 처지가 될 수 있다.

　일본 아사히신문은 북한과 일본 당국자가 2016년 9월과 10월에 각각 접촉한 것으로 보인다고 보도한 바 있다. 일본 정부는 외무성 담당자의 중국 방문과 북한과의 접촉에 대해 줄곧 부인해 왔다. 매번 그랬다. 이전에도 일본 정부는 북일 비공식 접촉설이 나돌면 부인했지만, 후일 사실로 드러난 경우가 대부분이었다. 북일관계는 그렇게 진행된다.

북한과 일본은 2014년 스톡홀름 합의를 통해서 납치문제 등에 대해 포괄적 재조사를 진행키로 합의한 바 있다. 당시 북한은 '특별조사위원회'를 설치했고 일본은 대북 독자제재 일부를 해제하면서 양 측의 냉각관계가 풀릴 수 있다는 관측이 나돌게 했다. 그러나 합의 이행에 별다른 진전이 없는 가운데 2016년 초 북한의 핵 도발이 이뤄지자 일본은 독자제재 카드까지 꺼내들었다.

이에 북한은 대응 조치로 납치문제 재조사를 중지하고 특별조사위원회를 해체한 것으로 보도되기도 했다. 사실여부는 확인되지 않았다. 일본은 기본적으로는 대북한 강경노선을 유지하고 있다. 일본 정부는 미국의 소리(VOA) 및 자유아시아방송(RFA)과 제휴하는 방식으로 북한에 있는 일본인 납치 피해자들을 위한 방송을 2017년도부터 강화하기로 했다고 일본 언론들이 전했다. 강경책의 일환이다.

일본 정부는 2007년부터 북한에 있는 일본인 납치 피해자들을 위한 단파 라디오 방송 '후루사토노카제(고향의 바람)'을 진행해 왔다. 일반 방송과 같은 종일방송은 아니다. 심야에서 새벽까지 3차례 30분씩 이뤄지고 있다. 주로 일본인 납치 피해자 가족의 편지, 납치 문제 해결을 위한 일본 정부의 정책 등을 일본어로 방송한다. 미국의 소리인 VOA와 RFA는 영어와 한국어 등으로 방송을 하고 있다.

일본의 야욕 아베신조를 말하다

일본 정부가 이들 방송과 제휴하기로 한 것은 북한 주민들 가운데 영어나 한국어 방송을 듣는 사람이 많은 것으로 알려졌기 때문이다. 일본 정부는 VOA, RFA와의 제휴 이외에도 현재 운영중인 단파 라디오 방송 주파수를 2개에서 3개로 늘리는 등 대북 방송을 강화할 계획이다. 돈은 많이 들지 않지만 효과는 큰 방송매체를 활용하는 전술이다.

일본은 물밑에서는 북한과 접촉 채널을 최대한 가동하면서도 늘상 공식적으로는 유엔을 경유한 대북한 제재를 강력하게 하고 있다. 일본이 북한을 직접 압박하는 행동은 일본의 국익이나 향후 협상 과정에서 도움이 되지 않을 것으로 보기 때문에 일본의 진정한 의도가 잘 드러나지 않는 유엔이라는 국제기구를 활용하는 전략이다.

실제로 유엔총회가 2016년 12월 19일 12년 연속 북한의 심각한 인권상황을 강력히 규탄하는 북한 인권결의안을 채택한 적이 있다. 결의안에서는 북한의 열악한 인권상황을 국제형사재판소(ICC)에 회부하고 인권유린 책임자를 처벌하도록 권고하는 내용을 담았다. 유엔총회는 당일 미국 뉴욕의 유엔본부에서 전체회의를 열어 북한인권결의안을 표결 없이 전체 합의로 통과시켰다.

총회가 표결 없이 합의로 북한인권결의안을 채택하기는 2012년과 2013년에 이어 세 번째다. 결의안을 채택한 것은 2005년 이후 12년 연속이다. 결의안은 "리더십이 실질적으로 통제하는 기관에 의해 인권 유린이 자행되고 있다"는 내용까지 명시했다. 북한 인권 유린 최고 책임자가 김정은 노동당 위원장임을 간접적으로 표현한 셈이다.

그런데 당시 결의안도 그 전 해와 마찬가지로 일본과 유럽연합(EU)이 만들었으며, 유엔 회원국의 3분의 1을 넘는 70여 개국이 공동스폰서로 참가했다. 일본이 직접 북한을 압박하기 보다는 유엔 등 국제기구를 통해 북한을 압박하는 우회전술을 구사한 대표적인 사례로 볼 수 있다. 일본 외교는 이처럼 교묘하게 내심을 숨기는 전략을 구사한다.

결의안은 국제사회의 거듭된 경고에도 불구하고 북한에서 인권유린이 광범위하고 체계적으로 진행된다고 지적했다. 사례로는 정치범수용소 감금과 고문, 강간, 공개처형 등을 적었다. 그러면서 북한인권 상황을 ICC에 회부하여 인권 유린 책임자에 대한 처벌이 필요하다고 주장했다. 당시 결의안에는 북한의 인권 상황은 물론이거니와 현안 문제인 핵 및 미사일 개발을 연계시킨 표현도 등장했다.

결의안은 "인권 상황은 열악한데도 자원을 핵무기 및 탄도미사일 프로그램으로 전용하는 것을 심히 우려한다"고 적시해 북한의 핵, 미사일 개발을 견제했다. 북한의 해외파견 노동자들에 대한 착취 문제를 명백한 인권 유린행위로 규정하고, 정치범 수용소 폐쇄와 탈북자 처벌 중단, 인권 개선을 위한 국제사회와의 대화와 교류를 촉구했다. 북한은 유엔의 결의안 채택에 앞서 반대한다는 입장을 거듭 밝혔다.

당시 북한 대표부는 "북한을 고립시키려 하는 정치적인 적대주의의 산물이다. 유엔의 북한인권보고서(COI)는 거짓으로 가득 차 있다"고 정면으로 반박했다. 북한은 유엔이 북한 제재 결의안을 발표할 때마다 강하게 반발했다. 러시아는 그나마 북한 편에 섰다. 개별국가의 인권과 관련한 결의안에 반대하기 때문에 북한인권결의안 채택에 반대한다고 했다.

아울러 북한의 최대 우방으로 경제적 지원을 하는 것으로 비쳐지는 중국도 결의안이 채택된 뒤 발언권을 얻어 반대했다. 이처럼 북한을 둘러싸고는 한국은 애매한 입장이고, 일본은 교묘하게 북한을 압박하는 입장이다. 중국은 북한을 적극 비호하는 경우가 많고, 러시아는 북한을 응원하는 입장이 잦은 편으로 분류된다.

북한과 일본 사이에는 여러 가지 현안이 있으나 두 나라가 공개적으로 워낙 틀어져 있는 만큼 조명을 받고 있지는 않다. 앞에서도 언급됐지만 2002년 고이즈미 준이치로 일본 총리(당시)가 북한을 방문했을 때 김정일 당시 북한 국방위원장과 사상 첫 북일 정상회담에서 국교정상화 교섭 시작을 핵심으로 하는 북일평양공동선언을 발표했다.

회담 뒤에는 북한에 의한 일본인 납치에 문제에 대해 김 국방위원장의 사과를 받고, 2004년 2차 방북 때는 납치 피해자 5명을 데리고 귀국했다. 이후 북한과 일본 관계는 한걸음도 앞으로 진전되지 못하고 있다. 13년이 지난 현재 아베 총리는 "납치문제 해결을 위해 필요할 경우에는 북한 김정은 노동당 위원장과 만날 수 있다"는 입장이다.

아베 총리는 여전히 김정은 위원장과 정상회담에 의욕이 있는 것으로 보이기는 하지만, 정상회담이 전격적으로 이루어질 가능성은 높지는 않다는 견해가 일반적이다. 양국 정상회담에 대해 북한과 일본 측의 시각이 크게 다르고, 도널드 트럼프 미국 대통령 취임 후 동북아 지역이나 세계 정치외교 지형도 호의적이지 않기 때문이다.

현재 북한과 일본 사이에는 적지 않은 현안들이 놓여 있다. 북한은 재일본조선인총연합회(통칭 조총련) 중앙이나 지방 본부 건물 및 토지 경매 문제를 북한 측 의도대로 풀기를 원하고 있으며, 일본은 북한의 일본인 납치문제를 해결하려고 애쓰고 있다. 그러나 양 측이 앙금을 풀고 앞으로 나아가기에는 장애물들이 여럿 있다.

일본은 북한에 남겨진 납치 일본인 유골 수습, 이른바 '재일동포 북송 사업인 귀국사업' 과정에서 북한에 따라간 일본인 부인의 귀환, 요도호 납치범 송환 등 납치문제 해결이 북한과 관련되어 있는 당장의 해결 과제다. 북한은 식민지배에 대한 배상으로 이어질 국교 정상화 협상까지 나아가지 못한다면 정상회담을 할 이유가 없어 보인다.

일본의 북한(당시는 조선)에 대한 식민지 지배에 대한 북한 측 인식은 매우 강경하다. 일제 식민지 치하에서 조선인들이 당한 인적, 정신적, 물적 피해는 동서고금 어디에도 비길 수 없는 최악의 것이었다는 입장을 견지한다. 일본에 의해 저질러진 국가적 범죄에 대해 반드시 확실하게 사죄하고 보상을 받아야 한다는 입장을 보이고 있다.

일본의 북한 식민지 지배에 대한 배상금 규모에 대해서는 공식 확인된 것은 없다. 그동안의 북일 협상과정에서 오간 금액 차이는 현저했다. 일본은 30억~100억 달러를 제시했었다는 얘기가 돌았고, 북한 측은 적어도 100억 달러에서 300억 달러를 요구한 것으로 전해졌다. 일본이 30억~50억 달러, 북한은 80억~100억 달러를 요구했다는 설도 있다.

1965년 한국과 일본 국교 정상화 때에 한일 청구권 협정에서는 일본이 한국 정부에 제공했던 5억 달러의 경제협력 자금을 지불했다. 일본은 당시 배상이 아니라 경제협력 자금 명목으로 지불했다. 일본은 북한 지역에도 이러한 경제 지원 명분을 내세워 지불할 가능성이 있으며, 그 규모는 앞서 말한 대로 여러 가지가 거론되고 있다.

아베 시대의 한일 관계

2017년 현재의 한일관계는 임진왜란 직전의 양국 관계와 유사하다고 비유되고 있다. 임진왜란 직전 일본의 실질적인 최고 실력자 도요토미 히데요시는 규슈 정벌로 전국통일이 막바지에 이른 1587년에 중국 명나라 침략을 구체화하기 위해 조선 내 사정에 정통했던 쓰시마 섬 도주에게 조선침략 방안을 의논, 조선과 교섭할 것을 건의 받는다.

주요 내용은 조선에게 통신사를 파견해 달라고 요청하는 것이었다. 도요토미는 가신인 다치바나를 파견했다. 조선에서는 다치바나가 가져온 서찰 내용이 오만하다며 회답하기를 미루다가, 이듬해에 통신사를 파견할 수 없다고 거절했다. 새 쓰시마 섬 도주는 1588년 10월과 다음해 6월 다시 승려 겐소와 함께 조선을 찾아 공작과 조총을 바치고 통신사 파견을 요청했다.

이에 조선에서는 1590년 3월 황윤길과 김성일을 통신사로 파견했다.

그들은 교토에서 당시 최고실력자 도요토미를 만나 답서를 받았는데, 답서에는 명나라를 침입한다는 '입대명'(入大明)이라는 구절이 담겼다. 이에 통신사가 시정을 요구하자 일부는 수정했으나, 입대명이라는 명나라 침공을 앞세운 정한론 분위기는 그대로 유지됐다.

다음해 귀국한 통신사들이 3월 일본의 조선 침략에 대한 가능성에 대해 서로 엇갈리게 보고함에 따라 조정의 견해도 양분되었다. 일본 침략에 대비한 방책의 논의도 유야무야되었다. 그해 겐소 등이 다시 들어와 1년 후에 "명에 쳐들어갈 길을 빌리겠다"라고 통고하자, 조정에서는 이 내용을 명에 통보하고, 남도 각 진영의 무기를 정비하게 한다.

그런데 남도지방에서는 있지도 않은 왜란에 대비하여 민폐를 야기한다는 원성이 제기되면서 실질적인 대비책을 가동하지 않아 성과가 없게 된다. 반면 도요토미는 1591년부터 조선 침략을 위한 준비를 착착 시작해 조선과 가까운 규슈, 주고쿠 다이묘들의 군대를 재편성했다. 도요토미는 그해 8월 침략일을 다음해 3월 1일로 정한다.

모두 15만 8천700 명의 육군을 1~9번대로 편성하고 11만 8천300 명을 후속 병력으로 잔류시켰다. 그중 선봉대로서 최전선 투입은 고니시 유키나가를 주장으로 하는 1번대 1만 8천700 명, 가토 기요마사의 2번대 2만 2천800 명, 구로다 나가마사의 3번대 1만 1천 명 등 5만 2천500 명의 병력을 편성했다. 그리고 실제로 조선침략을 감행한 것이다. 임진왜란은 일본이 100년간의 전국시대를 마치며 발생한 내부 문제를 외부인 조선침략으로 분출시킨 것으로 풀이되고는 한다.

현재의 한일 관계도 이때와 비슷하다는 평이 제기되는 것은 1991년 이후 계속 이어지고 있는 일본의 장기 경기침체 때문이다. 이른바 '잃어버린 20년'으로 통칭되는 장기 경기침체로 일본은 내부 모순이 심화되고 있다. 1996년께부터 생산가능인구(15~64세)가 줄고, 2006년께부터는 인구도 감소하며 성장이 침체되는 상황이다.

2012년 이명박 전 대통령의 전격적인 독도 방문 뒤부터 악화일로로 치달은 한일관계는 2015년 말 위안부 문제에 대해 양국 정부가 어느 정도 타협점을 마련하면서 일시적으로 풀리는 듯 했다. 해빙은 오래 가지 못했다. 2016년 말부터 한일 양국 관계는 악화일로를 치닫고 있다. 양국 국내 정치에 압도되며 외교가 사라졌다 할 정도로 평가된다.

한일 갈등의 중심에 있는 제국주의 시대 일본군에 의한 위안부 문제의 경우 한국에서 '합의 파기론'까지 나오며 부산 일본 총영사관 앞에 소녀상이 설치되면서 극단적으로 악화되는 상황이다. 박근혜 전 대통령이 3월 10일 탄핵되고 난 뒤 유력 대선주자들이 위안부 합의 전면 무효화나 폐기, 재협상 등을 주장하면서 일본 정부를 바짝 긴장시켰다.

위안부 합의에 대한 국내 반대 여론과 맥락을 같이하는 이들 유력 대선 주자들의 주장은 사죄의 진실성, 진정성을 의심받고 있는 일본 아베 정권의 태도를 감안할 때 자연스러운 반응으로 볼 여지도 충분하다. 그런데 위안부 합의를 파기할 경우 예상되는 한일관계의 파국, 한국의 대외 이미지 악화를 생각하지 않을 수 없다.

한일관계가 심각하게 삐걱댈 때면 일본 정권 책임자의 지지율이 올라갔듯이 아베 신조 일본 총리의 국내 지지율도 소녀상을 둘러싼 양국의 대책없는 충돌 와중에 크게 올라가는 역설을 연출하기도 하였다. 국외 문제를 앞세워 국내의 지지율을 올리려 하면서 합리적 외교는 실종되어 있다.

심지어 일본 정부가 한국에 지급했던 10억 엔과 소녀상 문제 연계설은 한국 정부는 물론 일본 정부도 관방장관 회견 등 공식적으로는 "한일 위안부 합의에 나온 내용이 전부"라며 부인한 상황에서 한국 내에서는 계속 거론되고 있다. 수많은 한국민들의 자존심을 건드리는 문제로 "불과 10억 엔으로 한국민의 자존심을 버렸다"는 비판이 나온다.

부산 일본 총영사관 앞 소녀상 역시 리더십 공백 상황에서 선거로 뽑힌 지방자치단체장의 고민과 떼어 놓을 수 없어 보인다. 일본이 영토분쟁을 일으키려고 하는 독도에 또 하나의 소녀상을 설치하려던 경기도의회의 움직임도 외교 당국을 고민스럽게 해주는 요인이었다. 대통령 탄핵 국면에서 외교력이 작동하지 않은 상태인데 정치적 주장만 넘친다.

일본 측도 사태를 악화시키는 데 열중한다. 국내 지지율 상승에 고무된 듯 아베 총리는 대한 강경론에 더욱 열을 올리곤 했다. 아베 총리는 "위안부 피해자들에게 사죄편지를 보낼 생각은 털끝만큼도 없다"면서 외교적인 배려보다는 국내 여론을 자극하는 듯한 강경 발언을 서슴지 않았다. 한국 정부만 위태로운 한일 위안부 합의와 한일관계를 지탱하기 위해 나름대로 노력했다는 평을 받을 정도다.

아베 총리가 부산 일본 총영사관 앞 소녀상 설치에 주한 일본대사를 일시 귀국시키는 초강수를 두고, 한일 통화스와프 협정 협상 중단 등 초강경 대응으로 일관하는 것은 성과 없이 끝나버린 러시아와의 쿠릴 4개 섬 협상에 따른 실점을 만회하고, 지지층을 결집해 보려는 정치적 의도가 엿보였다.

이처럼 한일 양국 간에는 임진왜란 직전이나 지금이나 양국 지도자와 정치인들의 정치적인 의도가 외교를 압도해 버리면서 출구를 찾지 못하는 상황을 되풀이 하고 있다. 지금처럼 한일이 강대강으로 충돌하면 과거사 문제로 또다시 충돌이 불가피하고, 향후에도 양국간 외교관계는 어려움에서 당분간 벗어나기 어려울 것으로 보인다.

특히 미국에서 새로운 정권이 출범하는 시기에 대표적으로 나타나는 '미국'이라는 변수가 불안정해지면 상대적으로 한일 협력의 중요성이 커지는데, 트럼프 정권 출범에 따른 불안정성이 매우 커졌기 때문에 한일간에는 새로운 접근법이 필요하다. 양국 정치권에서 조금씩 양보하는 선을 찾아 관계 정상화를 단행해야 할 필요성이 큰 상황이다.

한일 양국간의 과거사 문제는 과거사 자체로 머물지 않는다. 위안부 문제만 해도 식민지 시절 청구권 문제로 연결된다. 1965년 한일 양국 청구권협정에서 일본의 식민지 지배에 대한 사과는 없었던 점이 계속 문제다. 일본 정부는 국제정치에서 식민지 지배를 한 것에 대해 사과한 나라는 없다고 강변하고 있다. 지금도 변함이 없다.

일본은 한국을 35년간 식민지배한 것에 대해 1965년 한일협정을 체결(?) 했다. 이 때 일본의 경제력이 한국의 30배에 달하는 현격한 국력차가 있어 양국간관계는 여전히 수직적 관계였다. 자연스럽게 청구권 협정이 불평등하게 이루어졌으며, 이것이 52년이 지난 지금 양국 관계가 수평적 관계로 변하면서 65년 협정은 비판의 대상일 수밖에 없다.

청구권협정에 대한 비판은 앞으로도 계속 한국 사회에서 제기되면서 양국 관계를 근본적으로 흔들 수 있는 요인으로 작용할 듯하다. 1965년 한일 국교 정상화 때 일본 측이 한국에 제공한 돈은 군국주의 일본군에 강제 동원되었던 '성노예' 범죄에 대한 배상금이 아니다. 5억 달러 유무상 경제 원조를 받은 것으로 일본에 면죄부가 주어지지는 않는다.

일본 측 여론도 한국에 우호적이지 않다. 일본에서는 한국에 대한 '사과 요구 피로증'이라는 단어가 횡행한다. 한국은 툭하면 식민지 지배에 대해 사과를 요구한다며 혐한 기류가 강해지고 있다. 정치권은 물론 일반 국민들 사이에서도 한국에 대해 부정 여론이 많다. 주요 신문들은 한국의 1등 기업 '삼성전자 때리기'에도 열중이다.

한일 관계가 얼어붙어 있지만, 한국과 일본은 지금도 민주주의 가치를 공유하는 중요한 이웃이다. 경제적으로도 양국은 중요한 무역 상대다. 일본의 첨단 기술 제품 다수는 여전히 반도체 등 한국 수출품의 핵심 부품으로 사용되면서 의지할 수밖에 없는 상황이다. 일본도 많은 제품 수출을 한국에 의존해, 상호 의존성은 여전히 크다.

외교적으로도 한국과 일본은 협조해야 할 상대다. 우선 한국과 일본은 미국과 한·미·일 3각 동맹을 맺고 있다. 중국이 세계 2위 경제 강국으로 부상하며 팽창주의 노선을 펴기 때문에 외교적으로 협조해야 유리한 안보국면을 조성할 수 있다. 일본 역시 중국과 북한의 위협에 맞서기 위해 한국은 반드시 필요한 우방국임에 틀림이 없다.

양국 위정자들은 상호의 중요성에 대해 어느 정도 인식하고 있다. 양국 정치권에 상대를 잘 아는 거물 정치인들이 희박하다는 것은 양국 관계를 필요 이상으로 꼬이게 하는 요인이 된다. 김영삼, 김대중 전 대통령 시절까지만 해도 양국 정치인들은 일본어로 대화를 하면서 현안을 물밑에서 해결하는 '물밑 외교'를 동원하곤 했다.

하지만 현재는 양국 사이의 현안을 풀어갈 물밑 외교를 전개할 거물 정치인이나 통로가 매우 약하다. 한 일본 정치인은 "한국 정치권에 일본 측의 의도를 전달하려고 해도 직접 터놓고 얘기할 지일파 정치인이 거의 눈에 띄지 않아 고민이다. 언론계에도 이를 중재할 인물이 거의 없는 현실"이라고 꼬인 양국 관계의 중요한 원인을 설명했다.

아베 신조 총리가 전쟁을 금지한 평화헌법 9조를 바꾸어 전쟁을 할 수 있는 보통국가로 만들려고 하는 것은 식민지 피지배 피해를 경험한 한국인들을 필요 이상으로 긴장시키는 요인이다. 일본에서 개헌 움직임이 확산될수록 과거 식민지배 트라우마에 시달리는 한국인들은 일본에 대한 강한 적대감을 키워갈 수밖에 없을 것으로 보인다.

제10장
승승장구 아베시대
언제까지

한국과 일본, 그리고 미국과 중국을 둘러싼 갈등이 방향을 가늠하기 힘들 정도로 긴박하게 돌아가고 있다. 특히 한·중·일 3국 공동체 구상까지 나왔던 때가 언제였나 할 정도로 동북아 정세는 불투명해졌다. 도널드 트럼프 미국 대통령 시대는 동북아 정세를 근본적으로 변질시켰다.

동북아시아 지역의 격랑

한국과 일본, 그리고 미국과 중국을 둘러싼 갈등이 방향을 가늠하기 힘들 정도로 긴박하게 돌아가고 있다. 특히 한·중·일 3국 공동체 구상까지 나왔던 때가 언제였나 할 정도로 동북아 정세는 불투명해졌다. 도널드 트럼프 미국 대통령 시대는 동북아 정세를 근본적으로 변질시켰다.

트럼프 시대를 맞아 한미 관계, 미일 관계, 중미 관계, 한중 관계 등 양국 관계는 근본적으로 달라질 분위기다. 버락 오바마 전 대통령 시대에 미국은 아시아 회귀(pivot to asia) 정책에 따라 아시아를 중시하는 정책을 어느 때보다 강화했었다.

무엇보다 미국은 2차 대전 이후 자유시장경제와 한미동맹, 미일동맹, 북대서양조약기구(NATO) 등 지역안보체제를 통해 아시아와 유럽 등 세계의 안보를 책임지는 경찰국가 역할을 70년 이상 수행했다. 그러면서 미국은 과도한 안보 비용에 고전하는 시대를 보냈다.

그런데 건설업자, 사업가 출신의 트럼프 시대를 맞아 미국이 근본적으로 변하려 하고 있다. 트럼프가 대통령선거 과정에서 수시로 공언했듯이 한국이나 일본 등 그동안 미국의 안보 우산 아래 있던 국가들에게 안보 책임을 지금보다는 훨씬 많이 지우겠다는 입장이다.

트럼프는 철저히 실리 외교를 시도하고 있다. 이것이 아시아, 동아시아 지역 안보 환경을 근본적으로 변화시키는 것이다. 한국과 일본이 안보 문제에 있어서 기본적으로 각자도생의 길을 걸어야 할 환경이 점차 강해지고 있는 셈이다. 그런데 양국은 서로 으르렁거리고 있다.

아시아 지역에 미국의 역할이 축소되면서 자칫 거대한 힘의 공백이 초래될 가능성이 있는 것이다. 이때를 중국이 놓치지 않으려 한다. 중국은 시진핑 주석 시대를 맞아 AIIB(아시아인프라투자은행) 출범, 일대일 정책 등을 통해 거침없이 힘을 앞세운 외교 전략을 펴고 있다.

항공모함으로 무력시위를 하고, 대한해협에 공군기 집단 시위 비행을 하면서 한국과 일본에 동시에 위협을 가하고 있다. 미국이 자칫 방심할 경우 아시아 안보의 중심적 역할을 중국이 차지하겠다는 야심도 거침없이 보여주고 있다. 중국 변수가 예전 같지 않다.

미국과 중국의 자세가 근본적인 변화를 보이려는 시기에 일본과 한국 관계는 그 어느 때보다 협력관계가 요구된다. 두 나라 모두 그동안 미국의 안보우산 아래에서 앞서거니 뒤서거니 세계 어느 나라보다 빠르고 높은 수준의 경제발전을 이루면서 세계의 부러움을 샀다.

그런데 두 나라 관계도 큰 도전에 직면해 있다. 한국은 과거의 한국이 아니다. 이제 일본의 경제 원조를 받던 나라가 아니다. 경제나 문화면에서 일본과 동등한 입장에 서려 한다. 특히 국민들의 감정이 일본에 대등하다는 입장이 강해 이전과는 같지 않다.

일본의 정계나 국민들은 이에 발끈하고 있다. 특히 아베 총리를 포함한 일본의 우파 세력은 한국을 얕잡아보는 경향이 강하다. 우익세력들은 한국이 일본대사관 앞 소녀상 등의 문제로 신의를 보이지 않는다며, 완전히 무시하는 망언을 서슴지 않는다. 감정의 골을 깊게 한다.

북한 문제도 무시할 수 없는 변수다. 북한 김정은 위원장이 핵 무장 완성 단계로 진입하려 하고, 대륙간탄도미사일(ICBM) 개발 완성을 목전에 두는 듯한 시위를 하고 있어 한반도 주변 상황을 더욱 복잡하게 하고 있다. 한반도 주변 4강에 북한 변수까지 복잡하게 뒤엉켰다.

이에 따라 한국 내부에서는 "현재의 한반도 상황이 100년 전 미국과 일본, 그리고 중국과 러시아 등 4강이 동아시아지역 패권·이권을 우선 차지하기 위해 피아가 없는 치열한 짝짓기를 하면서 일본의 식민지로 전락했던 불행한 상황과 유사하다"는 우려가 커지고 있다.

한국 정세의 불안정은 아베 신조 정권의 일본에도 결코 유리한 상황은 아니다. 한국의 정세가 안정되는 것은 일본의 국익에도 중요하다. 한국은 러시아나 중국, 북한의 위협으로부터 일본의 제1차 방어막 역할을 한다. 그렇기 때문에 아베의 대한국 전략 마련이 쉽지 않은 상황이다.

그런데 한일 양국은 여전히 과거사 인식에 대한 차이와 독도 문제를 놓고 신경전을 벌이고 있다. 식민지 지배를 당하며 씻을 수 없는 민족사적 치욕과 고통을 당한 한국은 아베 신조 총리를 포함한 일본 정치지도자들의 마음에서 우러나는 사죄 뒤의 협력을 바라고 있다. 그런데 일본은 "거듭되는 사죄 요구가 피곤하다. 지겹다"며 오히려 공세를 편다.

아베의 일본은 역사 도발을 계속하고 있다. 한국은 도발과 망언, 독도 영토 도발 등이 계속 이어지자 일본의 진정성에 대한 근본적인 신뢰를 거두었다. 여기에 한국과 중국이 접근하면서 일본이 반발하는 것까지 더해져 일본 내의 한국에 대한 정서도 꽁꽁 얼어버렸다.

도쿄 한복판 신오쿠보 쇼쿠안도리의 재일 코리아타운 격의 거리 상황은 현재 한일 관계를 상징적으로 보여준다. 10여 년 전부터 이명박 전 대통령의 독도 전격 방문 이전까지만 해도 한류바람이 뜨겁게 불었던 쇼쿠안도리는 현재 한국 점포들이 전성기 때의 3분의 1 가량 폐쇄됐을 정도다.

우경화 행보가 강화되고 있는 일본과 역시 강한 중국을 주창하며 세계 무대에서 힘을 과시하고 있는 중국은 2017년 들어 더욱 첨예하게 대립하는 양상을 보이고 있다. 특히 트럼프 정권이 아시아에 대한 관심을 줄이는 듯한 모습을 보이면서 중국의 태도는 강경해졌다.

한중일 3국은 현재 지정학적 갈등 요인을 해소·극복하지 못하고 오히려 갈등과 상호불신을 증폭시키고 있다. 2008년 이후 수차례의 정상회담을 이어가며 우호 분위기를 연출했던 상황은 지금은 먼 옛날 이야기처럼 되어 버려 3국 사이에서는 찬바람이 거칠게 일고 있다.

일본의 침략전쟁과 식민 지배에 따른 어두운 과거사 인식 차이에서 비롯되고 있는 3국간의 이견은 수많은 조정 노력과 협력 모색에도 불구하고 외교안보나 경제 분야의 경쟁에 이어 국민들 간의 감정싸움까지 뒤엉키면서 걷잡을 수 없이 악화일로를 걷고 있다.

실제로 일본과 중국에서는 배타적인 민족주의에 바탕을 둔 우익세력이 득세하고 있다. 양국에서는 태평양 지역 해양 패권을 둘러싼 영토분쟁, 천연자원 확보를 위한 경쟁 등 다양한 방면에서 경쟁하면서 감정싸움이 점점 격해지고 있다. 작은 불씨에 큰 충돌이 우려되는 상황이다.

이런 상황에서 트럼프 시대가 열린 것은 한중일 3국간 외교 전선을 한층 복잡미묘하게 꼬이게 하고 있다. 트럼프가 한중, 한일, 중일관계에서 지금까지와는 전혀 다른 차원의 모습을 요구하면서 동아시아 외교안보 지형에는 '트럼프 변수'라는 예측 불허의 불씨가 더해진 상황이다.

아베 신조 일본 총리라고 해서 한가롭지는 않다. 아베 총리는 몇 년간 트레이드마크로 내세웠던 환태평양경제동반자협정(TPP)이 사실상 무산되고, 러시아와의 북방영토(러시아명 쿠릴 열도) 반환 협상이 어려운 국면에 처하며 외교적 성과가 깡그리 위협받을 처지다.

게다가 트럼프 대통령은 오바마 전 대통령 시절과는 다르게 일본에 녹록치 않은 외교적 시련을 안길 분위기다. 트럼프는 TPP 무산 행보로 아베를 직접 어렵게 하고, 도요타자동차를 공격하면서 일본 재계를 전전긍긍하게 하며 아베의 외교적 공간을 좁게 하고 있다.

이처럼 외교 전체적으로 보면 아베 총리의 선택지가 그리 많지 않은 상황이다. 현재 일본은 한국과 중국과는 갈등 관계이고, 트럼프 대통령의 미국과도 정권 출범초의 힘겨운 줄다리기 양상을 보이고 있다. 지금이야말로 아베의 진정한 외교적 역량이 시험대에 올라 있다.

승승장구 아베 약점도 많다

　　재취임 5년째가 지나고 있지만 아베 신조 총리는 이례
적일 정도로 50~60% 안팎의 높은 지지율을 보이며 승승장구하고 있다.
2017년 터진 부인 '아키에 스캔들'에 주춤했지만, 대세는 계속된다. 집
권 자민당 내에서는 그를 위협할 정치인이 부각되지 않고 있으며, 당 밖
에서도 현재 자민당이나 그를 대체할 정치세력이 없기 때문이다.

　가시적인 장기집권 제약 요소는 3연임이 불가능한 자민당 총재선거를
규정한 당칙 정도지만 이도 개정했다. 이에 대해 일본 내 여론이 추진 초
기에는 긍정적이지 않았지만 아베 총리는 이를 설득하는 모양새를 보이
면서 2017년 3월 5일 열린 자민당 당대회에서 당칙 개정안을 확정하면
서 장기집권을 향한 질주를 이어갔다.

　자민당 총재 임기를 연장하면 아베 총리는 도쿄올림픽이 열리는 2020
년을 지나 2021년까지 장기집권할 수 있다. 그렇게 되면 전후 집권한 일

본 총리로서는 최장수 총리가 될 수 있다. 자신과 외할아버지 기시 노부스케의 염원인 헌법 개정을 할 수 있다며 집념을 보이는 이유다.

그가 자민당 당규를 바꾸어 총재 3연임을 하는 것은 한 때 쉽지 않아 보였다. 2016년 11월 22일 발표된 일본의 유력신문인 아사히신문 여론조사에서는 연장 방침에 긍정적으로 평가하지 않는다는 대답이 47%로, 평가한다는 응답 34%보다 높았다. 그러나 아베는 '강한 총리'의 힘을 내세워 결국 이를 관철시키고 말았다.

아베를 가로막을 약점도 많다. 근본적인 문제로는 그의 지병이 꼽힌다. 이른바 궤양성대장염이다. 그는 처음 총리에 올랐던 해인 2007년 세상을 놀라게 한 뒤 원인도 제대로 밝히지 않고 53세의 나이에 총리직을 던지다시피 물러났는데, 대장염이 근본적인 원인이었다고 추후 밝혀졌다.

아베의 수기 등을 토대로 하면 아베가 처음 대장염에 시달린 것은 17세 때이다. 그리고 고베제강소 효고현 가케가와 공장에서 근무하던 시절인 20대에 몸 상태가 난조에 빠지며 쓰러졌을 때 궤양성대장염 확진 판정을 받았다. 후생노동성이 난치병으로 지정했을 정도의 지병이다.

이 병은 기본적으로 자극적인 음식물을 섭취하면 안 되고 술을 마시면 안 된다. 스트레스도 가장 큰 적이다. 2007년 총리직을 던져버리다시피 했던 것도 총리직이 주는 엄청난 스트레스, 중압감이 일반 사람들이 상상하는 것보다 훨씬 커서였던 것으로 후일 전해졌다.

아베는 태어날 때부터 장이 보통사람의 3분의 1정도였다고 알려질 정도로 어려서부터 소화기 계통에 문제를 안고 있었다고 한다. 그는 초등학교 때 배가 아파 누르고 있는 모습이 목격되었다고 하며, 대학 시절 미팅

일본의 야욕 아베신조를 말하다

에서도 장이 약하다고 양해를 구하고는 술을 거의 마시지 않았다.

정치인이 되어서도 지병은 계속됐다. 두 번째 국회의원이 된 1996년 총선거 때는 아베가 복통을 참아가며 선거전에 임했다고 한다. 아베는 한 대담에서 "두 번째 선거 때 자주 강한 변의를 느꼈지만 유세 차량에서 내릴 수 없어 식은땀을 흘리며 참아냈다"고 회상했을 정도다.

1998년 자민당 국회대책 부위원장 때에는 링거로 지탱하는 생활을 하며 체중이 65㎏에서 53㎏까지 급격히 줄어들었던 경험도 했다. 급기야 정계은퇴를 각오하고 게이오대학병원에 3개월 동안 입원해 집중치료를 받았다. 부인 아키에는 정치를 그만두라고 눈물로 간청했다.

아키에 부인은 물론이거니와 이 때 가까운 사람들 가운데 지병을 공개하고 정치를 떠나라고 권유하는 사람도 많았다. 그러나 치료 결과를 지켜보기로 했으며, 장의 적출 수술까지 검토했다. 그런데 당시 펜타사 주사요법이 잘 들어서 일상생활에 거의 지장이 없어지게 됐다고 한다.

그러나 총리직이 주는 압박감에 다시 대장염은 심각해졌다. 2007년 9월 호주에서 열린 아시아태평양경제협력체(APEC) 정상회담 때 심각했다. 식사를 할 수 없었다. 70㎏이던 체중이 한 달 만에 63㎏까지 줄었다. 기력이 떨어지고 사고력도 약해졌다. 판단력도 떨어졌다.

그해 9월 10일에는 일본의 상원 격인 참의원 소신표명연설에서 준비된 원고를 세 줄이나 건너뛰고 읽는 실수도 한다. 이틀 뒤 기자회견을 통해 돌연한 사퇴의사를 표명한다. 인도양에서 자위대 선박 급유활동 유지에 반대하는 민주당 대표와 당수회담이 거절돼 사퇴한다는 핑계를 댔다.

아베가 건강을 추슬러 재집권한 뒤에도 건강 문제는 초미의 관심사였다. 그가 고공행진을 하자 일본 간사이 지역의 한 사립대학 교수(경제학)는 "아베가 중도에 사퇴할 변수는 그의 지병인 궤양성대장염 외에는 없다. 그것이 유일하고, 최대의 변수일 수 있다"고 말했을 정도다.

실제로 재취임 3년을 넘기며 각종 격무에 시달리자 그의 건강 문제는 다시 수면 위로 떠올랐다. 2015년 정기국회 회기 연장 이후부터 "무척 피곤해 보인다"는 지적이 나오기 시작했다. 그러면서 아베가 초조해하는 모습이 포착되기도 했다. 토혈과 구토 정보가 흘러나녔다.

이처럼 그의 건강 불안설이 2015년 중반 나돌자 아베는 이를 불식이라도 시키려는 듯 파티에서 술을 마셔 보이기도 했고, 기자들과 불고기집에 가서는 역시 보란 듯이 불고기는 물론 맵고 자극적인 김치를 먹어 보이기도 했다. 중국음식점에서는 기름진 요리도 먹었다.

아베는 친한 고참 기자들에게 자신의 몸 상태가 좋아졌다며 "건강 불안이라고 쓰지 말아 주세요"라고 말할 정도라고 한다. 그러나 국민들을 상대로 자신의 건강 상태에 대한 설명회는 갖지 않는다. 총리의 건강 문제는 일본 국민들의 중요 관심사이며, 국익에도 관련이 있다.

아베는 아베3차 내각 발족 직후인 2015년 10월 10일 6시간 동안 주치의가 근무하는 도쿄 시나노마치 게이오대학병원에서 정기검진을 했다. 아베는 지병에 좋다는 아사콜이라는 약 외에 염증을 막는 스테로이드 등 간장과 신장에 무리를 주는 여러 약을 복용하고 있는 것으로 알려졌다.

2015년 가을 임시국회가 아베 총리의 뜻에 따라 열리지 못한 것도 건강문제로 연결됐다. 새로운 각료들이 소신을 밝히는 기회로 임시국회가 열리는 것이 당연시 됐지만, 석연치 않은 이유로 임시국회가 열리지 않으

일본의 야욕 아베신조를 말하다

며 다시 아베의 건강 문제가 부각되는 역설적 상황이 발생했다.

그러면서 최근에도 아베의 건강 문제에 대해서는 수시로 도마에 오른다. 그의 지병이 완전히 좋아지지는 않았다는 것이 정설이다. 치료약인 아사콜 뿐만 아니라 장의 염증을 막아주기 위해 스테로이드도 복용하고 있다. 부작용을 동반하는 여러 약물을 투약하는 게 문제다.

많은 약물을 장기복용하는 것은 간 기능 장애 초래가 수반된다. 아베의 부친인 신타로가 비원인 총리직을 눈앞에 두고 췌장암으로 쓰러진 모습을 지켜본 아베에게 과도한 업무와 스트레스는 우려사항이다. TV에 비친 아베의 안색이 좋지 않다는 지적도 나오고 있다.

아베 총리의 최대 약점은 역설적이게도 그의 강점이기도 한 밀어붙이기다. 아베는 재집권 뒤 국민들의 높은 지지를 기반으로 개헌 추진이나 집단적 자위권, 그리고 정규직과 비정규직 임금 격차 축소 등 각종 정책을 국회에서의 우위와 여론을 앞세워 밀어붙이고 있다. 여야 합의의 정치가 아니라 밀어붙이기를 하면서 야당과의 앙금이 하나하나 쌓여가고 있다.

지금은 국회에서의 수적 우위를 토대로 특정기밀보호법 등 각종 안보 관련 법제를 야당이나 시민사회의 반대 속에 강행 표결로 밀어붙이고, 심지어는 춘투(봄철 임금교섭)에서 기업들에게 임금을 올려주어 소비를 환기시키도록 하는 이른바 관제춘투를 밀어붙이고 있지만, 언제가 아베 총리가 약점을 노출하게 되면 부메랑이 될 수도 있다.

지금은 20년 장기 불황에 지쳐 있는 일본 국민들이 나카소네 야스히로 전 총리 이후 30년 만에 등장한 '강한 총리 아베'에 웬만한 것은 눈감아

주면서 질주할 수 있지만, 지나치게 되면 순종적인 일본 국민들이 저항할 수도 있다. 지난 2015년 8월에는 도쿄, 오사카, 나고야, 히로시마 등지에서 수십만 명이 안보법률 제·개정 반대시위를 하기도 했다.

일본의 야욕 아베신조를 말하다

아베가 풀어야 할 숙제도
산처럼 쌓였다

아베는 아버지 신타로가 가끔 "신짱(아베 신조 총리의 애칭)은 정(情)이 부족해"라고 탄식했다고 했듯이 정이 부족하고, 도량이 넓지 못하다는 지적을 받는다. 지(知)와 덕(德)이 모자란다는 우려도 사고 있다. 정치가에게 필요한 정이 없다는 지적도 통하는 부족함이다.

아베는 주요 정치 장면에서도 상대에게 고개를 숙이는 등의 약한 행동을 거의 하지 않는다. 안전보장 관련 법안 심의를 할 때 야당이 지적을 하며 사과를 하라고 해도 자신을 자제하지 않고, 거칠게 야당을 몰아붙여 버리고는 한다. 추후에 부메랑이 될 수 있는 요소들이다.

숫자를 앞세운 정치의 문제점도 지적된다. 자민당은 2016년 말 환태평양경제동반자협정(TPP) 승인안, 연금개혁안에 이어 다시 카지노 추진 법안을 강행 통과시켰다. 여당의 '수의 우위'에 힘입어 12월 임시국회에서 발의된 정부 입법 법안 18건 중 94.7%인 17건이 국회를 통과했다.

일본 언론들은 정부와 자민당이 의석수의 힘으로 법안 통과를 밀어붙여 '소통 부재'라고 일제히 비난을 쏟아냈다. 자민당을 비판하는 내용이지만 자민당 총재이면서 관저주도의 정치로 자민당을 거수기 정치로 몰아가고 있는 아베 총리에 대한 비판과 우려이기도 하다.

정치는 살아있는 생물이라고 했다. 아베 지지율이 줄곧 높았지만 언제든지 신기루처럼 무너져 내릴 수 있다. 박근혜 전 대통령이 콘크리트 지지층의 지지를 업고 비교적 높은 지지율을 보이다 최순실 게이트가 터지며 한순간에 4%라는 거짓말 같은 지지율로 추락한 것이 이를 잘 보여준다.

정치가에 대한 평가는 국민과 역사가 내린다. 그 국민의 평가는 변화무쌍하다. 냉혹하다. 언제든지 긍정을 부정으로 바꿔버릴 수 있는 것이 민심이라는 바다이다. 민심의 바다가 정치인의 높은 지지율을 만들어주기도 하지만 정치인이라는 배를 뒤집어버리는 파도가 되기도 한다.

아베의 과제도 산처럼 쌓여있다. 인구감소와 고령화는 안정적 성장을 막는 최대 장애요인이다. 양극화도 심각하다. 국가채무가 1천조 엔을 넘으면서 사회보장제도는 흔들리고 있다. 노인이나 장애인, 생활보호대상자들을 위한 복지예산을 축소해야 해 사회 안정이 위협받는다. 서구적 개인주의도 급속히 확산중이다. 사회의 약점들이 많이 노출된다.

실제로 세계 3위의 경제력을 자랑하는 선진국 일본에서는 홈리스로 불리는 노숙인들이 도쿄, 오사카, 후쿠오카 등 대도시 어디를 가도 볼 수 있을 정도로 넘친다. 도쿄 시내 각 공원에는 홈리스들이 친 천막이 쉽게 보인다. 으리으리한 도쿄도청사 바로 건너편에도 있고, 일본 관청가 가스

일본의 야욕 아베신조를 말하다

미가세키 코앞에도 천막이 있다.

재정 형편이 악화되면 사회복지 예산이 줄어드는 것도 큰 문제다. 과거에 노인들이나 장애인 등 사회적 약자에게 투입됐던 사회보장 예산이 크게 줄어들면서 사회 안정성이 크게 위협받고 있다. 아베 2차 집권 이후 한동안 늘어나던 세수입도 줄어들어 사회복지 예산을 더욱 줄여야 하는 처지로 내몰리는 것도 범상치 않다.

2007년 1차 집권 때 아베 신조 총리를 괴롭혀 결국은 그가 낙마하는 것으로 연결됐던 각료들의 문제도 점차 불거지고 있다. 최측근으로 거론되는 이나다 도모미 방위상이 남수단에 파견된 자위대의 일지(헌법에서 금지한 '전투'가 있었는지에 대한 논란을 부른)를 은폐했다는 이유로 야당에 의해 해임이 추진되고 있다.

정책 추진에 제동이 걸리는 일도 잦아지는 것이 심상치 않다. 일본 정부가 추진하고 있는 가칭 '테러 등 준비죄 법안', 세칭 '공모죄 법안'이 뜨거운 논란을 빚고 있다. 정치권에서 파열음이 심각하다. 두 명 이상이 중대 범죄를 준비하기만 해도 처벌하겠다는 취지인데, 건전한 비판을 막아버리는 데 악용될 것이라는 우려가 많이 나온다.

이미 여러 차례 무산된 문제의 법안을 아베 정부가 올해 초부터 다시 꺼내 들면서 논란을 키우고 있다. 정부여당 측은 2020년 도쿄올림픽 등을 앞두고 증가하는 테러 위협에 대응하기 위해서 공모죄 법안은 반드시 필요하다는 입장이다. 이에 대해 야당과 재야 법조계 등은 인권 탄압과 비판여론 봉쇄 등 오남용의 우려가 크다며 반대하고 있다.

'테러 등 준비죄 법안'은 중대 범죄를 모의만 해도 처벌하는 것이 핵심이다. 실행에 옮기지 않아도 처벌할 수 있도록 한다. 과거 3차례나 발의 됐지만, 국회의 벽을 넘지 못했다. 중대 범죄의 범위가 너무 포괄적으로 넓기 때문에, 경찰 등 공권력이 마음만 먹게 되면 시민 누구든지 처벌 대상이 될 수 있다는 우려가 컸다.

수사기관이 마음만 먹으면 모든 범죄를 포함시킬 수 있다는 반발이 나오고 있다. 특히 오키나와 미군기지 반대운동 등 일본 정부에 비판적인 재야단체의 활동을 제약하는 데 악용될 수 있다며 야당과 시민단체 등이 반발하고 있다. 언론은 '범죄가 일어날 것 같다'는 지극히 주관적 판단만으로 전화나 이메일 도청이 가능하게 될 것이라고 지적한다.

집권여당의 이 법안 통과 의지는 확고하다. 그런데 법무성이 중의원 예산위를 앞두고 문제를 일으키며 아베 총리에게 부담을 주고 있다. 당 측과의 법안 협의도 끝나지 않은 상태에서 공모죄의 구성 요건을 엄격히 하는 것과 관련해, 일단 법안부터 제출한 뒤 법무위원회에서 논의해야 한다는 주장의 문서를 낸 것이다.

제1야당인 민진당 등이 강하게 반발했다. 현행 법제도로 대응이 어렵다는 것을 증명하는 구체적 사례를 요구하고 나섰다. 더 나아가 야당은 가네다 가쓰토시 법무상의 사퇴를 요구했다. 비판 여론을 잠재우기 위해 조심했던 자민당이나 공명당, 아베 총리를 어렵게 하는 요인이다. 이런 실수 하나가 아베 총리에게 유리한 정국흐름을 바꿀 수 있다.

아베
후계를 생각할 때는 아니지만

　　지금 일본은 강력한 '아베 1강' 시대다. 제1야당인 민진당은 집권세력으로서 너무 약하다는 평을 받아 아베에, 자민당에 족탈불급 양상이다. 자민당에서는 아베와 2012년 총재선거에서 결선까지 경쟁했던 이시바 시게루 의원과 기시다 후미오 외무상, 이나다 도모미 방위상 등이 유력한 포스트 아베 주자로 꼽히지만 이들 역시 빛이 약하다.

　아베에 대항할 수 있는 개인이나 세력이 일본 내 어디에도 보이지 않는 상황이다. 민진당은 제1야당임에도 불구하고 지지율이 10% 이하다. 존재감이 약하다. 렌호 당대표도 국민들의 시선을 끌지 못하고, 당내 리더십도 발휘하지 못하고 있다. 다른 야당들은 극히 미미한 지지율로 연명하다시피 하고 있다. 아베가 위기에 처해도 대체 세력이 미약하다.

　그래도 역사의 수레바퀴는 돌아간다. 정점에 오를 권력자는 반드시 하산할 때가 다가온다. 아베도 마찬가지다. 벌써 5년째 일본을 이끌고 있으니 머지않아 하강 길에 접어들지도 모른다. 일본 국민들도 현재는 '강한 아베'의 '강력한 리더십'에 취해 있지만 머지않아 포스트 아베를 살펴보기 시작할 것이다. 그것이 정치요, 그것이 권력의 속성이다.

나카소네 야스히로 전 총리 이래 30여 년 만에 아베는 '강한 총리'로 인기다. 그렇다고 해도 포스트 아베 1번 후보는 이시바 시게루(石破茂) 전 지방창생담당상이다. 지난 개각 때 내각을 떠난 그는 틈만 나면 독자적으로 세 확산을 도모하고 있다. 이시바파는 2016년 9월 4일 가나가와 현의 한 호텔에서 하계연수를 열었다. 그 전해 9월 파벌 결성 이후 처음이다.

이시바 전 담당상은 노골적이다. 그는 "언제까지 이어지는 정권은 없다." "정권을 담당하는 그 날부터 확실하게 정책을 실현할 수 있도록 해야 한다."며 차기 총재 선거 출마를 꾸준하게 시사하고 있다. 이시바 전 담당상은 2012년 9월 총재 선거 때 아베 총리와 접전을 벌이다 패했다.

아베 정권에서 줄곧 외교 사령탑을 맡고 있는 기시다 후미오(岸田文雄) 외무상도 차기 경쟁 구도의 한 축을 차지하고 있다. 그는 현직 각료라는 신분을 고려해 전면에는 나서지 않고 있다. 기시다파는 작년 9월 6~7일 야마나시 현에서 연수회를 열었다. 차기를 위한 몸풀기이다.

포스트 아베에서 다크호스로 등장한 인물이 여걸 고이케 유리코 도쿄 도지사다. 아베 1강 독주 체제를 위협할 수 있는 유일한 인물로 고이케가 꼽히는 횟수가 늘었다. 고이케 지사는 2017년 여름 도쿄 도의원 선거에서 자신의 정치교실 등에서 발탁한 신인 40여명을 후보자로 내세웠다.

고이케는 자민당에 속해 있긴 하지만, 2016년 7월 말 도쿄 도지사 선거에서 자민당의 만류를 외면하고 출마해 자민당 공천 후보에 승리를 거둔 바 있다. 이후 고이케는 아베 신조 총리 등 자민당 집행부와 최악의 상황은 간신히 피하고 있지만 설전을 주고받는 등 험악한 관계다.

그러나 고이케 지사에게는 근본적인 한계가 있다. 바로 의원내각제에서 총리는 국회의원이어야 하는데, 고이케는 도쿄도지사다. 총리가 되기 위해서는 제1당이나 연합정치세력의 총재가 대표가 되어야 하는데, 작년 8월에야 의원직을 그만두고 도쿄도지사가 돼 현재는 그럴 여건이 아니다. 따라서 이론상으로는 후계후보이지만, 현실은 한계가 많다.

고이케 지사는 도쿄도 도지사에 당선된 뒤 일본의 대표적 어시장으로 우리나라 노량진수산시장과 유사한 기능을 가진 쓰키지 시장 이전 터 부실공사 문제나 2020년 도쿄올림픽 비용 삭감 등에 원칙적으로 대응하면서 시민들로부터 폭발적 지지를 얻고 있다. 2017년 2월 도쿄도 지요다 구청장 선거에서는 자신이 후원한 후보가 압승했다.

고이케 지사는 도쿄 도의회 선거에서 자신을 지지하는 세력을 확대하기 위해 지역 기반 정당의 설립 검토를 진행하고 있다. 현재로서는 행보에 거침이 없다. 이에 따라 아베 측도 가만히 두고만 있지 않다. 아베에 우호적인 언론들은 고이케 한계론을 보도하며 지속적으로 김빼기를 하고 있다. 실제 기반이 될 정당이 아직 없는 등 여러 한계가 있다.

아베 총리는 폭풍처럼 질주중이다. 2012년 12월 총리가 된 뒤, 2015년 9월 자민당 총재 선거에선 무투표로 당선됐다. 아베는 자민당 총재 임기를 애초 2기 6년에서, 3기 9년으로 늘려 2021년 9월까지 임기를 연장하도록 당칙 개정 방침을 확정했는데 당초에 여론은 이 움직임에 우호적이지는 않았다. 그래도 아베 총리와 자민당은 밀어붙였다.

3월 5일 도쿄도내 한 호텔에서 열린 84회 자민당 당 대회는 현재 '연속 2기 6년까지'로 되어 있는 자민당 총재의 임기를 '연속 3기 9년까지'로 정식 연장키로 했다. 이에 따라 임기 5년째인 아베 총리가 2018년 9월로 예정되어 있는 당 총재선거에 입후보할 수 있는 길이 열렸다. 아베는 이 자리에서 "초심을 잃지 않겠다"고 의욕을 보였다.

아베의 장기집권은 이르면 2017년 내에 치러질 것으로 보이는 차기 중의원 선거에서 집권 자민당이 승리하는 것이 전제 조건이다. 그런데 자민당과 공명당 연립여당이 야권에 비해 압도적인 지지율을 보여 정권교체 가능성은 높지 않다. 그러니 자체 실책이나 정권을 위협할 큰 스캔들만 없으면 장기집권 가능성은 상당히 높은 것으로 평가된다.

하지만 자민당 총재인 아베 신조 총리의 기반이 탄탄하다고 할 수만은 없다. 2016년 여당이 참의원선거에서 27년 만에 단독과반 의석을 회복했지만, 이는 정권이 한 번 신뢰를 잃으면 이를 회복하는데 4반 세기가 걸린다는 점을 역설적으로 보여준다. 정당도 정치가도 신뢰를 잃는 것은 순간이다. 아베가 신뢰를 잃으면 후계자들에게는 기회가 된다.

일본의 야욕 아베신조를 말하다

아키에 여사
남편 약점 보완자에서
스캔들 메이커로

아베 총리의 부인 아키에 여사는 한류팬으로 우리에게 친숙하다. 한국 언론과 인터뷰하거나 한국 행사에도 참석한다. 친한파다. 2000년대 중반 일본에서 한류 열풍이 일 때 배우 고 박용하의 팬을 자처하며 각종 한류 행사장에도 얼굴을 내밀었다. 가정 내의 야당으로 비쳐지며 우파 행보를 가속하는 아베 총리의 약점 보완자 역으로 인식된다. 그러나 2017년 2월 '스캔들 메이커'로 부상하면서 남편에 부담을 주고 있다.

아키에는 결혼하기 전의 원래 성이 마쓰자키(松崎)이다. 일본에서는 아직까지도 여성이 결혼하면 그 때까지의 성을 버리고, 남편의 성으로 바꾸게 된다. 최근 들어서는 부부별성이라고 해, 결혼 전의 성을 유지하려는 운동이 벌어지고 있기는 하지만 남편 성으로 바꾸는 게 대세다. 부부별성을 달성하기까지의 길은 아직 멀어 보인다.

아키에의 부친 마쓰자키 아키오는 일본의 대형 제과회사인 모리나가

제과의 사장을 지냈다. 현재는 이 회사 상담역이다. 모리나가제과 창업가는 아키에의 외가이다. 아버지는 처가 회사의 사장을 지냈다. 외할아버지가 총리를 지냈고, 아버지는 외무상을 지낸 아베 집안과 기업가 딸과의 결혼이니만큼 두 사람의 결혼은 정계와 재계의 정략결혼인 셈이다.

두 사람의 결혼에 다리가 되어준 사람은 일본의 오랜 집권당 자민당의 거물 정치인 후쿠다 다케오였다. 후쿠다는 자신도 총리를 지냈고 아들 야스오도 총리를 지낸 거물급 정치인이다. 그런 자민당의 거물이 미래 일본 정치를 이끌 지도자로 아베를 지목, 중매인이 된 것 자체가 당시 일본 정재계에서는 커다란 화제로 주목받았다.

아키에의 첫인상에 대해 아베는 약속시간에 30분 늦게 나와 '사람을 오래 기다리게 하는 아가씨군'이라고 생각되어 첫인상이 별로 좋지 않았다고 회상했다. 하지만 여덟 살이나 연하인 아키에와의 첫 만남에서의 대화가 아베로서는 즐거워, 더 만나기로 한 뒤 식사도 하고, 그 후에 골프도 함께 하며 친숙해졌다고 회상하고는 했다.

아키에는 1962년생이다. 세이신여자전문학교와 도쿄의 릿쿄대학에서 디자인을 공부했다. 대학을 마친 뒤 일본 최대의 광고회사 덴쓰(電通)에서 근무하다가 아베를 만나 1987년 결혼하게 된다. 당시로는 일본 사회에서 노총각이던 아베가 33세, 아키에는 결혼 적령기인 25세 때다.

아베는 당시 부친 신타로의 비서로 일하고 있었다. 왕자님과 공주님의 결혼으로 비유되는 결혼이었다. 아키에는 독특한 스타일로 평가된다. 매우 사교적이고, 술 마시기를 좋아한다. 남편 아베와는 대조적인 성격이다. 둘 사이에 자녀가 없는데 아키에의 불임 탓이라고 스스로 밝혔다.

아키에는 남편이 중의원선거에 나갈 때는 지역구 라디오방송국에서 사회를 보는 등 적극적이며 남편의 눈치를 보지 않는 성격이라고 한다. 남편은 물론 남의 눈치도 보지 않아 아베가 두 번째로 총리를 맡기 직전 고급 이자카야(술집) 경영을 허락받아 호사가들의 입방아에 올랐다.

한국과 불편한 관계인 아베에 비해 친한파인 아키에는 외교적인 영향력을 행사할 수 있는 후보로 거론된다. 아키에는 실제로 다양하게 외부활동을 하며 외부인들의 의견을 기탄없이 전달하거나, 바쁜 아베를 꼭 만나고 싶어 하는 사람들을 연결해주기도 한다. 한국 외교와 접점 역할에도 주목할 수 있는 이유이기도 하다.

아키에는 일본 사회가 요구하는 순종적인 부인형은 아니다. 아베가 2007년 대장성궤양염으로 고생할 때 아키에는 정치를 그만두라고 강력하게 요구했다. 나서지 않고 남편에 순종하는 것이 미덕으로 비쳐지는 일본사회 정치가들의 부인 모습과는 확실히 대비된다. 언론이 아베에 우호적이지 않을 때는 언론에 맞서며 아베를 적극 비호했다.

그래서 일본 사회에서는 아키에는 일본 정치 문법에서는 좀처럼 만나기 어려운 '아메리카(미국)형 퍼스트레이디'를 지향한다고 평하는 사람도 있다. 총리관저가 아키에를 보좌하도록 외교관 출신 인사 등을 5명이나 '총리관저 연락조정관' 등으로 임명해 보좌하도록 하고 있다. 그만큼 활동 반경이 넓다는 의미이지만, 이것이 문제로 부각됐다.

아키에 부인이 높은 지지율로 질주하고 있는 아베 총리의 문제점으로 부각되기 시작한 것은 새로운 국면이다. 아키에 부인이 명예교장으로 있던 오사카의 학교법인 모리모토(森友) 학원이 오사카 소재 국유지를 평가액의 10%대에 불과한 헐값에 매입한 파문이 정권의 스캔들로 번지면서다. 이 스캔들로 아베의 지지율이 조금 하락했고, 뇌관은 잠재되어 있다.

아키에 부인은 문제가 불거진 직후 명예 교장직을 사퇴했지만, 2015년 9월 모리모토학원 산하 쓰카모토유치원에 가 특강을 한 사실도 밝혀지며 '공인(公人), 사인(私人) 논란'에 시달리는 등 아베 총리에게 커다란 정치적 부담을 안기고 있다. 아베는 아키에가 사인이라고 강변하지만 설득력은 약한 편이다. 파문이 진화되더라도 부담으로 남게 된다.

파문은 매우 복잡한 양상으로 전개됐다. 모리모토학원이 아베 총리의 이름을 딴 초등학교를 짓는다며 모금활동을 했고 이 법인이 정부와 수의계약을 통해 헐값에 부지를 매입했다는 의혹이 장기집권을 꿈꾸는 아베 총리의 발목을 잡을 정도로 확대되는 양상까지 보였다. 모리모토학원은 2016년 정부와 수의계약을 통해 평가액의 14% 수준인 1억3천400만 엔에 학교 부지를 매입한 것으로 드러나 논란이 이는 것이다.

국민의 재산인 국유지를 우파 활동을 하는 모리모토학원 가고이케 야스노리 이사장에게 상식 이하의 방식을 통해, 상식을 터무니없이 밑도는 가격으로 매각, 국민들의 감정을 자극한 것이다. 이 파장은 일부 언론 여론조사에서 아베 총리의 지지율이 6% 정도 하락하는 요인으로 작용했으나 3월말 현재 결정타를 안기지는 못하고 있다.

아베 총리는 특히 사건이 불거진 초기인 2월 17일 국회 답변을 통해 "(내 이름이 사용된 것을) 처음 들었다. 나와 처가 관계가 있다면 총리도, 국회의원도 모두 그만 두겠다"고 배수진을 치면서 진화에 나섰지만, 여론은 뜨악한 반응을 보이고 있다. 아베를 대신할 차기주자가 없기에 망정이지, 여차하면 결정적 타격을 줄 수 있는 국면이다.

국유지를 헐값 매입한 모리모토학원 가고이케 야스노리 이사장은 우파인사로 알려졌다. 재단 소속 유치원생들을 상대로 군국주의 시절 교육 칙어를 암송하게 하고, "아베 총리 힘내라"고 운동회에서 선서하게 했다. 유치원생 부모들에게는 한국인이나 중국인이 싫다는 등의 내용을 담은 혐한·혐중 가정통신문을 보낸 것이 알려져 물의를 빚었다.

이번 파문이 어디까지 미칠 지는 누구도 모른다. 한국 감사원에 해당하는 일본 회계검사원이 이 스캔들에 대한 조사에 착수했다. 특히 일본인들에게 우익 인사가 대표로 있는 유치원의 도가 넘는 군국주의적인 영상이 폭로되면서 민심이 어떻게 흘러갈지 주목된다. 아베라는 강력한 지도자를 내세워 폭주하던 일본 우익들에게 제동이 걸릴 수도 있다.

군국주의와
평화주의 피가 섞인 아베

　　아베 신조 총리는 현재 다수의 한국인들에게 군국주의
자, 우파로 인식되고 있다. 일본의 평화헌법을 개정해 전쟁할 수 있는 나
라를 만들려 하고, 전범이 합사되어 있는 야스쿠니신사를 참배하고, 우
익인사들을 내각에 배치하며 툭하면 망언을 일삼기 때문이다. 가끔 한국
친화적인 발언을 하거나, 아키에 부인이 친한적인 행보를 하지만 그의 이
미지는 전반적으로 부정적이고, 강경우파의 이미지가 강하다.

　일본인의 입장에서는 어떨까. 현재 일본인들의 입장에서는 한국인이
생각하는 아베에 대한 인상과는 다르다. 일본인들에게 아베는 아베노믹
스를 통해 '잃어버린 20년'으로 땅에 떨어진 일본인의 자존심·자신감을
회복시켜준 지도자로 인식된다. 미국이나 중국, 한국 등 주변국에 할 말
을 하는 강한 지도자이다. 역사문제나 야스쿠니신사 참배도 일본인들 입
장에서는 국가의 지도자로서 당연한 입장 표명이다.

그렇다면 아베의 유전자, DNA는 어떤 것인가. 아베 총리는 분명 전후 70년 동안 지켜져 오던 전쟁하지 않는 나라 일본과 관련한 각종 법률과 평화헌법 9조를 개정해 전쟁이 가능한 나라로 만들려고 한다. 일본의 전후 레짐(체제)를 뿌리째 뒤흔들려 하고 있다. 자민당에서 아베 독주가 이어지면 아베 총리는 2021년 9월까지 총리직을 수행할 수 있다.

그렇게 되면 아베 총리는 작은 외할아버지인 사토 에이사쿠 전 총리의 2798일 보다 더 긴, 전후 최장수 총리가 되게 된다. 아베 총리의 피에는 대체 어떤 유전자가 내재되어 있기에 이렇게 강하고, 국민들에게 파고들 수 있는 정치를 하고 있는가. 오늘 한국인들에게는 껄끄러운 이웃인 일본을 강력하게 이끌고 있는 '인간 아베 신조' '일본 총리 아베 신조'의 참 모습을 조금이나마 자세하게 알고 싶어진다.

그에 대한 답은 참 복잡하다. 아베 총리는 2006~2007년 1차 집권 때는 실패했다. 그것도 본인에게는 기억하고 싶지 않을 정도로 무참하게 실패했다. 그러나 두 번째 집권에서는 5년째를 맞이해서도 지지율 50~60%라는 고공 지지율을 유지하고 있다. 그것도 2차 집권 들어서는 위기 같은 위기를 한 번도 겪지 않고 순항하고 있다.

아베 총리는 일반인들에게 외할아버지인 기시 노부스케 전 총리를 존경한다고 말한다. 그러나 실질적인 정치인으로서는 그의 아버지 신타로의 길을 따랐다. 그 신타로는 그의 할아버지 간을 닮고 싶다고 했으니, 아베 신조 자신도 중의원 의원을 지낸 그의 친할아버지 아베 간의 그림자 또한 짙다. 간-신타로-신조로 이어지는 아베가 3대 정치인이다.

아베 신조 총리의 외할아버지인 기시 전 총리는 전범 출신으로 일본 우파 정치인으로 많이 알려져 있다. 그러나 아베 총리의 할아버지인 간이 일본 군국주의가 전쟁으로 치닫던 1930~1940년대 일본 정계에서는 소수파로 전쟁을 반대하는 평화주의자였던 점은 잘 알려지지 않았다. 간은 평화주의자이자 반골 정치인으로 인품도 높았던 것으로 전해진다.

대표적인 그의 정치 역정 가운데 하나가 군국주의 일본의 어용선거였던 1942년의 익찬선거에서 경찰 등 당국의 거센 탄압과 압력에도 불구하고 무소속으로 출마해 국회의원에 당선된 이력이다. 익찬선거는 일본이 전쟁의 광풍으로 치달으며 모든 정당이 해산되고, 대정익찬회(大政翼贊會)로 통일되어 치러진 선거였다. 일당독재 같은 선거다.

아베의 할아버지 간은 당시 도조 히데키 등 군벌의 폭주에 대한 비판으로서 무소속으로 입후보해 중의원 의원에 재선됐다. 군국주의로 달리던 일본에서 세계 평화를 염원하는 정치를 펴기 위해서다. 1945년 8월 15일 일제가 패망하자 군국주의를 비판해 온 간은 동지들과 함께 일본진보당을 결성했으나 1946년 1월 심장마비로 급사했다

1924년생인 아베 신타로도 도쿄제국대학 재학중에는 당시의 군국주의적인 광풍에 휘말려 자살특공대인 해군 특공대를 지원해 훈련을 받으며 전쟁의 참혹함을 경험했다. 그는 자민당에 소속된 보수정치인으로 외무상까지 역임했지만, 평화주의자였다. 정치적 균형감각도 있었던 것으로 평가된다. 그는 간의 정신을 받아 반전평화주의자임을 강조했다.

아베 신조 총리의 작은 아버지 니시무라 마사오도 일본에서는 보기 드문 평화주의자이다. 일본흥업은행장과 미즈호은행장을 역임한 금융인인 니시무라는 2006년 8월 숨지기 직전 "일본은 세계적으로 고립될 우

사토 에이사쿠는 제61, 62, 63대 총리로, 7년 8개월이라는 전후 사상 가장 긴 기간 재임한 총리로 꼽힌다. 사토는 '핵무기를 제조하지 않고, 보유하지 않으며, 반입하지 않는다'라는 비핵 3원칙을 표방한 공로로 1974년 노벨 평화상을 수상했다.

려가 있다. 이런 경향은 언젠가 왔던 길을 떠올리며, 매우 위험한 조짐이다"고 우려했다.

니시무라는 일본 재계의 본산으로 최대의 경제단체인, 즉 한국의 전경련과 비슷한 위상을 가진 '게이단렌' 상임이사를 지낸 인물이다. 그는 인터뷰를 통해 당시 고이즈미 준이치로 총리의 야스쿠니신사 참배계획을 우려하며 차기 정권에 맡겨진 최대 과제를 "전략적 아시아외교의 재구축"이라고 강조했다. 당시 관방장관이던 조카 아베에게 남긴 유언과 같이 평화주의 외교를 조언한 것이다.

그는 조카 아베 신조에 대한 비판에 그치지 않고 자민당 젊은 국회의원들을 겨냥해서는 "과거의 전쟁을 긍정하는, 역사인식이 결여된 자도 있다"고 혹독하게 비판했다. 아울러 "야스쿠니신사 참배를 정당화하는 이유는 국내에서는 통용될지라도 국제적으로는 통용되지 않는다. 차기 총리는 과거 전쟁책임을 자각해 현실외교를 우선해야 한다"고 조언했다.

이처럼 아베 신조의 가문에는 평화주의자로서 균형감각을 가진 일본의 대표적 지성들이 자리하고 있다. 그럼에도 불구하고 아베 신조 총리는 현재 친가와는 다른 외가, 군국주의적 길을 걸었던 외가의 흐름을 따르는 것으로 비쳐지고 있다. 기시 노부스케 전 총리는 '쇼와 시대의 요괴'로 불릴 정도로 일본 정치사에서 대표적인 우파 정치인이다.

앞의 글에서도 잠깐 언급한 적이 있지만 아베 총리가 태어나기 전에 친할아버지 간은 세상에 없었다. 아버지 신타로는 지역구가 도쿄에서 멀리 떨어져 있는 야마구치라 신조가 어렸을 때는 집에 있는 일이 거의 없어 얼굴을 보기조차 힘들었다. 작은아버지 니시무라 역시 아베가 어린 시절에는 존재조차 알지 못할 정도로 거리감이 너무 컸다.

그런데 외할아버지 기시는 도쿄에 살면서 신조를 자주 집으로 불러 귀여워해 주었다. 그리고 기시의 딸이자 어머니인 요코 여사의 영향을 크게 받았다. 요코 여사는 시댁보다는 친정인 기시 가문의 영광에 대해 많은 신경을 썼고, 친정아버지 기시를 매우 존경했으며 그런 존경의 염을 아베 신조 앞에서도 자주 표출했다고 한다. 그 영향이 큰 것이다.

일본 총리 아베 정신의 원점에는 유년과 청년기 가정적인 분위기가 크게 작용하고 있는 것으로 평가된다. 아베는 자신 안에 형성된 단단한 이데올로기나 철학을 보유한 인물은 아니지만, 아버지와 할아버지, 그리고 친할아버지로부터 물려받은 정치인의 피 영향으로 강력한 정치가적 승부기질을 보유하고 있는 것으로 평가된다.

그러나 분명한 것은 아베의 할아버지 간이나 아버지 신타로, 그리고 외할아버지 기시는 일본의 정치나 사회를 바꾸어보겠다는 정열을 가지고 있던 인물들이라는 것이다. 아베 신조는 외할아버지나 아버지 같은 정치가가 되겠다는 생각은 있었지만, 철학적 무장은 약했던 것으로 평가된다. 그렇다고 해도 아베 신조도 평화주의자 할아버지 간과 합리주의자인 아버지 신타로의 유전자가 조금은 발현되기를 세계인들은 바랄 것이다.

주일특파원 시절이던 2006년께 도쿄 아카사카의 한 회
원제 클럽에 고위외교관과 둘이 함께 간 적이 있었다. 그 곳에서 아베 신
조 당시 일본 관방장관에 대해 강한 호기심을 갖게 되었다. 그 클럽은 당
시 총리를 앞둔 거물 정치인 아베 신조가 단골로 다니는 곳이라고 했다.
실제로 들어가 보니 Y 클럽 마담도 "아베 씨는 단골"이라고 자랑했다.

　분위기도 거물 정치인의 단골집다웠다. 일본의 유명 주류회사 임원급
2명이 세일즈 활동을 했다. 우리 일행에게 위스키 서비스를 하면서 너스
레를 떨었다. 이곳저곳 자리를 옮겨 다니며, 주로 일본사회의 지도급 인
사들과 얼굴을 익히고 있었다. 회원제이니 당연히 일반인들은 출입 자체
가 허용되지 않은 곳이었다.

　당시 일본에서는 아베는 술을 못 마신다는 말이 있었고 특파원들 사이
에서도 아베가 술을 마시는지. 어느 정도 주량인지 화제에 오르기도 했

다. 그래서 그날 아베가 단골로 다니는 클럽이라고 해서 그가 술을 마시는 여부를 확인해보고 싶어졌다. 마담에게 물어봤지만 그녀는 한 모금씩 한다는 투로 말을 흐렸다. 동행한 외교관도 아베가 술을 마시는지 여부는 알지 못했다. 그날 이후 여러 곳에서 아베의 술 문제를 물어봤으나 답을 찾지 못했다. 특파원을 할 때나 서울에 돌아와서도 기회가 되면 아베의 건강과 술 문제에 호기심을 가지고 취재를 했다.

일본을 재방문했을 때도 마찬가지고 서울에서 주한 일본대사관 인사들을 만날 때도 계속 취재를 했다. 그러던 중에 아베 신조 총리가 난치병인 궤양성대장염을 앓고 있었고 지금은 특효약이 개발돼 극적으로 건강을 회복했다는 사실을 알게 되었다. 그러나 그 병은 언제든지 재발 가능성이 있는 화약고 같은 존재임도 알게 되었다. 아베의 건강에 대해서는 상당히 파악됐지만 건강과 직결되어 있는 술 문제는 좀처럼 실마리를 잡기가 어려웠다. 최근 들어 술에 대해서도 정보를 얻게 되었다. 아베는 대학시절이나 회사원시절 그리고 아버지 비서를 시작으로 한 정계입문 뒤에도 좀처럼 술을 마시지 못했다고 밝혔다. 그리고 2007년 첫 번째 총리직에서 물러난 뒤 특효약이 개발돼 궤양성대장염이 치료되어 맥주 한 잔정도는 마실 수 있게 되었다는 아베의 증언도 확보했다.

아베 신조와 술, 술로 대표되는 건강에 대한 관심은 아베 신조라는 인물에 대한 호기심을 불러 일으켰고 이번 책을 쓰는 것으로 연결되었다. 집필을 마치면서 아베 신조라는 정치인이 당초 인식했던 것보다 한국에 알려진 것보다는 만만치 않게 정치적으로 강한 인물이라는 것을 알게 되었다. 그에게는 누구도 가질 수 없는 끈질김과 집념, 정치인 가문에서 갈고 닦은 실력과 자신감이 넘친다. 유년기에 부모의 사랑을 제대로 받지 못한 '정에 굶주린' 인물이라는 점도 새삼스럽다.

아베뿐인가. 아베로 대표되는 일본이라는 나라를 좀 더 잘 알아야 한국의 앞길에 도움이 될 것이라는 점을 절감했다. 보통 한국인들이 인정하기 싫어하지만 '일본은 정치경제적으로 강하다'는 것은 인정해야 할 듯하다. 그래야 제대로 대응할 수 있다. 세계 3위의 경제 대국에 인구는 1억2천700만 명이다. 면적도 한국의 4배에 가깝다.

일본의 산들은 멀리서 보면 아름답지만 직접 가보면 거칠지 않은 산을 보지 못했다. 일본인들의 심성도, 아베 신조 총리의 내면도 유사하다고 본다. 처음에는 친절하고, 온화하고, 공손하지만 업무 등으로 가까워지기 시작하면 할수록 친숙해지기 어렵다. 불리하면 표변, 거친 모습을 드러내는 것은 거친 일본의 자연과 유사하다.

태풍이나 지진, 화산폭발 등 자연재해를 통해 일본인들의 공격적인 성격의 근원이 어디인지 알게 된다. 가끔 만나는 와세다대 교수는 "일본인의 자연재해 스트레스를 한국인은 이해하기 힘들 것"이라고 했다. 자연재해를 극복하기 위해 단결하지만, 때로는 살리지 못할 사람은 털고 가는 냉혹성도 있다는 것이다. 아베는 예외일까.

태풍이나 지진 등을 경험했을 때 자연재해라는 측면에서 일본인들은 삶과 죽음의 경계선이 가깝다는 점을 실감했다. 평상시와 위기시의 대인관계나 국가관계도 다르다. 아베 총리도 그럴 것이다. 거친 자연환경에

일본의 야욕 아베신조를 말하다

적응하면서 탄생한 강한 일본은 실리를 중시하는 실용주의를 택하게 되는 것 같다. 자연재해가 많다보니 종교도 언제 어디서든 기도할 수 있는 수많은 신들을 믿는 다신교 국가가 된 듯하다.

일본의 허점도 엄청나게 많다. 지금까지 일본 사회는 장인정신을 높이 평가했다. 전국시대를 통일한 오다 노부나가에서 시작된 '오운리 원' 정신에 따른 세계 최고가 수두룩하게 나왔다. 최근 수년간 과학분야 노벨상 수상자를 줄줄이 배출했다. 시대가 변하면서 더 큰 가치를 창출하는 일본인들이 줄었다. 지금 노벨상은 30년 전의 기술이고, 향후는 수상이 어려울 것이라고 일본 전문가들이 전망한다.

나와바리(구역)주의 정신의 영향이 크다. 자기가 맡은 일만 하면 된다. 남의 영역은 침범하지 않는다. 섬나라이기 때문에 극단적인 싸움보다는 웬만하면 화해를 택하는 것도 같은 맥락이다. 끝까지 싸우다 같이 죽을 수 있기 때문이다. 그래서 화해하고, 맡은 일에만 충실하다보니 종합-기획력이 약하다고 한다. 장인정신, 프로정신, 한 우물 파기가 지금까지는 세계 3위의 원동력이 되었지만, 현 단계에서 한 단계 상승하는 데는 오히려 약점으로 작용하는 상태에 이른 것이다.

무엇보다 인터넷의 급속한 보급은 일본인들의 전통적 강점을 약화시키고 있다. 인터넷이 급속히 보급되면서 세계 최고의 인쇄매체 대국이라는 일본의 활자매체를 위협하고 있다. 기본적으로 인터넷을 통한 서구적 가치의 급속한 유입이 사회적 유대를 약화시키고 있다. 삶의 조건이 팍팍해지자 '약점 파고들기'도 심하다. 상식도 빠르게 변하고 있다. 앞으로 그 변화의 속도는 더 빨라질 것으로 보인다.

　　그렇지만 기본적으로 일본, 일본인들은 강점이 많은 나라다. 그 강점
은 취하고 약점은 반면교사 삼아 우리사회에 응용해야 할 것이다.

주요 참고문헌

朝日新聞取材班、'この国を揺るがす男'(筑摩書房、2016)

阿比留瑠比、'総理の誕生'(文藝春秋、2016)

安倍晋三、'美しい国へ'(文藝春秋、2006)

安倍晋三、'新しい国へ'(文藝春秋、2013)

安倍晋三を考える会、'安倍晋三とは何者か？-日本の仕組みをつくり変える政治家の正体'(牧野出版、2015)

岩見隆夫、'政治とオンナ'(リベラルタイム出版社、2004)

角川書店、'日本の民話4－民衆の英雄'(角川書店、1977)

菊地正史、'安倍晋三　保守の正体－岸信介のDNAとは何か'(文藝春秋、2017)

久慈力、'安倍晋三を生んだ長州閥、なんたるものぞ - ニッポンをおかしくした7人の"サムライ"'(第三書館、2016)

小林吉弥、'至上の決断力 - 歴代総理大臣が教える「生き残るリーダー'(講談社、2004)

七尾和晃、'安倍晋三の乳母はなぜ消えたのか - 彼女が私に語った安倍家のすべて'(徳間書店、2015)

塩田潮、'安倍晋三の憲法戦争'(プレジデント社、2016)

宝島編集部編、'要塞都市　東京の真実'(宝島社、2004)

田崎史郎、'安倍官邸の正体'(講談社現代親書、2014)

田母神俊雄、'安倍晋三論'，(ワニブックス、2013)

野上忠興、'安倍晋三沈黙の仮面 - その血脈と生い立ちの秘密'(小学館、2015)

藤原正彦、'国家の品格'(新潮社、2005)

松田賢弥、'権力者血脈の宿命 - 安倍・小泉・小沢・青木・竹下・角栄の裸の実像'(さくら舎、2015)

松田賢弥、'絶頂の一族'(講談社、2015)

渡辺治、'安倍政権論 - 新自由主義から新保守主義へ'(旬報社、2007)

아베 연표

1954년 9월 21일   도쿄도에서 마이니치신문 기자 아베 신타로와 기시 노부스케의 장녀 요코 사이에 차남으로 태어남
                  본적지는 야마구치 현 오쓰군 유다니초(현 나가토시)

1957년 2월   아베 2살 때 외할아버지 기시 노부스케 내각총리대신 취임

1958년 5월   신타로가 총선거에 출마 첫 당선. 부모가 선거운동을 하느라 도쿄에서 멀리 떨어진 야마구치 현으로 가
               집을 비우는 일 잦아짐

1959년 4월   친동생 기시 노부오 출생(출생 직후 기시가의 양자로 입적)

1961년 4월   세이케이초등학교 입학

1967년 4월   세이케이중학교 진학

1970년 4월   세이케이고등학교 진학

1977년 3월   세이케이대학 법학부 정치학과 졸업

1977년 4월   미국 캘리포니아주 헤이 워드의 영어학교에 입학. 그 후, 롱비치의 어학학교에 전학

1978년 4월   남캘리포니아 대학에 입학. 정치학을 전공해 봄·여름·가을 학기를 이수하고, 1979년에 중퇴

1979년 4월   주식회사 고베제강소 입사

1982년 11월   고베제강소 퇴사, 외무 대신(아버지 아베 신타로) 비서관

1987년 6월   모리나가제과 사장 딸 아키에와 결혼

       8월   외할아버지 기시 노부스케 서거

1991년 5월   부친 아베 신타로 서거

1993년 7월   중의원 의원 첫당선(옛 야마구치1구)

1999년 10월   중의원 후생위원회 이사

2000년 7월   제2차 모리(森)내각에서 내각 관방부장관에게 취임

2001년 4월   제1차 고이즈미 내각에서 내각 관방부장관에게 유임

2003년 9월   자유민주당 간사장에게 취임

2004년 9월   자유민주당 간사장대리 취임. 당개혁추진본부장에게 취임

2005년 10월   제3차 고이즈미 개조 내각에서 내각관방장관에 취임

2006년 9월   자유민주당 총재에 선출, 제90대 내각총리대신 취임

2007년 9월   자유민주당 총재 및 내각총리대신 사임

2012년 9월   자유민주당 총재에게 선출

2012년 12월   제96대 내각총리대신 취임

2014년 12월   제97대 내각총리대신 취임

일본의 야욕 아베신조를 말하다
제2 메이지유신 꿈꾸는 아베 신조 책략 심층 분석

초판 1쇄 인쇄 ǀ 2017년 04월 15일
초판 1쇄 발행 ǀ 2017년 04월 25일

지 은 이 ǀ 이춘규
펴 낸 이 ǀ 김정동   **편집주간** ǀ 김완수
책임편집 ǀ 김예슬   **홍   보** ǀ 김혜자
마 케 팅 ǀ 유재영·신용천·김은경   **디 자 인** ǀ 최진영
펴 낸 곳 ǀ 서교출판사

등록번호 ǀ 제 10-1534호
등록일 ǀ 1991년 9월 12일
주소 ǀ 서울시 마포구 성지길 25-20 덕준빌딩 2F
전화번호 ǀ 3142-1471(대)
팩시밀리 ǀ 6499-1471
이메일 ǀ seokyodong1@naver.com
홈페이지 ǀ http://blog.naver.com/sk1book
ISBN ǀ 979-11-85889-37-5 03300

서교출판사는 독자 여러분의 투고를 기다리고 있습니다. 출판 관련 원고나 아이디어가 있으신 분은
seokyobooks@naver.com으로 간략한 개요와 취지 등을 보내 주세요. 출판의 길이 열립니다.

*이 도서는 한국출판문화산업진흥원의 출판콘텐츠 창작자금을 지원받아 제작되었습니다.